_____ 님의 소중한 미래를 위해
이 책을 드립니다.

주식의 시대,
밀레니얼이 온다

주식의 시대, 밀레니얼이 온다

밀레니얼 주식투자 지침서

한국경제신문 증권부 지음

메이트북스

메이트북스 우리는 책이 독자를 위한 것임을 잊지 않는다.
우리는 독자의 꿈을 사랑하고,
그 꿈이 실현될 수 있는 도구를 세상에 내놓는다.

주식의 시대, 밀레니얼이 온다

초판 1쇄 발행 2021년 3월 1일 ┃ **초판 2쇄 발행** 2021년 3월 5일 ┃ **지은이** 한국경제신문 증권부
펴낸곳 ㈜원앤원콘텐츠그룹 ┃ **펴낸이** 강현규 · 정영훈
책임편집 유지윤 ┃ **편집** 안정연 · 오희라 ┃ **디자인** 최정아
마케팅 김형진 · 이강희 · 차승환 ┃ **경영지원** 최향숙 · 이혜지 ┃ **홍보** 이선미 · 정채훈
등록번호 제301-2006-001호 ┃ **등록일자** 2013년 5월 24일
주소 04607 서울시 중구 다산로 139 랜더스빌딩 5층 ┃ **전화** (02)2234-7117
팩스 (02)2234-1086 ┃ **홈페이지** blog.naver.com/1n1media ┃ **이메일** khg0109@hanmail.net
값 17,000원 ┃ ISBN 979-11-6002-321-3 03320

뛰어난 기업의 주식을 보유하고 있다면
시간은 당신의 편이다

• 피터 린치(전설적 투자자) •

밀레니얼 세대와
Z세대를 위한 투자지침서

"준비된 자가 성공하면 행운이라고 말하고, 준비하지 않은 자가 실패하면 불운이라고 말한다."

주가 3000시대를 맞았습니다. 어떻게 여기까지 왔는지를 압축적으로 표현해주는 문장이 아닐까 싶어 글을 열며 가져왔습니다. 코로나19로 주가가 폭락했던 2020년 3월, 누군가 외치기 시작했습니다.

"예전에도 이런 일이 있었어. 패닉이 끝나면 주가가 올랐어. 난 주식을 살 거야!"

준비된 투자자들이 있었습니다. 1997년 외환위기, 2000년대 초 IT 버블 붕괴, 2008년 금융위기의 경험은 그 자체로 투자의 무기가 됐습니다. 폭락 후 반등을 본 경험이었습니다.

준비된 사람들이 앞서 달려가자, 용기 있는 사람들이 그 뒤를 따르기 시작했습니다.

'그래? 설득력 있는데. 그러면 나도 사봐야지'라며 주식시장으로 뛰어들었습니다. 그 숫자가 수백만에 이르렀습니다. 우리는 이를 '동학개미운동'이라고 부릅니다.

돈이 많으면 많은 대로, 없으면 없는 대로 자산을 늘려 보겠다며 주식을 샀습니다. 결과적으로 그들은 한국 주식시장을 패닉에서 구하고 사상 최고치로 밀어 올린 주역이 됐습니다. 2020년 3월 장중 1400대까지 떨어졌던 주가지수는 2021년에 들어 3000을 훌쩍 넘어서기도 했습니다. 모두 다 그렇지는 않겠지만 준비와 용기의 대가는 수익으로 이어졌습니다.

우리가 밀레니얼 세대, Z세대로 부르는 젊은이들도 보고만 있지는 않았습니다. 인터넷 카페, 유튜브, 단톡방, 블라인드를 통해 정보를 주고받으며 대규모로 주식투자 대열에 합류했습니다. '주식하면 패가망신한다'는 기성세대의 편견을 행동으로 무너뜨렸습니다.

준비된 사람들은 투자자뿐만이 아니었습니다. 돈이 있어도 살 만한 주식이 없으면 그 시장은 미래가 없습니다. 한국 주식시장에는 준비된 투자자들이 살 만한 주식이 꽤 있었던 것 같습니다. 투자자들은 '안 망할 회사, 코로나19의 수혜를 볼 회사, 미래에 더 성장할 회사' 등을 찾아냈습니다. 투자자와 기업이 그렇게 시장에서 만나 주가 3000시대를 열었습니다.

그중 2020년과 2021년 상승장의 주역이 된 대기업에 대한 얘기를 해볼까 합니다. 한국의 대기업. 참 어려운 주제입니다.

누군가 한국인들의 대기업에 대한 코드는 '악당'이라고 한 말이 생각납니다. 국가의 특혜를 받아 성장했지만, 강력한 힘을 갖게 된 후에는 국가와 국민보다는 자신의 존재만을 중시했던 그런 대기업. 중소기업 등 협력사에는 가혹했고, 오너의 이익을 위해 법과 제도를 뛰어넘으려 했던 존재. 대기업에 대한 이런 인식을 악당이라고 표현한 것입니다.

이런 인식은 '반기업 정서'라는 말로 이어집니다. 정치권은 이런 코드를 이용하기도 했습니다. 지지율이 떨어지면 대기업을 손보는 일도 있었습니다. '악당'을 처단하면 자신의 인기에 도움이 된다고 생각한 듯합니다.

이런 대기업에 대한 새로운 관점이 확산된 게 어쩌면 코로나19가 한국사회에 준 또 다른 선물이 아닐까 하는 생각을 합니다. 수많은 한국의 투자자, 국민들은 대기업의 주주가 됐습니다. 삼성전자, SK하이닉스, LG화학, 현대자동차를 비롯해 국내 대기업의 주요 계열사 주식을 산 이들입니다. 삼성전자 주주는 200만 명을 넘어섰습니다.

투자자들은 그 재산을 악당들에게 투자한 것일까요? 아닙니다. 준비된 기업에 투자했습니다. 2020년 초만 해도 한국 대기업의 성장성에 대한 우려가 있었습니다. 하지만 그들이 준비한 미래사업은 코로나19를 계기로 빛을 보기 시작했습니다.

삼성그룹은 비메모리 반도체(삼성전자)와 바이오(삼성바이오로직스), 배터리(삼성SDI) 등이 새로운 성장의 축이 되고 있습니다. LG그룹은 전기차 시대에 걸맞는 기업(LG전자의 전장사업, LG화학의 배터리 사업)으로 변신을 서두르고 있습니다. 주식시장에서는 변화에 높은 점수를 주는 게 일반적입니다. SK는 예상치 못했던 SK하이닉스와 일본 도시바

인수로 기업의 체력을 강화하더니 2020년에는 강력한 바이오 그룹(SK 바이오팜, SK바이오사이언스, SK팜테코)이라는 것을 시장에 알렸습니다. 2020년까지만 해도 한전 부지 인수로 '부동산 회사가 되었다'는 비아냥을 들었던 현대차그룹도 마찬가지입니다. 엔진의 시대에는 후발 주자였지만 전기차와 수소차 시대에는 뒤처지지 않고 달리는 모습에 시장은 환호했습니다. 애플이 현대기아차를 전기차 파트너로 삼으려 한다는 최근의 소식(아직은 결정된 사항이 아닙니다)은 급등한 주가에 합리성을 부여하는 역할을 했습니다.

이런 대기업의 변신을 뒷받침해주는 한국산업의 생태계도 빠뜨릴 수 없는 경쟁력이었습니다. 물론 그 핵심은 중소기업들과 산학협력을 위한 연구에 밤을 내놓은 인재들입니다.

준비된 투자자와 준비된 기업, 논란은 있지만 셧다운 없이 진행되고 있는 질병관리본부의 방역능력 등이 합쳐져 주가 3000시대를 열었습니다.

종합주가가 3000을 찍은 날, 이런 생각이 들었습니다.

'한 시대의 끝이 아니라 새로운 시대의 출발은 아닐까?'

'밀레니얼, Z세대 등 새로운 투자자들이 주인이 될 시대, 변신에 성공한 한국기업들이 새롭게 나이를 먹기 시작하는 시대는 아닐까?'

이런 시대에 밀레니얼 세대와 Z세대를 위한 투자지침서를 내자는 출판사의 제안을 받았습니다. 필요하다고 생각했습니다. 2020년의 경험과 용기로 돈을 벌 수 있었다면 2021년은 다른 해가 될 수도 있다고 판단했기 때문입니다. 종목이 쓰여진 전광판에 대고 돌을 던져 어떤 종목이든 맞춘 기업의 주식을 사면 돈을 번 시간은 2020년으로 끝난 듯합니다. 새로운 준비가 필요한 시간이 온 듯합니다.

주식을 대하는 자세, 기업분석, 투자, 위기관리, 트렌드 파악, 경제에 대한 이해, 전문가 활용 등 다양한 요소가 그 준비에 포함됩니다. 앞에서 대기업 얘기를 길게 한 것은 결국 주가란 기업가치의 총합이며, 투자의 기본은 기업을 이해하는 것에서 시작하기 때문입니다.

이 책은 밀레니얼 세대와 Z세대라는 새로운 투자자를 위해 기획했습니다. 주식을 시작한 젊은이들의 생생한 경험담, 젊은 투자자들의 노하우, 성공한 국내 전설적 투자자들의 조언, 증권업계에 있는 실무 간부들이 들려주는 실천적 지침을 담으려 노력했습니다.

인터뷰와 원고 집필에는 작년 한국 증시를 이끈 성장주를 상징하는 'BBIG(바이오, 배터리, 인터넷, 게임)'란 단어를 만들어낸 당사자들인 한국경제신문 증권부 기자들이 전원 참여했습니다.

이 책의 제목처럼 바야흐로 '주식의 시대'입니다. "주식투자는 일회성이 아니라 평생 해야 한다"는 말에 동의합니다. 자본주의와 기업의 성장을 믿는다면 말입니다.

위대한 두 탐험가의 얘기로 서문을 정리할까 합니다. 짐 콜린스는 『위대한 기업의 선택』이란 책에서 인류 최초로 남극 정복에 나섰던 두 탐험가, 영국의 스콧과 노르웨이의 아문센을 비교합니다.

먼저 남극 정복에 나선 스콧은 자신감이 넘쳤습니다. 날이 좋으면

긴 거리를 가고, 날이 좋지 않으면 텐트에서 하루 종일 보냈습니다.

아문센은 남극 기후에 대한 철저한 분석을 통해 매일매일 정해놓은 거리만 가는 전략을 택했습니다. 결국 준비와 꾸준함이 아문센을 최초의 남극 정복자란 자리에 올려놓았습니다.

아무쪼록 젊은이들의 성공투자를 기원하며 이 책을 세상에 내놓습니다.

한국경제신문 증권부장 **김용준**

1장

밀레니얼,
그들은 왜 주식에 빠졌나?

2장

밀레니얼,
마침내 주식시장의 편견을 깨다

3장

밀레니얼 개미들의
남다른 투자성공기

4장

슈퍼개미 프로들의
흥미진진한 투자철학

5장

밀레니얼,
투자 대가들에게 투자의 태도를 배우다

6장

밀레니얼,
주식투자의 실전 현장에서 배우다

'성공한 직장인'보다 '테슬라네어(Tesla-naire)'를 꿈꾼다. 근로소득을 모아 내 집 마련을 하던 시대는 지났고, '개천에서 용 났다'는 신화를 들어본 지도 오래다. 월급쟁이 생활에서 조기 은퇴할 수 있는 길을 주식에서 찾기로 했다. 테슬라 주식이 잭팟을 터뜨려 "39세에 조기 은퇴한다"는 미국 테슬라네어는 수많은 직장인들의 꿈이 되었다. 테슬라가 꿈꾸는 미래, 기술을 이해하는 밀레니얼에게는 왠지 실현가능해 보이는 얘기다. 이들이 과감하게 테슬라에 몸을 싣는 이유다.

1장

밀레니얼,
그들은 왜
주식에 빠졌나?

힐링, 멘토, 욜로에서 벗어나
주식시장으로 간 밀레니얼

> "아프니까 청춘이다"라는 말은 거짓말이다. '힐링, 멘토, 욜로'는 거친 세상을 피하거나 남에게 기대라는 강요였다. 코로나19는 밀레니얼들이 스스로 삶을 개척할 기회를 제공했다.

2006년에 『20대 재테크에 미쳐라』란 제목의 책이 나왔다. 미쳤다고 생각했다. '꿈, 이상, 희망, 미래, 정의를 얘기해야 할 젊은이들에게 재테크에 미치라니…' 내용도 궁금하지 않았다. 제목만 봐도 대충 내용을 알 수 있는 뭐 그럼 느낌이었다.

그러나 젊은이들의 반응은 달랐다. 20, 30대가 이 책을 집어들자 베스트셀러 윗자리로 올라갔다. 인정해야 했다. 양극화가 한국사회의 큰 이슈가 되기 시작했던 시절이다. 부동산 가격은 급등했다. 불안해진 젊은이들이 재테크로 눈을 돌린 것은 당연한 일인지도 모른다. 그러나 그 열기는 오래가지 않았다. 2008년 금융위기를 계기로 식어버렸다.

그로부터 5년 후인 2011년 『아프니까 청춘이다』란 책이 나왔다. 저자는 아마도 부모세대보다 가난한 첫 번째 세대가 되는 밀레니얼의 등을 두드려주고 싶었던 것 같다. 부잣집 아들로 태어나 서울대 교수가 된 사람의 말이었지만 청춘들은 잠시나마 위안을 받는 듯했다. 이 책을 서로 돌려가며 보기도 했다.

위로보다 생존경쟁에 뛰어들다

밀레니얼은 그런 위로라도 필요한 세대였다. 초등학교 때부터 고등학교 때까지 매일 밤을 학원에서 보낸 세대. 그렇게 어렵게 대학을 가면 다시 취업전쟁을 준비해야 했다. 온갖 아르바이트, 인턴을 하고 졸업해도 취업은 좁은 문이었다. 어렵사리 취업해도 다시 가시밭길을 가야 했다.

이들을 맞은 것은 과거 평생직장이 주던 안락함이 아니었다. 또 다른 험난한 생존경쟁이 기다리고 있었다. 꼰대들의 "라떼는 말이야"를 견뎌내야 했다. 그들은 언제든 회사를 옮길 생각을 하며 하루하루를 살아간다.

물론 그걸 다 버텨내고 한 직장을 다녀도 서울에 자신만의 집 한 채를 마련할 수 있는 가능성은 그다지 높지 않았다. 미래를 준비하는 것은 더 힘들었다. 아이를 낳는 것도 주저했다. 비싼 교육비도 문제지만 "더 치열해진 경쟁을 내 아이에게 견디게 하고 싶지 않다"는 친구들도 많았다.

집도, 결혼도 쉽지 않은 현실에 누군가의 말은 위로가 됐는지도 모른다. 이후 『멘토의 시대』 등 유사한 책들이 쏟아져 나왔다. 이런 분위기에 '힐링'이란 단어도 유행어가 되었다.

그러나 "아프니까 청춘이다"라는 말이 잘못된 현실을 인정하라는 강요였음을 깨닫는 데는 오래 걸리지 않았다. "아프면 환자지 뭐가 청춘이냐"란 유병재의 말은 인터넷에서 유행어가 되었다. 철학자 강신주도 "힐링은 미봉책입니다. 제일 싫어하는 말이 힐링이에요"라며 반박했다. 밀레니얼 세대, 청춘을 대상으로 삼는 것에 대한 반론이 터져나온 셈이다.

밀레니얼들은 이 굴레에서 빠져나왔다. 그 수단은 소비였다. '가성비, 가심비'란 단어가 유행했고, '욜로'가 이들의 삶을 규정하는 단어가 된 것이 불과 몇 년 전이다. "어차피 한 번 살 인생, 즐기며 살자"며 현실의 압박을 견뎌내려 했다. 휴가철이면 모아둔 돈을 탈탈 털어 유럽행 비행기에 몸을 실었다. 작은 소품 하나를 사며 하루를 견딘 스스로를 위로했다.

'위로, 힐링, 욜로'란 트렌드에 깔려 있는 정서는, 형태는 다르지만 다름아닌 대상화와 체념이었다. 아프니까 누군가 위로해줘야 하고, 멘토가 도와줘야 하고, 니들은 힘드니까 힐링해야 한다고 강요했다. 이 행위의 주체는 타인이었다.

밀레니얼에게는 새로운 사다리인 주식투자

청년들의 고민은 깊어졌다. '그럼 나는 평생 이렇게 살라는 말인가?' 과거 신분상승의 사다리 역할을 해줬던 고시는 그 기능의 상당부분을 상실하기 시작했고, 대기업 입사를 통해 중산층·중상층으로 올라가는 것에도 부모의 배경이 필요해졌다. 창업? 창업의 다른 말은 실패다. 실패하고 두 번째 도전이 가능한 것도 부모님이나 할아버지가 돈이 있을 때나 가능한 얘기였다.

그러던 어느 날 신분상승의 새로운 사다리가 등장했다. '쇼미더머니'였다. 떼돈을 버는 래퍼가 등장하자 수많은 젊은이들이 환호했다. 자신의 불우한 삶을 혁명가 부르듯 토로하는 래퍼 도끼는 한 시대의 상징이 되기도 했다. 기리보이는 자신의 인기를 기반으로 사업을 확장하며 새로운 희망의 아이콘이 되었다. 그 다음은? 모두 알다시피 유튜버가 그 자리를 대체하고 있는 중이다.

그렇게 얼마간의 시간이 흘렀다. 2020년 초봄, 코로나19가 한국사회를 덮쳤다. 암울한 바이러스의 침공에 처음엔 모두 당황했다. 하지만 곧 정신을 차렸다. '죽으란 법은 없지.' 곧 누군가 과거의 경험을 소환했다. 2008년 금융위기 직후 주가가 급반등했던 그 경험을. 종합주가지수 1400~1500대에 사람들이 시장에 뛰어들기 시작했다. 용기 있는 베팅에 '동학개미'란 말이 등장했다.

누구보다 주식에 열광한 것은 밀레니얼 세대들이었다. 직전 해인 2019년엔 비트코인에 열광했던 그들이었다. 인터넷 커뮤니티, 블라인드에는 주식 얘기가 넘쳐나기 시작했다. 새로운 현상이었다. 골목에 모여 있는 젊은이들이 담배를 피우며 하는 얘기의 주제는 더 이상 아이돌이 아니었다. 주식 얘기를 하고 있었다. 블라인드에서도 주식이 주요주제가 되었다. "곱버스 탔냐" "삼전 46층 주인이 되었다" "원유 ETN 샀다" 등등의 얘기가 쏟아졌다. 그들의 모험적 투자가 시작되었다.

 밀레니얼을 위한 ONE POINT LESSON

새로운 사회현상이 생기면 무엇이 이런 흐름을 만들어냈는지를 궁금해하는 일은 중요하다. 일시적 변화라면 마이크로 트렌드에 그칠 것이고, 근본적 변화라면 매크로 트렌드로 진화할 것이기 때문이다. 최근 젊은이들의 주식에 대한 관심이 높아진 것은 근본적 변화이자 '내 삶을 내가 바꿔보겠다'고 나섰다는 점에서 의미 있는 일이다. 각자도생의 시대에 걸맞은.

밀레니얼로 증시는 세대교체중,
그 코드는 '탈출'

밀레니얼은 한국 최초로 부모세대보다 가난한 세대가 될 가능성이 높은 세대가 되었다. 2021년 현재 밀레니얼들은 그 운명에서 벗어나기 위한 모험을 시작했다.

밀레니얼들이 주식투자의 세계로 들어왔다는 것은 숫자로 나타났다. 미래에셋대우, NH투자증권, 한국투자증권, 삼성증권, KB증권, 키움증권 등 6개 증권사를 통해 2020년 새로 개설된 계좌 수를 조사했다. 5대 증권사와 개인투자자들이 가장 많이 찾는 키움을 포함시키면 대표성이 있다고 판단했다.

전체 신규 계좌수는 620만 개(2020년 10월 말 기준)에 달했다. 2020년에 620만 명이 새로 주식투자를 시작했다고 할 수 있다. 이 가운데 밀레니얼과 Z세대에 포함되는 20대와 30대의 비중이 55%에 달했다. 이 통계가 의미를 갖는 것은 전체 주식계좌에서 이들이 차지하는 비중이

30%밖에 되지 않기 때문이다. 증권사의 새로운 고객 가운데 절반 이상이 밀레니얼·Z세대라는 것을 보여준다. 그동안 주식투자에 소극적이었던 새로운 세대의 등장이다.

이들이 투자한 금액은 많지 않았다. 2030세대의 평균 투자금액은 1,600만 원이었다. 사회에 들어와 부를 쌓는 기간이 짧았기 때문이다. 이 수치는 또한 이들이 한국에서 최초로 부모세대보다 가난한 세대가 될 가능성이 높다는 것을 보여주는 지표이기도 하다.

투자금액이 적다는 것은 이밖에 다양한 현상을 낳고 있다. 자본이 부족한 이들은 우량주를 중심으로 투자하는 기성세대와 달리 등락폭이 큰 바이오주나 중소형 테마주에 투자하는 확률이 높았다. 모험적인 투자가 아니면 적은 돈을 크게 불릴 수 없다고 생각한 젊은이들이 많았다는 얘기다.

이 같은 모험은 물론 젊은 세대의 특징이기도 하지만 누군가는 이런 말도 한다. "지금과 같은 주식 붐이 일기 전인 2019년에 비트코인의 엄청난 변동성을 경험한 젊은이들은 웬만한 주식투자는 모험으로 받아들이지 않는다."

전 세계적으로 '밀레니얼 주주 시대'

'적은 자본, 모험적 성향'은 짧은 시간에 주식을 사고파는 반복하는 단타족을 양산하기도 한다. NH투자증권이 2020년 투자를 시작한 주식계좌를 분석한 결과(2020년 8월 말 기준) 회전율은 20대(2,365%), 30대(25,135%), 40대(1,383%), 50대(2,009%), 60대 이상(728%) 순이었다. 1,600만 원이 들어있는 계좌를 가지고 있는 30대는 1,600만 원어치 주식을 251번 샀다 팔았다는 얘기다.

여기서 그치지 않았다. '빚투(빚내서 투자)'에도 거리낌이 없다. 증권사에서 돈을 빌려 투자하는 신용거래를 한 계좌를 분석해봤다. 2020년 신규개설 계좌 중 빚을 내 투자한 계좌의 절반가량을 2030세대가 차지했다.

이처럼 새롭게 주식시장에 뛰어든 젊은이들의 투자성과도 궁금했다. 2020년 8월까지는 성공적이었다. 기존 20대와 30대 투자자들의 평균 수익률은 약 14% 수준이었다. 신규개설 계좌의 평균 수익률은 20대가 18%, 30대가 22%였다.

증권사들은 전통적으로 많은 돈을 맡기는 고객을 좋아하지만 밀레니얼들의 특성은 이들을 무시할 수 없게 만들고 있다. 주식을 사고팔기를 반복하면 수수료가 늘어나고, 증권사는 돈을 빌려주며 10% 가까운 높은 수수료를 받는다. 또한 장기적으로도 밀레니얼 고객들이 더 중요하다. 밀레니얼들은 앞으로 자산이 점점 더 늘어날 세대이기 때문이다.

아, 여기서 하나 더. 밀레니얼 세대의 등장은 증권시장의 세대교체가 이뤄질 것임을 예고하고 있다고 할 수 있다. 모험적인 투자성향을 갖고 있는 밀레니얼 세대가 그 힘을 보여준 것은 새로운 주도주의 등장이라는 해석도 많다. 이들이 많이 선택한 카카오, 네이버, 엔씨소프트 등은 새로운 '성장주' '주도주'로 떠올랐다.

　이 같은 현상은 한국뿐 아니다. 미국의 로빈후드 사용자가 급증하는 등 전 세계적으로 '밀레니얼 주주 시대'가 다가왔다는 평가가 나오기도 했다.

밀레니얼을 위한 ONE POINT LESSON

2030세대가 주식시장에 새로운 세력으로 등장했다. 가진 돈은 많지 않아 때로는 과도할 정도로 모험적인 투자를 하기도 하고 빚투도 주저하지 않는다. 하지만 이들의 등장은 새로운 주도주를 만들어내기도 했다. 2020년은 그들이 새로운 움직임을 시작한 해로 기록될 것이다.

부동산 사다리는 끊기고, 근로소득의 시대도 끝났다

> 서울에서 집을 사려면 매달 200만 원씩 무려 41년을 모아야 한다. 사실상 불가능한 일이다. 주식투자의 최종 목적지는 서울에서 집을 사는 것이다.

그렇다면 밀레니얼들은 왜 주식투자에 나선 것일까? 그들에게 직접 물어봤다.

우선 설문조사 결과다. 가장 많은 답변은 "근로소득만으로 자산증식 및 계층이동이 불가능해져 주식투자를 시작했다"였다. 정확히 33%가 그렇게 답했다. 회사에 취직해 돈을 모아 집을 사고, 큰 평수로 이사를 해 부를 축적한 중산층을 양산하는 시대가 끝났음을 젊은이들은 몸으로 느끼고 있는 셈이다. 그 출구가 바로 주식이었다.

다음으로 많은 답변은 "초저금리로 예금과 적금 등 전통적 투자수단이 더 이상 의미가 없어졌다"로 30%가 그렇게 답했다. 다음은 "경제·산업에 대한 이해" 14%, "지인과 공유하는 취미" 12%, "정부규제로 인한 부동산투자기회 상실" 6%, "한국기업의 성장성에 대한 확신 및 기업발전에 대한 투자" 5% 등이었다.

현재와 미래의 불안으로부터의 탈출, 주식투자

질문을 다른 방향으로 해봤다. 주식에 투자해 돈을 벌면 어디에 쓸 것인지를 물었다. 앞의 질문이 주식을 시작한 동기였다면, 이 질문은 주식투자의 목적을 묻는 것이었다.

가장 많은 답은 "생활비"였는데 35%였다. 근로소득으로 생활비도 빠듯한 젊은이들의 현실을 보여주는 듯한 답이었다. 다음은 "주택구입을 위한 재원 마련" 24%, "은퇴자산 축적" 24%, "여가와 유흥비 마련" 12%, "부모 및 자녀에게 증여" 3%였다.

이 답변에는 한국사회의 현실이 그대로 녹아 있다. 근로소득으로는 생활비도 넉넉하지 못한 게 첫 번째 현실이다. 서울에서 10억짜리 집을 사려면 매달 200만 원씩 41년을 모아야 하는 것이 두 번째 현실이다. 그것도 40년 후 서울 집값이 지금과 같았을 때나 가능한 얘기다. "주식투자의 최종 목적지는 결국 부동산"이라는 말이 나오는 이유다. 절박함과 위기감은 그들의 정서 밑바닥에 깔려 있다. 부동산투자의 '막차'를 놓쳤다는 좌절감은 현실이었다.

연일 치솟는 부동산 가격은 이들을 더 불안하게 하고 있다. 가만히 있으면 근로소득이 전부인 무주택자는 꾸준히 도태될 수밖에 없다는 위기감이다. 한국경제신문이 실시한 설문조사에서 2030세대의 76%는 "주식투자가 2030세대에게 남은 마지막 자산증식 수단"이라는 의견에 동의한다고 답했다.

또한 노후소득이 보장되지 않은 사회 시스템에 대한 불안감, 즉 미

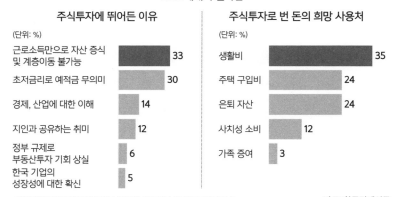

∷ 2030세대의 절박함 ∷

주식투자에 뛰어든 이유

(단위: %)

근로소득만으로 자산 증식 및 계층이동 불가능	33
초저금리로 예적금 무의미	30
경제, 산업에 대한 이해	14
지인과 공유하는 취미	12
정부 규제로 부동산투자 기회 상실	6
한국 기업의 성장성에 대한 확신	5

※한국경제신문이 2030세대 남녀 5,757명 대상으로 설문(복수응답 가능)

주식투자로 번 돈의 희망 사용처

(단위: %)

생활비	35
주택 구입비	24
은퇴 자산	24
사치성 소비	12
가족 증여	3

자료: 한국경제신문

2030세대의 재무목표 우선순위

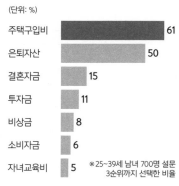

(단위: %)

주택구입비	61
은퇴자산	50
결혼자금	15
투자금	11
비상금	8
소비자금	6
자녀교육비	5

※25~39세 남녀 700명 설문 3순위까지 선택한 비율

자료: 미래에셋은퇴연구소

래에 대한 걱정이 주식투자에 관심을 가지게 만든다. 2030이 은퇴 이후를 걱정해야 하는 게 또 다른 한국사회의 현실이다. 어제보다 오늘이, 오늘보다 내일이 더 좋을 것이라고 생각하며 젊은 날을 살아온 베이비부머 세대와의 가장 극명한 차이점이기도 하다.

 밀레니얼을 위한 ONE POINT LESSON

2020년 한국사회 밀레니얼들의 주식투자에 담겨 있는 코드는 '탈출'이라고 할 수 있다. 현재와 미래의 불안으로부터의 탈출, 그리고 근로소득과 저축으로 부를 이뤘던 시대와의 단절이 그들을 주식시장으로 불러들였다.

기술을 이해하는 세대인
밀레니얼에게는 기회다

일론 머스크의 꿈, 그리고 그가 구현하려는 새로운 기술을 온전히 이해하는 세대가 밀레니얼이다. 그들은 4차 산업혁명에 대한 이해 속에 그들만의 주식세계를 구축했다.

밀레니얼 시대의 현재와 미래는 불안하지만, 그렇다고 밀레니얼 세대가 투자조차 비장하게 하는 것은 아니다. 그들은 절박하지만 즐긴다. 월요일이 기다려진다고 하는 젊은이들도 많았다. 주식투자가 바꿔 놓은 심리상태다. 근무시간 틈틈이 주식 호가창을 들여다보고, 주말이 되면 장을 보지 못해 우울해진다. 밤낮으로 즐기기 위해 미국주식 투자를 시작했다.

이들은 '불확실성'을 즐기기도 한다. 주가가 늘 오르는 것은 아니다. 하지만 매일 똑같은 일상 속에 기대감을 품고 살 수 있도록 해준다. 업무 중간중간 들여다볼 수 있는 게임 같기도 하다. "어린 시절에 다마고

치를 키웠던 것처럼 근무시간 틈틈이 모바일거래시스템(MTS) 화면을 보며 기업들을 하나씩 키우는 느낌"이라고 어느 젊은 주식투자자는 말했다.

저비용항공사(LCC) 승무원인 박지선 씨(29)에게도 주식투자의 의미는 남다르다. 코로나19로 회사가 어려워지면서 2020년 3월부터 원치 않는 휴직상태다. 지인이 추천한 진단키트 테마주로 주식에 발을 들였다. 6개월이 지나 투자금은 4,000만 원으로 늘어났다. 매월 300만 원 넘게 벌고 있다. 하루 12시간 투자 모드다.

장이 끝나면 장외거래를, 밤에는 유튜브 주식 관련 영상을 보며 내일의 투자를 준비한다. 처음에는 주식투자를 말리던 부모님도 이제는 그에게 투자금을 맡겼다. 박씨는 말했다. "돈을 버는 것만큼이나 좋은 건 우울한 일상에 활력소를 얻었다는 것이다."

투자 패턴에는 젊은이다운 꿈이 담겨 있는 경우도 많다. "응원합니다. 현실판 토니 스타크." 테슬라 창업자 일론 머스크의 일대기를 담은 유튜브 영상에 한 주주는 이런 댓글을 남겼다. 토니 스타크는 영화 〈아이언맨〉의 주인공 이름이다. 이 네티즌은 이어 이렇게 덧붙였다.

"오늘 테슬라 주식 1,000만 원어치를 샀습니다. 다 잃어도 좋으니 좋은 일에 써주십시오."

테슬라로 노후 준비하기

밀레니얼 세대가 어떤 투자자인지를 보여주는 단면이다. 물론 이들의 얼굴은 하나가 아니다. '곱버스(곱하기+인버스)'와 테마주에 뛰어드는 불개미가 되는가 하면, 자신이 믿는 '가치'를 좇는 회사에 큰돈을 투자하기도 한다.

대기업 5년차 직장인 문현주 씨(31)는 2%대 금리로 마이너스통장을 개설했다. 3,000만 원은 공모주에, 1,000만 원은 해외주식에 투자하는 '바벨 전략'을 쓴다. 테슬라가 액면분할을 하기 전에 투자해 800만 원의 수익을 냈다. 문씨는 "'머스크 덕후'는 아니지만, 테슬라에 열광하는 글로벌 2030세대 주주들의 믿음을 보고 주식을 샀다"고 했다.

더 큰 도약을 위해 위험은 기꺼이 감수한다. 2030세대의 58%는 스스로 위험중립·적극투자·공격투자형 투자성향을 지니고 있다고 답했다.

이제 2020년 트렌드는 '테슬라로 노후 준비하기'다. 테슬라 주주들은 엄청난 믿음을 갖고 있다. 그 믿음이 종교적 수준이라고 해 테슬라 주주를 '테슬람(테슬라와 이슬람의 합성어)'이라 부르기도 한다.

그들은 말한다. "우리는 테슬라가 '세계 최대 자동차 회사'가 될 것이라

☑ **바벨전략**

바벨 양쪽에 무거운 추를 다는 것처럼 안정적인 자산과 위험도는 높으나 고수익을 낼 수 있는 공격적인 자산에 자산을 배분하는 전략

☑ **ESG**

환경(Environment)·사회(Social)·지배구조(Governance)를 의미함. 주주권리와 환경에 대한 중요성이 커지면서 기관 투자자들이 투자 시 ESG 항목을 고려하는 경우도 늘고 있음. ESG 기준에 미달할 경우 포트폴리오에서 배제하는 '네거티브 스크리닝'이 대표적.

고 생각하지 않는다. 대신 전 지구의 에너지 문제를 해결할 것이라고

믿는다." 세계적으로 ESG(환경·사회·지배구조) 분야에 돈이 몰리는 데

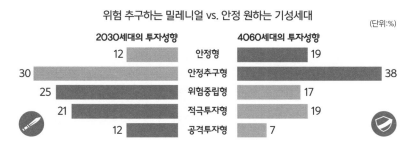

: : 2030세대의 투자성향 : :

위험 추구하는 밀레니얼 vs. 안정 원하는 기성세대

(단위:%)

2030세대의 투자성향		4060세대의 투자성향
12	안정형	19
30	안정추구형	38
25	위험중립형	17
21	적극투자형	19
12	공격투자형	7

2030의 관심사는 4차 산업혁명과 바이오

(단위: %)

ESG (환경, 사회, 지배구조)
금융업
전통 제조업
서비스업
고배당
원자재
4차 산업혁명
바이오

5
6
6
7
8
11
32
26

다양한 경로로 정보를 얻는 밀레니얼

(단위: %)

스터디
자산관리인2
기타1
카카오톡 오픈대화방 등 SNS
유튜브 등 인터넷 방송
재무제표 및 공시
신문, 방송 등 뉴스매체
주변 지인

6
8
15
18
30
20

근로소득의 시대는 끝났다

(단위: %)

※초저금리, 부동산투자 규제 등으로 주식투자가 2030세대의 유일한 자산증식 기회가 되었다는 주장에 대해

부동의
동의

24
76

※2030세대 응답자 대상

※조사대상: 2020년 8월 19~23일 주식투자자 1만 2,757명 대상 설문 조사. 2030세대 응답자 5,757명

자료: 한국경제신문

도 이들 2030세대가 한몫했다.

이들이 가장 관심을 두고 있는 분야는 4차 산업혁명(32%)과 바이오(26%)다. 정보기술(IT) 기기와 플랫폼, 자율주행차를 가장 잘 아는 세대이기도 하다. 2020년 3월 코로나19 사태로 주가가 폭락한 이후 국내에서는 BBIG(바이오·배터리·인터넷·게임)산업이, 미국에서는 나스닥 대형 기술주가 급등하는 데 밀레니얼 투자자들이 기여했다.

2030세대는 '유튜브 세대'다. 하지만 투자할 때는 다양한 채널을 활용한다. 응답자들은 신문·방송 등 뉴스(30%), 주변지인(20%), 재무제표 및 공시(18%), 유튜브 등 인터넷 플랫폼(15%)에서 정보를 얻는다고 답했다.

진지하게 투자에 임하는 2030세대도 늘어났다. 주식을 시작한 뒤 모든 뉴스가 '내 이야기'처럼 들리기 시작했다. 편의점을 운영하는 김지헌 씨(32)는 "미중 무역분쟁이나 미국 대통령의 한마디가 국내주식시장에 영향을 미치는 것을 체험하고 있다"고 말했다. 일하는 중간에 신문과 뉴스를 챙겨보고, 유튜브를 통해 기술적 분석법을 공부하며, 전자공시도 꼼꼼하게 챙긴다.

밀레니얼을 위한 ONE POINT LESSON

테슬라에 대한 밀레니얼 세대의 열광은 미래기술과 기업이 어떤 방향으로 움직여야 할지를 보여준다. 기존의 것과 달라야 하고, 사회에 기여해야 하며, 사회문제를 해결하는 솔루션을 갖고 있어야 한다는 것을. 주식시장도 이런 회사에 프리미엄을 주기 시작했다. 그 앞자리에는 2030이 서 있다.

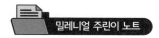
밀레니얼 주린이 노트

금리·경기·물가는
주가방향을 읽는 3가지 힌트

주가가 다른 자산에 비해 얼마나 고평가되어 있는지는 무엇을 보고 확인할 수 있을까? 주식이라는 위험을 감수해도 되는 시기인지, 성장주에 이만한 밸류에이션을 부여하는 게 적절한지를 판단하려면 거시경제를 제대로 이해해야 한다고 전문가들은 조언한다.

이를 위해 자산가격을 구성하는 3가지 요인이 무엇인지 알아야 한다. 가장 중요한 것은 금리다. 금리가 낮으면 은행에서 돈을 빌리기 쉬워지기 때문에 시중에 유동성이 풀리고, 주식이나 부동산 등의 자산가치는 올라간다.

제롬 파월 미국 중앙은행(Fed) 의장이 "주가수준에 대해 어떻게 생각하느냐"는 질문에 "주가 등 자산가격이 급등했지만, 저금리 기조를 감안했을 때 위험한 상황은 아니다"라고 답한 배경이다. 2020년에 성장주들이 가치주에 비해 높은 주가수익비율(PER)을 인정받을 수 있었던 이유도 금리가 낮았기 때문에 가능했다.

반면 경제가 성장하고 인플레이션(물가상승)이 확대될수록 자산가치는 높아진다. 분모에 금리를, 분자에 성장과 인플레이션 지표를 뒀을 때 우리는 미래 자산가격을 추정할 수 있는 것이다.

3가지 변수로 2021년 주식시장을 전망해볼 수 있다. 먼저 '금리'다. 장기 저금리 기조가 유지될 것이란 전망이 우세하다. Fed는 2023년까지 '제로금리'가 유지될 것이라고 전망했다. 변수는 2021년 코로나19 백신이 효과를 보면서 미국 장기 국채금리가 올라가는 상황이다.

김일구 한화투자증권 수석 이코노미스트는 "코로나19 백신이 효과를 보기 시작하고 경제가 회복된다는 확신이 생기면 장기 국채금리가 올라가면서 주식 등 자산가격은 한차례 조정을 받을 수 있다"고 전망했다.

자산가격을 움직이는 또 다른 변수는 '경제가 얼마나 성장하느냐'다. 이미 각국 정부가 코로나19를 극복하기 위해 강력한 경기부양책을 쏟아내고 있다. 인플레이션은 달러약세 지속여부에 달려 있다. 미국이 경기부양을 위해 돈을 계속 찍어내면 달러가치는 하락하고, 이는 곧 전 세계의 인플레이션을 유발하기 때문이다. 단, 달러약세가 지속되려면 상대통화인 유로화가 달러화 대비 강세가 되어야 한다는 전제조건이 필요하다.

"주식 하면 패가망신한다"는 말이 당연하게 여겨지던 시절이 있었다. 기성세대는 '요즘 젊은이들'의 주식 광풍이 우려스럽다고 했다. 닷컴버블, 글로벌 금융위기 때의 기억 때문이다. 밀레니얼은 기성세대의 말을 믿지 않았다. '초저금리 시대'라는 재앙을 '마이너스 통장'이라는 축복으로 활용했다. 종목은 자신에게 익숙한 분야에서 골랐다. 밀레니얼은 그렇게 'BBIG(바이오·배터리·인터넷·게임) 열풍'의 주역이 됐다. 관련 기업들의 주가는 끝없이 올랐다. 소위 '동학개미운동'이 시작된 2020년. 주식투자를 하지 않는 사람이 뒤처지는 시대가 됐다.

2장

밀레니얼,
마침내 주식시장의
편견을 깨다

밀레니얼에게 '빚투'는
축복인가 재앙인가?

> 이전 세대는 빚에 알레르기 반응을 보였다. 빚은 곧 파멸이었다. 그러나 2030은
> 빚과 함께 살았다. 학자금 대출, 자영업자 대출을 보며 자랐다. 빚투는 그들에게
> 자연스러운 행위다.

"최근 '개미군단'이라고 표현되는 젊은 연령층의 소액투자자가 크게
증가하고 있다. 미래 성장성과 수익성이 예상되는 기업 주식을 사되 단
기변동에 지나치게 집착해선 안 된다."

요즘 얘기가 아니다. 1989년 4월 김원호 한신증권(한국투자증권의 전
신) 이사가 한 언론에 기고한 글의 일부다. 1980년대 후반 '저유가, 저
달러, 저금리'로 한국경제는 급성장했다. 1986년부터 1988년까지 경제
성장률은 연평균 10%가 넘던 시절이었다. 요즘 같아서는 상상도 못할
성장률이었다. 그때 한국의 젊은이들이 처음으로 대규모로 주식시장
에 뛰어들었다. 대중적 주식투자의 시작이었다.

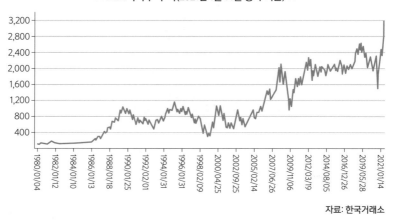

∷ 코스피지수 추이(2021년 1월 14일 종가 기준) ∷

자료: 한국거래소

　　1983년에 종합주가지수(KOSPI) 제도가 도입됐고, 1987년 처음으로 500을 돌파했으며, 1989년에 1000포인트를 넘어섰다. 상승하는 주가에 젊은이들은 몸을 실었다.

　　이후에도 한국경제의 중요한 변곡점마다 젊은이들의 모험은 계속되었다. 외환위기 이후 IT버블기에는 벤처회사 주식에 투자했다. 2030세대는 '닷컴버블'의 주역이 되었다. 이들은 신기술에 대한 이해도가 높아 기술주에 더욱 열광했다.

　　1999년 31세였던 한 증권사 대리가 그해 9월 새롬기술 주식을 주당 7,000원에 1억 원어치를 샀다가 3개월 만에 주가가 엄청나게 폭등하며 평가액이 26억 원을 넘겼다는 인터뷰 내용은 당시 2030세대의 주식투자 광풍을 여과없이 보여준다. 닷컴버블은 주식시장 전체로 보면 과열에 따른 '상흔'을 남겼지만 당시의 2030세대에게는 새로운 기회가 됐던 셈이다.

2008년 글로벌 금융위기 때도 마찬가지였다. 코스피지수는 2007년 10월 2064에서 2008년 10월 938까지 급락했다. 이 기간에도 2030세대는 주식투자에 적극 나섰다.

2020년에도 2030세대는 어김없이 주식시장의 주역이 되었다. 코로나19 사태가 터지면서 2020년 3월 주식시장이 폭락하자 2030세대는 주식투자에 뛰어들었다. 과거에는 경제발전의 성과를 누리기 위해 2030세대가 주식투자에 나섰다면, 이번엔 초저금리에 부동산 규제 등으로 주식시장이 2030세대에게 유일한 투자처로 인식되었다는 점이 다를 뿐이다.

관세사인 신모씨(33)는 "코로나19 사태가 오히려 주식투자의 기회가 되었다고 생각한다"며 "저금리에 부동산에도 투자할 돈이 없는 상황에서 주식투자라도 하지 않으면 가만히 앉아서 나 혼자 가난해지는 느낌"이라고 말했다.

밀레니얼, 그들만의 차별화된 투자법

밀레니얼들의 투자가 다른 세대와 다른 점이 몇 가지 있다. '모험, 빚투, 영끌, 드림' 같은 단어들이 2030세대를 다른 세대와 명확히 구별해준다.

우선 빚투. 젊은이들의 투자금액은 많지 않다. 벌어놓은 돈이 없으니 당연히 그럴 수밖에 없다. 적으면 수십~수백만 원, 많아도 수천만 원 정도다. 이런 사람들이 적은 돈을 투자하고도 높은 수익을 올리는 방법은 단 하나, 빚투다. 가장 쉽게 쓰는 방법은 신용융자로, 주식투자를 할 돈을 증권사에서 빌리는 것이다. 이자율이 10%에 육박하지만 2030은 과감히 돈을 빌려 주식을 샀다.

20대의 증권사 신용융자 잔액은 2020년 9월 말 기준 4,200억 원이었다. 전년 동기 대비 163%나 늘었다. 모든 연령을 통틀어 20대의 신용융자 증가율이 1위였다. 다른 연령층의 경우 증가율은 80~100% 수준이었다.

은행 신용대출 규모를 보면 '빚투'와 '영끌'에 대한 우려는 더 커진다. 5대 시중은행의 30대 신규 신용대출 규모는 2017년 10조 7,000억 원, 2018년 10조 9,000억 원, 2019년 12조 4,000억 원, 2020년 13조 2,000억 원(8월 기준)으로 가파르게 늘었다. 20대의 은행 신규 신용대출 규모는 전체 연령대 중 1위다.

마이너스 통장도 필수가 되었다. 은행권 마이너스 통장 전체 사용액에서 2030세대가 차지하는 비중은 3년 만에 40%를 넘어섰다. 특히 20대는 시중은행보다 이자부담이 큰 저축은행으로 향했다. 저축은행에서 마이너스 통장을 이용하는 고객의 57%가 20대였다.

물론 밀레니얼이 주식만 돈을 빌려 산 것은 아니다. 그들은 집도 마찬가지로 빚을 내서 샀다. 정부의 각종 부동산 규제에도 2030은 '패닉 바잉'을 이어가고 있다. '지금 놓치면 영원히 낙오된다'는 불안감 때문이다. 박스권에 오랫동안 갇혀 있었던 코스피지수와 달리 한국의 부동산 가격은 꾸준히 우상향했다는 사실을 2030세대는 경험을 통해 알

: : 연도별 가계순저축률 : :

■ 가계순저축률

자료: 한국은행

고 있었다.

　한국감정원에 따르면 2020년 10월 기준 2030세대의 아파트 매입 건수는 전체 거래량의 43.6%에 달했다. 통계 집계를 시작한 이래 가장 높은 수치다. 2030의 '영끌 갭투자'는 다시 집값을 올렸다. 2020년 9월 서울 아파트 평균 매매가는 10억 원을 넘어섰다.

　여기에도 사연이 있다. 2030은 항상 빚과 함께 살았다. 학자금 대출은 일상이었다. 부모세대들도 은행에서 돈을 빌려 자영업을 하는 사람들은 수도 없이 많았다.

　이렇게 된 이유는 한국의 저축률 때문이다. 중산층이 급격히 늘어난 1987년부터 1993년까지 한국의 저축률은 20%대를 기록했다. 저축이 미덕이었던 시절이었다. 하지만 2030이 어린 시절을 보냈던 2001년부터 2013년까지 한국의 가계저축률이 5%를 초과했던 해는 없었다.

이후에도 10%를 넘은 적은 한 번도 없었다.

빚은 생활의 일부였고, 빚을 내 무언가를 하는 것에 대한 큰 저항도 없었던 게 2030이다. 그 이면에는 사회의 양극화, 가계보다 기업이 저축하는 뒤집힌 경제구조 등이 자리 잡고 있었다. 안타까운 일이지만, 그것이 엄연한 현실이다.

 밀레니얼을 위한 ONE POINT LESSON

빚투의 급증을 주도한 것도 밀레니얼 세대다. '빚은 파멸로 가는 길'이라고 머리에 새기고 살아온 과거 세대와는 다르다. 초저금리 시대는 어쩌면 이들의 빚투를 합리화하고 있는지도 모른다. 하지만 이 상황이 영원히 지속될 수 없다는 것도 분명한 사실이다.

밀레니얼, 비트코인에서
부동산 갭투자를 거쳐 주식으로

> 모험은 청춘의 특권이지만 그 모험을 할 기회조차 없던 세대도 있다. 하지만 코로나19는 그들에게 내재해 있던 젊음의 본능을 일깨웠다. 비트코인 때부터 준비된 투자인지도 모른다.

앞의 '빚투'에 이은 다음 키워드는 비트코인. 모험은 젊은이들의 특권이다. 2020년 빚투에 나선 2030은 이미 주식보다 더 위험하다는 비트코인을 경험한 세대다.

'모 아니면 도'인 비트코인 투자를 거친 후 주식은 위험 체감도가 떨어질 수밖에 없다. 코로나19 이후 주식시장에 뛰어든 2030세대 중에는 '비트코인식 투자'를 선호하는 사람이 적지 않다. 이들은 성장 가능성이 높은 종목에도 투자하지만 단기간에 차익을 챙길 수 있는 높은 변동성이 있는 종목에 베팅하고 있다.

NH투자증권에 따르면 2020년 주식시장에 뛰어든 20대와 30대가 가장 많이 거래한 종목 1위는 신풍제약이었다. 거래금액으로 보면 삼성전자보다도 더 많았다. 이들이 주식을 시작한 후 거래한 신풍제약 주식(체결금액 기준)은 무려 3조 원이 넘는다. 주가급등으로 이 회사의 주가수익비율(PER)은 1,234배까지 치솟았다.

30대는 체결금액 상위 20개 종목 중 12개 종목이 제약·바이오·정치 테마주였다. 이 중 진원생명과학, 엑세스바이오, EDGC, 수젠텍 등은 4~5년째 적자를 내고 있는 기업들이다. 방산기업인 빅텍은 대표적인 대북 테마주다. 30대의 수익률이 시점에 따라 크게 휘청인 이유는 이처럼 주가 변동성이 큰 종목에 투자가 집중됐기 때문이다.

홀짝베팅, 레버리지와 인버스에 투자하다

2030세대는 KODEX200선물 인버스2X 상장지수펀드(ETF) 보유비중도 높았다. 이 상품은 코스피지수가 1% 하락하면 2배로 수익을 내는 상품이다. '곱버스'라고도 부른다.

2030세대 주도로 시작된 비트코인 광풍은 많은 투자자에게 '짜릿함'을 안겨줬다. 2017~2018년 비트코인 열풍 당시 하루에도 20~30%씩 움직이는 코인이 수두룩했고, 일부는 하루에 몇 배가 뛰기도 했다. 당시에 비트코인으로 한 번이라도 큰 수익을 거둔 경험이 있으면 주식시장에서도 급등주나 낙폭과대주에 투자할 가능성이 높다고 봐야 한다.

실제 많은 사이트에는 비트코인을 경험한 젊은이들의 투자일기가 나돌고 있다. 비트코인 광풍을 겪은 젊은 세대에게 하루 변동폭 30% 인 주식은 크게 저항감이 없었다고 할 수 있다. 물론 위험한 투자다.

밀레니얼은 위험천만한 '홀짝베팅'에도 가장 적극적으로 뛰어들었다. 주가가 오르거나 내릴 때 2배로 수익을 내는 상장지수펀드(ETF)를 활용했다. 레버리지 ETF는 주가상승 때 2배로 수익을 내는 상품이고, 인버스 레버리지 ETF는 주가하락 때 2배로 수익을 내는 상품이다. 말 그대로 주가상승 혹은 주가하락에 '베팅'하는 것이다.

코로나19로 코스피지수가 저점을 찍은 2020년 3월 19일 이후 한 달(3월 20일~4월 16일)간 개인 투자자의 순매수 상위종목을 살펴보자. 1위 종목은 무엇이었을까? 삼성전자를 예상했다면 틀렸다. 개인투자자는 이 시기에 KODEX200선물 인버스2X(1조 8,000억 원), 삼성전자(1조 2,000억 원), KODEX WTI원유선물(7,600억 원), KODEX 인버스(4,100억 원), 셀트리온헬스케어(4,000억 원)를 순매수했다.

신한금융투자에 따르면 이 시기 KODEX200선물 인버스2X 매수 대금 기준으로 20대, 30대가 각각 1, 2위를 차지했다. 특히 20대는 삼성전자가 아닌 KODEX200선물 인버스2X를 가장 많이 사들인 유일한 연령대였다.

물론 주가가 오를 때 레버리지를 팔고 하락한 인버스를 매수하는 전략을 잘 구사하면 단타로 수익을 낼 수도 있다. 하지만 방향성 베팅이 일반투자자에게 쉽지는 않다. 게다가 레버리지 상품은 기초지수가 횡보하

☑️ **기초지수**

한 금융상품이 추종하는 지수를 의미함. 코스피·코스닥 같은 주가지수, 자동차·철강·반도체 등 업종지수, 원유·금·은 등 상품지수가 모두 기초지수가 될 수 있음

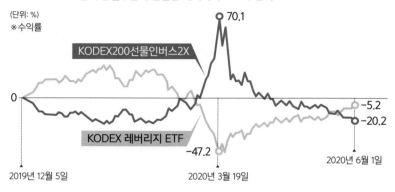

: : 함께 손실구간에 진입한 레버리지 ETF와 인버스 2X ETF : :

(단위: %)
※수익률

KODEX200선물인버스2X

70.1

0

KODEX 레버리지 ETF

-47.2

-5.2
-20.2

2019년 12월 5일

2020년 3월 19일

2020년 6월 1일

자료: NH투자증권

거나 박스권에 머물면 일반 ETF보다 못한 성적을 낼 수 있다. 기초지수 기간 수익률의 2배가 아니라 일간 수익률의 2배로 움직이는 '음(-)의 복리효과' 때문이다.

여기서 잠깐, 레버리지 상품에 투자하려면 최소한 '음의 복리효과'가 무엇인지는 이해해야 한다. 쉽게 설명하기 위해 시뮬레이션을 해봤다. 2019년 12월 5일, A와 B는 각각 지수상승과 지수하락에 베팅했다. 각각 수익이 2배로 나는 레버리지 ETF와 레버리지 인버스 ETF를 활용했다. 그리고 약 6개월이 지난 다음, 코스피지수는 한차례 급락 이후 상승과 하락을 반복해 투자시점 대비 소폭(0.2%) 상승했다. 두 사람 중 누가 돈을 더 벌었을까?

A가 조금이라도 돈을 벌었을 것 같지만 둘 다 손실을 봤다. 지수는 제자리인데 A와 B의 손실률은 각각 -5%, -20%에 달했다.

위기관리 역시 중요하다

왜 서로 반대 방향에 베팅했는데 둘 다 손실을 봤을까? 두 상품 모두 투자기간의 '누적 수익률'이 아니라 '일간 수익률'의 2배를 따라가기 때문이다. 쉽게 말해 매일 수익률을 계산한다는 의미다. 이때 '음의 복리 효과'가 발생한다.

예를 들어 기초지수가 100-110-100-110-100 구간을 끊임없이 반복한다고 가정해보자. 둘째 날에 지수가 10% 올랐으니 레버리지 상품의 수익률은 20%다. 100원이었던 레버리지 상품가격은 120원이 된다. 셋째 날에 지수가 9.09% 하락해 다시 100이 되었다. 상품가격은 지수 하락폭의 2배만큼(18.18%) 떨어지는데, 기존가격보다 낮은 98원이 된다. 상품가격이 120원으로 높아진 상태이기 때문에 오른 것에 비해 더 많이 하락하는 것이다.

결국 레버리지 상품은 지수 변동폭이 클수록, 상승과 하락을 반복할수록 손실을 볼 확률이 높아진다. 지수가 상승했다고 하더라도 그 구간 동안 변동성이 컸다면 손실 가능성이 생긴다. 레버리지 상품에 '시간이 독'이라는 말이 나오는 이유다. 레버리지, 곱버스 상품은 선물 거래를 동반하기 때문에 수수료도 일반 ETF보다 4배 이상 높다.

레버리지·인버스 등 투기성 ETF가 주식시장을 좌지우지하는 건 해외에서는 쉽

> ☑ **선물**
>
> 파생상품의 한 종류로 상품이나 금융자산을 미리 결정된 가격으로 미래 일정 시점에 인도, 인수할 것을 약속하는 거래. 미래의 가치를 사고 파는 것이기 때문에 만기일이 다가올 때까지 현물의 가격에 따라 가격이 크게 오르내리는 경향이 있음

게 찾아볼 수 없는 현상이다. 국내주식시장에서 레버리지·인버스 ETF 하루 평균 거래대금은 2020년 3월 기준 약 5조 6,000억 원에 달했다. 같은 기간 주식시장 하루 평균 거래대금(약 8조 원)의 70%를 레버리지·인버스 ETF가 차지했다는 얘기다.

반면 미국 주식시장에서 같은 기간 레버리지·인버스 ETF 하루 평균 거래대금은 약 22조 7,000억 원으로 전체 거래대금(90조 원)의 25.2% 수준에 그쳤다. 일본의 레버리지·인버스 ETF 하루 평균 거래대금 비중은 30% 정도다.

업계에서는 ETF에 대한 투자자의 인식차이가 이런 결과를 불러온 것으로 해석한다. 미국 투자자들은 ETF를 주로 자산배분 전략차원에서 장기보유하는 상품으로 이해하고 있으며, 대표적인 '패시브 상품'으로 꼽는다. 2019년 미국 투자자의 ETF 평균 보유 기간은 278일이었다. 반면 한국 투자자들은 ETF를 레버리지·인버스 등 '단타매매'에 특화된 상품에 더 적극적으로 활용한다.

미국 등 선진시장에서 일찌감치 레버리지·인버스 ETF에 대해 적절한 통제방안을 마련했다는 점에 주목해야 한다는 의견도 있다. 미국 증권거래위원회(SEC)는 2010년부터 기존에 인버스·레버리지 ETF 상품을 보유하고 있지 않은 자산운용사의 신규상품 출시를 금지했다. 블랙록, 뱅가드, 스테이트스트리트 등 3대 운용사는 레버리지·인버스 ETF 신규판매를 중단한 상태다. 디렉시온과 프로셰어즈 등 일부 회사가 헤지(위험 회피) 등 목적을 가진 특정 수요층을 대상으로 판매하고 있다.

2021년부터 한국에서도 레버리지(±2배) 상장지수펀드(ETF)와 상장

지수증권(ETN)에 투자하려면 기본예탁금을 맡기고 사전교육을 이수해야 한다. 2020년 5월 금융위원회가 발표한 'ETF·ETN 시장 건전화 방안'에 따른 조치로, 기존 투자자에게도 적용된다.

금융투자교육원이 운영하는 사전교육(1시간)을 받고 기본예탁금 1,000만~3,000만 원을 맡겨야 레버리지형 ETF 매수 주문을 할 수 있다. 기본예탁금은 투자경험, 투자목적, 신용상태 등을 고려해 3단계로 차등적용된다. 개인별 기본예탁금은 증권사에 문의해야 한다. 사전교육은 금융투자교육원 온라인 교육 이수번호를 증권사에 등록하는 방식으로 이뤄진다.

기존 투자자도 2020년까지 온라인 교육과정을 수료하지 않았다면 2021년부터 관련 상품을 매수할 수 없다.

이러한 건전화 방안이 마련되기 전에는 증권사의 '위험 고지서'에 동의만 하면 관련 상품에 투자할 수 있었다. 하지만 코로나19 이후 곱버스 투자가 급증함에 따라 투자 위험성, 상품성격 등을 상세히 고지해야 한다는 지적이 제기되었다. 단, 전문투자자와 외국인 등 직접 거래를 수행하지 않는 투자자는 사전교육 대상에서 제외된다.

📄 밀레니얼을 위한 ONE POINT LESSON

투기적 투자는 적은 자본으로 이익을 극대화할 수 있는 합리적 선택인지도 모른다. 하지만 2020년 상반기에 우리는 유가가 마이너스를 기록하는 것을 두 눈으로 목격했다. 갖고 있던 원유 ETN은 휴지조각이 되었다. 블랙스완이 일상화되는 시대를 살고 있는지도 모른다. 위기관리가 더 중요한 이유다.

밀레니얼의 라이프스타일 투자가
BBIG를 탄생시키다

> 워런 버핏은 코카콜라 주식을 좋아했다. 이해 못할 주식은 안 샀다. 밀레니얼들에게도 그런 주식이 있었다. 바이오, 게임, 인터넷, 전기차배터리 등이다. 그들은 새로운 주도주를 만들어냈다.

밀레니얼의 투자성향이 워낙 공격적이지만, 그렇다고 마냥 빚을 내 급변동하는 주식에 투자했다는 의미는 아니다. 또 하나의 키워드가 등장한다. 그것은 바로 '라이프스타일 투자'다.

한국경제신문이 주식정보 앱인 증권플러스에 의뢰해 2020년 3월부터 8월까지 20대와 30대 이용자 17만 6,556명의 관심종목 등록현황을 분석해봤다. 1위는 예상대로였다. 카카오였다.

카카오와 함께 삶을 살아가는 세대는 자신이 아는 종목에 가장 적극적으로 투자했다. 카카오가 크게 오른 것은 밀레니얼 투자자들의 공이었다고 해도 과언이 아니다. '카카오 경영자들은 소비자이자 투자자인 밀레니얼들에게 무한한 사회적 책임을 느껴야 하지 않을까' 하는 생각도 해본다.

주식에 자신의 '오늘과 내일'을 투영하다

좀 유식하게 이런 밀레니얼들의 투자를 분석해보면 "주식에 자신의 '오늘과 내일'을 투영한다"고 표현할 수 있다. 자신의 삶과 투자가 연결되어 있다는 뜻이다.

미래에셋은퇴연구소의 설문조사 결과도 이런 해석을 뒷받침한다. 밀레니얼 세대는 투자와 관련된 이슈 중 4차 산업혁명(1순위 선택 비율 31%)에 가장 큰 관심을 가지고 있었다. 인공지능(AI)과 로봇, 가상현실(VR) 등 4차 산업혁명 관련 기술에 다른 어느 세대보다 친숙하기 때문에 향후 투자의 성패를 가를 가장 큰 이슈로 본 것이다.

밀레니얼은 자신의 현재 삶 및 다가올 미래의 삶과 관련된 종목에 적극 투자하고 있는 셈이다. 밀레니얼이 허황된 꿈에 근거해 제멋대로 투자하는 건 결코 아니란 얘기다.

이들은 카카오만 투자한 게 아니다. 조금 더 얘기를 확장해보자. 코로나19로 주식이 폭락한 2020년 3월 19일부터 주가는 반등하기 시작했다. 이후 8월까지 종합주가는 1400대에서 2400대까지 급속히 회복되었다.

시장에는 주가가 회복되는 과정을 이끈 주도주가 있게 마련이다.

큰 폭으로 오르면서 시장을 선도하는 주식이 주도주다. 이를 상징하는 단어가 생겼는데 'BBIG(바이오·배터리·인터넷·게임)'다. BBIG 지수도 생겼다(2020년 주식시장에서 가장 중요한 유행어 'BBIG'를 한국경제신문 증권부 기자들이 만들었다는 것은 비밀이 아니라는 점도 밝혀둔다).

코로나19로 펼쳐진 급변동 장세에서 성장성을 인정받으며 주도주 자리를 꿰찼다. 2010년대 초반의 '차·화·정(자동차·화학·정유) 랠리'를 연상케 하는 열풍이었다.

BBIG가 '신(新)주도주'로 등극한 것은 밀레니얼의 부상과 맥이 닿아 있다. 2020년 3월부터 주식시장에 대거 진입한 밀레니얼은 BBIG와 엔터테인먼트 등 비대면 성장주 중심의 반등장을 만드는 데 중요한 역할을 했기 때문이다.

삼성바이오로직스, 셀트리온, LG화학, 삼성SDI, 네이버, 카카오, 엔씨소프트 등 BBIG테마를 대표하는 7개 종목(BBIG7)이 대표적이다. 이들은 시가총액 톱10 종목의 지도를 바꿔놓았다.

여기서 잠깐, 시가총액 10위는 그 시대의 상징과 같다. 가장 잘 나가는 기업들이 그 자리를 차지한다. 잠시 역사공부를 해보자. 1980년대의 시총 1위 종목은 한일은행이었다가 유공으로 넘어갔다. 1990년대의 1위 종목은 한국전력이었다. 삼성전자가 시총 1위를 차지한 것은 2000년부터의 일로, 그때부터 지금까지 20년간 시총 1위 자리를 지키고 있다.

범위를 넓혀 시총 10위권에 들어간 기업을 보면 한국산업의 흥망성쇠를 한눈에 볼 수 있다. 1980년대는 금융주의 시대였고, 1990년대

	1995년	2005년	2015년	2020년
1	한국전력공사	삼성전자	삼성전자	삼성전자
2	삼성전자	한국전력	SK하이닉스	SK하이닉스
3	포항종합제철	LG필립스LCD	현대차	삼성바이오로직스
4	대우중공업	POSCO	한국전력	NAVER
5	한국이동통신	SK텔레콤	삼성SDS	셀트리온
6	LG전자	국민은행	제일모직	LG화학
7	현대자동차	현대차	아모레퍼시픽	삼성SDI
8	유공	KT	삼성생명	카카오
9	신한은행	LG전자	현대모비스	LG생활건강
10	조흥은행	S-Oil	POSCO	현대차

※매년 5월 말 기준

자료: 한국거래소

는 공기업과 통신주가 활약했다. 외환위기의 여진이 남아있던 1999년에는 살아남은 은행 4곳 등 금융주가 10위권에 포진했다.

벤처붐이 크게 일었던 2000~2001년에 산업지형도 새롭게 바뀌기 시작했다. 삼성전자, 현대전자(SK하이닉스 전신), 삼성전기, SK텔레콤, 한국통신공사(현 KT) 등 정보기술(IT)주들이 은행들을 밀어냈다. 산업의 주도권이 바뀌기 시작한 것이다.

2005년부터는 '중후장대'의 시대였다. 같은 중후장대 산업이라도 테마가 있었다. 2004~2007년에는 중국의 인프라 투자로 국내 조선·철강·기계 업종의 수출이 급증했다. 포스코와 현대중공업이 주식시장의 주류로 떠올랐다. 금융위기 이후인 2009~2011년 중국은 글로벌 금융위기에 대응해 4조 달러 규모의 재정정책을 투입했다. 고유가와 중국경제 성장으로 '차·화·정(자동차 화학 정유) 랠리'가 이어졌다. 중국 내수 시장이 성장하면서 일반 소비재 업종에도 훈풍이 불었다. 2015~2016년에는 중국 내수주가 주도주로 떠오르며 아모레퍼시픽이 시총 10위권으로 들어왔다.

2016~2017년에는 반도체 슈퍼호황을 타고 '반도체 랠리'가 시작되었다. SK하이닉스는 2017년 시총 2위가 되었다. 2020년에는 코로나19로 새로운 주도주가 시총 상위종목을 차지했다. 그 이전까지 톱10 안에 있었던 신한지주, 포스코, 현대모비스, SK텔레콤 등은 10위권 밖으로 밀려났다. 이 자리는 삼성바이오로직스(바이오), 삼성SDI(배터리), 카카오와 네이버(인터넷)가 차지했다.

BBIG 열풍의 주역은 밀레니얼

앞서 언급한 밀레니얼의 관심종목을 조금 더 들여다보자. 증권플러스를 이용하는 20대의 관심종목 1위 카카오는 기존 대표주였던 삼성전자(2위), 현대차(3위), SK하이닉스(4위) 등을 제쳤다. 5~9위에는 씨젠과 네이버, LG화학, 삼성SDI, 셀트리온 등 BBIG 업종의 종목이 줄줄이 포진했다. 20위권 내의 BBIG 종목만 무려 12개에 달했다. 30대 역시 카카오와 씨젠이 각각 관심종목 2위와 3위를 차지했으며, 20위권에 13개 BBIG 종목이 이름을 올렸다.

밀레니얼이 인터넷과 게임, 엔터 등의 업종을 선호하는 경향이 있다는 점은 연령별 주주 수 분포에서도 여실히 확인된다. 한국예탁결제의 조사에 따르면 걸그룹 '트와이스'가

속한 JYP엔터테인먼트의 2020년 말 기준 밀레니얼 주주(10대 이하 포함) 비중은 무려 45%에 달했다. 게임업체인 넥슨지티(34.5%), 넷마블(34.4%), 엔씨소프트(27.7%)와 바이오기업인 에이치엘비(30.6%)도 밀레니얼 주주의 비중이 전체 상장사 평균(25.3%)을 웃돌았다.

BBIG 열풍은 또 다른 단어를 탄생시켰다. 바로 PDR(price to dream ratio·주가꿈비율)이다. 여기서 잠깐, 학습이 필요하다. 주가를 평가하는 방법에 대한 얘기다.

BBIG와 엔터 종목의 주가는 주가수익비율(PER)이나 주가순자산비율(PBR) 등 전통적인 밸류에이션 지표로는 설명되지 않는다. 2021년 1월 기준 카카오의 12개월 선행 PER과 PBR은 각각 60배와 6배 수준이다. 셀트리온은 PER 66배, PBR은 11배에 달한다. 유가증권시장 평균 12개월 선행 PER과 PBR이 각각 14.4배, 1.2배 수준이라는 것을 감안하면 주가에 상당한 '거품'이 끼어 있는 셈이다.

하지만 밀레니얼은 4차 산업혁명으로 산업의 패러다임 자체가 바뀌어가는 시점에서 지금까지 나온 숫자로는 향후 주가흐름을 설명할 수 없다고 본다. BBIG가 질주를 시작한 2020년 주식시장에서 '주가꿈비율(PDR)'이란 용어가 등장한 건 이와 무관치 않다.

전문가들은 밀레니얼의 주식시장 유입에 따라 BBIG 등 성장주의 강세가 당분간 계속될 것으로 보고 있다. 김민기 자본시장연구원 연구위원은 "2030세대는 가치주보다는 성장주를 선호하는 경향이 있다"며 "2020년 성장주 위주 장세에서 상당한 성과를 낸 만큼 앞으로도 이런 형태의 투자를 지속할 것"이라고 내다봤다.

밀레니얼을 위한 ONE POINT LESSON

성장주와 가치주의 경쟁은 어제 오늘의 일이 아니다. 2030은 성장주를 택했다. 자신의 삶과 함께하는 주식을 선택한 것이다. 워런 버핏도 어려운 주식이 아닌, 마트에서 장을 보며 사람들이 많이 사는 주식을 산다고 했다는 점을 감안하면 이들의 선택은 지극히 합리적이다. 밀레니얼은 카카오와 네이버, 유튜브, 페이스북과 함께 살아온 이들이기 때문이다.

밀레니얼, 모험도 즐기지만
주식공부도 치열하게 한다

"
유튜브는 밀레니얼들에게 1등 검색엔진이다. 주식공부도 유튜브로 하기에 많은 유튜브 주식스타를 만들어냈다. 증권사 애널리스트들을 카메라 앞으로 끌어낸 것도 바로 2030이다.
"

　　모험을 한다고 해서 밀레니얼들이 아무런 근거 없이 투자하지는 않는다. 그들은 태어나면서부터 정보의 바다에 살았기 때문이다. 뉴스에 나기 전에 여러 가지 소스를 통해 정보를 모으고 투자에 활용한다. 특히 스마트폰 '알림'을 통해 실시간으로 정보를 받아 발 빠르게 대응하는 젊은이들도 많다.

　　이들은 투자기업의 공시를 나오자마자 확인한다. 몇 시간이 지나 뉴스로 읽거나, 다음날 보고서로 보면 대응이 늦는다는 것을 잘 알고 있기 때문이다. 금융감독원 전자공시시스템(DART)을 스마트폰 앱으로 다운받고, 관심종목을 알림으로 설정해둔다. 3년 전부터 DART앱을 이용하고 있다는 34세 김모씨는 "알림이 바로 울리기 때문에 호재성 공시나 악재성 공시에 즉각적으로 대응할 수 있다"며 "뉴스로 소식을 들으면 이미 주가가 많이 움직인 뒤"라고 설명했다.

공시에 대한 해석도 속전속결이다. 대기업 입사 2년차인 박모씨는 증권사 애널리스트들의 텔레그램 채널을 구독한다. 텔레그램에는 자신의 이름을 알리려는 애널리스트들이 무료채널을 운영하는데, 담당 분야 뉴스와 공시를 시시각각 알려주는 게 장점이다.

빠른 정보를 중시하는 2030은 '미국시장'의 움직임도 주시한다. 장중에도 미국 주가지수선물을 확인하는 것을 잊지 않는다. 미국 주가지수선물은 정규장의 움직임을 예고하는 경우가 많기 때문이다. 특히 S&P500지수 선물이나 나스닥100 선물 등은 국내 정규장 시간과 맞물려 국내주식시장에 영향을 준다. 2030이 많이 이용하는 앱은 인베스팅닷컴(investing.com)이다. 이 앱을 통해 미국을 포함한 전 세계 지수선물, 원자재, 외환 움직임을 실시간으로 확인할 수 있다.

주식고수들의 매매동향을 실시간으로 전달받아 투자에 참고하기도 한다. 2030 투자자 비중이 40%에 달하는 주식앱 증권플러스(옛 카카오스탁)를 많이 활용한다.

2030에게는 또 다른 학습의 무기가 있다. 바로 유튜브. 국내주식 유튜브 채널 중 가장 많은 구독자를 보유한 곳은 '신사임당'이다. 구독자 수가 2021년 초 기준 125만 명에 달한다. 신사임당 유튜버(본명 주언규)는 한국경제TV 증권팀 PD 출신이다. 그는 최근 인기 예능프로그램에 출연해 월급 180만 원을 받던 평범한 직장인에서 5년 만에 월수입이 많을 때는 1억 8,000만 원으로 100배가 늘어 인생역전한 재테크 노하우를 털어놓기도 했다.

110만 명의 구독자를 보유한 '슈카월드'도 인기를 끌고 있다. 슈카월드 운영자인 슈카(본명 전석재)는 펀드매니저로 일하다가 유튜버가 되었다. 이런 이력을 살려 어려운 경제 이슈를 재밌고 쉽게 알려주는 입담으로 유명하다. 유명 투자가 짐 로저스를 직접 섭외하고 인터뷰해 화제가 되기도 했다.

주식공부는 나의 힘

그동안 보고서 뒤에 머물던 증권사 애널리스트들도 카메라 앞으로 나오고 있다. 유튜버로 변신중이다. 주요 증권사가 공식 채널을 운영하고 있지만 일부 애널리스트는 독자적으로 개인 채널을 개설해 활동 중이다. '애널리스트가 내는 리포트의 영향력이 예전 같지 않아 위기'라는 지적도 나오지만 변화하는 흐름에 맞춰 좀 더 대중 친화적인 방식으로 투자자에게 다가서고 있다.

국내 10대 증권사 중에선 메리츠증권을 제외한 나머지 9곳이 모두 공식 유튜브 채널을 보유하고 있다. 구독자 수가 가장 많은 곳은 키움증권의 '채널K'다. 애널리스트들이 출연해 경제 이슈를 분석하는 '애널리스트 토크쇼', 이진우 GMF투자연구소 소장이 맡고 있는 '마켓리더', 서상영 투자전략팀장이 시황을 알려주는 '서상영 투자전략' 등이 고정

코너다. 하나금융투자가 운영하는 '하나TV'는 매일 아침 사내 리서치 센터 회의를 생중계한다. 또한 이슈나 눈길을 끄는 리포트는 섹터 애널리스트가 직접 출연해 분석해준다. 메리츠증권은 2021년 삼프로TV와 주식대학 강의를 개설했다.

애널리스트가 별도 개인채널을 만들어 소통하는 사례도 늘고 있다. 이효석 SK증권 자산전략팀장은 2020년 4월 '이효석의 iDEA.' 채널을 열고 매일 미국과 한국 등의 글로벌 시장 분석과 투자전략을 제시하고 있다. 하나금융투자에서 유통과 소비재부문을 담당하는 박종대 연구원도 2020년 6월 '박부의 리테일레터' 채널을 개설해 자신이 펴낸 리포트를 풀어 설명하고 있다. 그는 유통업계만 10여 년 맡아온 베테랑이다. 두 애널리스트 모두 텔레그램과 블로그 등을 통해서도 소통을 활발히 하고 있다.

🗨 밀레니얼을 위한 ONE POINT LESSON

밀레니얼들이 주식시장에 들어와 만들어낸 가장 큰 눈에 보이는 변화는 애널리스트들을 유튜브 방송으로 끌어냈다는 것이다. 또한 유튜브 고수들을 스타로 만드는 힘도 보여줬다. 이를 통한 학습은 장기적으로는 경제에 대한 전 국민적인 이해도를 높이는 데 기여할 것이라는 점은 분명하다.

뻔하지만 진리인
고수들의 투자원칙 10가지

현존하는 최고의 투자대가인 워런 버핏은 자신의 스승으로 벤저민 그레이엄을 꼽는다. 그레이엄은 '내재가치 대비 저평가된 주식(일명 꽁초)을 싸게 산다'는 가치투자 원칙을 정립한 인물이다. 그레이엄의 가르침을 받은 버핏은 이후 기업의 내재가치 평가에 '시장 지배력'을 가미하며 자신만의 투자 원칙을 가다듬었다. 버핏의 일화는 '거인의 어깨에 올라타라'는 격언의 중요성을 깨닫게 한다.

대가들의 투자철학과 원칙을 잘 곱씹어보면 성공의 지름길을 찾을 수 있다. 투자에서 일가를 이룬 고수는 우리나라에도 여럿 있다. 여의도 증권가를 대표하는 5명의 고수가 제시하는 투자원칙 10가지를 정리해봤다.

1. 주식투자의 본질은 기업에 대한 투자다

'주식농부' 박영옥 스마트인컴 대표는 "주식투자의 본질은 기업성장으로 얻어진 이익을 분배받는 데 있다"고 말했다. 기업의 주인으로서 장기 성장과정을 지켜보고 성과를 공유하려는 자세가 필요하다는 조언이다. 최광욱 J&J자산운용 대표도 "기업의 주주가 되어 성장의 과실을 공유한다는 인식에서 출발해야 한다"고 강조했다.

2. 잘 아는 기업에 투자해야 한다

고수들은 "투자기회는 우리 일상 속에 늘 있다"고 말한다. 최광욱 대표는 "지난 20년간 네이버를 단 한 번도 포트폴리오에서 제외한 적이 없다"고 말했다. 네이버를 통해 자신이 누리는 효용이 지불하는 비용보다 크다는 이유에서였다. 최 대표는 "내가 이해할 수 없는 기업에 투자하면 실패할 확률이 높아진다"고 덧붙였다.

3. 1등 기업에 투자해야 한다

박영옥 대표는 "위기국면에서도 시장 지배력이 있어 꾸준히 이익을 내고 배당을 주는 기업에 투자하는 것이 정답"이라고 말했다. 시장이 불확실할수록 업종 내 '1등 기업'의 가치는 한층 높아지기 때문이다. 안형진 빌리언폴드자산운용 대표는 "하루에 10% 넘게 오른 주식은 주목할 필요가 있다"며 "제일 좋은 주식은 가장 높이 올라가고, 가장 늦게 빠지기 마련"이라고 설명했다.

4. 공시를 읽어내야 한다

최광욱 대표는 기업 분석의 출발점은 공시된 사업보고서라고 했다. 그는 "사업보고서의 '사업 내용' 항목을 보면 기업의 성장성은 물론 경쟁 구도, 시장 점유율 등 모든 정보가 담겨 있다"고 조언했다.

5. 시간을 견디고 이겨내야 한다

김학균 신영증권 리서치센터장은 주식투자를 "시간을 이기고 견디는 과정"으로 표현했다. 그는 "자신이 매수한 주식의 가치를 당장 다수가 알아주지 않더라도 견뎌내야 이길 확률이 높아진다"고 말했다. 존리 메리츠자산운용 대표는 아예 "주식을 산 뒤 노후 대비용이라고 생각하고 장기간 묻어두라"고 권했다.

6. 분산투자하고 분할매수해야 한다

안형진 대표는 "해당 종목에 투자할 금액이 정해져 있다면 한 번에 사지 말고 반드시 분할매수하라"고 충고했다. 분할해서 사면 리스크를 크게 줄일 수 있기 때문이다. 최광욱 대표는 "사람은 미래를 예측하는 과정에서 오류를 일으킬 수 있기 때문에 반드시 여러 종목과 자산군에 분산투자해야 한다"고 강조했다.

7. 빚을 내서 투자하지 말아야 한다

존리 대표는 "절대로 빚을 내 주식투자하지 말라"고 강조했다. 빚을 내서 하는 투자는 좋은 수익률을 낼 수 있는 가장 유력한 방법인 장기투자가 불가능하기 때문이다. 박영옥 대표도 "주식을 담보로 돈을 빌렸다가 주가가 떨어지면 계좌는 순식간에 깡통이 된다"고 경고했다.

8. 시장을 예측하지 말아야 한다

고수들은 시장의 움직임을 함부로 예측해 투자하는 행태를 경계했다. 김학균 센터장은 "극단적으로 말해 미래는 어떤 전문가도 확실히 예측할 수 없다"며 "자기 멋대로 앞날을 내다보고 판단하다 보면 '싸게 사서 비싸게 판다'는 투자원칙과 멀어지게 된다"고 했다. 박영옥 대표도 "나는 기업을 연구하지, 경기 예측은 하지 않는다"고 단언했다.

9. 세상의 변화를 민감하게 살펴야 한다

주식투자를 위해서는 세상을 움직이는 트렌드 변화를 꿰뚫고 있어야 한다. 최광욱 대표는 "4차 산업혁명과 그린혁명은 코로나19 이후 글로벌 경제를 지배할 2개의 큰 트렌드"라며 "이는 기업의 생존과도 직결된 문제인 만큼 면밀히 관찰해야 한다"고 강조했다.

10. 팔 때를 미리 정해놓아야 한다

살 때만큼이나 파는 시점 역시 중요하다는 게 고수들의 의견이다. 안형진 대표는 "테슬라의 경우 최근 S&P500지수 편입이라는 큰 이슈가 있었다"며 "이런 상황에서는 자기 나름대로 매도시점을 미리 잡아놔야 리스크를 줄일 수 있다"고 했다. 때를 기다리고 있다 보면 중간에 주가가 출렁거려도 흔들리지 않고 버텨낼 확률이 높아진다는 점을 이유로 들었다.

주식투자는 종합예술이다. 거시경제를 읽고 유망한 산업을 발굴하며 그중에
서도 좋은 종목을 선별해야 한다. 아무리 좋은 기업을 선택했다고 하더라도
다른 사람들이 이 기업을 알아주지 않는다면 수익을 낼 수 없다. 최적의 매수
타이밍과 매도 타이밍은 신도 맞추기 어렵다고 한다. 이렇듯 시장은 예측하기
어렵다. 그 어려운 것을 해낸 20대 대학생들을 찾아 비법을 물었다. 특별한 기
술을 기대했지만 의외의 대답이 돌아왔다. "주식시장에서 '운'만으로 수익을
낼 순 없다. 투자는 노력의 산물이다"라고 말이다.

3장

밀레니얼 개미들의

남다른

투자성공기

청년고수들의 투자 노하우 1
리스크 관리가 최우선이다

코로나19 폭락장에서 조짐이 좋지 않자 보유한 종목을 모두 처분한 뒤 다음을 준비했다. 위기가 일단락되자 위기를 가져온 원인에 대처할 수 있는 업종에 과감히 투자했다.

젊은이들을 만나 직접 얘기를 들어봤다. 주식투자를 잘한다고 소문난 투자자들이다. 증권사 투자대회 입상자, 대학 투자동아리 회원 등이다.

'청년고수'라 부를 만한 이들은 코로나19 급락장에서도 발 빠르게 대응해 높은 수익을 올렸다. 이들의 공통점은 '빚투(빚내서 투자)'와 '테마주 투자' 등이 아니었다. 청년고수들은 리스크 관리, 끊임없는 공부, 종잣돈 마련의 중요성을 강조했다.

대학 3학년이었던 이서준 씨는 한국투자증권이 2020년 4~5월에 연 '제1회 뱅키스 대학생 모의투자대회'에서 참가자 3,700명 중 1위를 차지했다. 수익률은 88.2%. 물론 그에게도 3월 코로나19 급락장은 공포스러웠다. 이씨는 "어디가 바닥인지 모른다는 것이 가장 무서웠다"고 했다. 하지만 차분히 위기에 대응했다. 그는 "섣불리 저가 매수를 하기보다 보유종목 비중만큼 지수 인버스 상장지수펀드(ETF)를 매수하는 식으로 포트폴리오 손실을 최소화하는 데 주력했다"고 말했다. 인버스 ETF는 주가가 내리면 이익을 내는 상품이다. 예를 들어 삼성전자 주식을 사고, 코스피지수와 반대로 움직이는 인버스 ETF를 사는 식이다.

몸을 사리며 위기가 지나가기를 기다렸다. 그렇게 위기가 지나가자 2020년 5월부터 주식시장 상승에 베팅을 시작했다. 'V자 반등'의 바닥인 2020년 3월에 베팅하지는 못했지만 코로나19 수혜주 위주로 포트폴리오를 재편했다. 더존비즈온, 녹십자, 랩지노믹스 등을 사들였다. 그 결과 수익률은 빠르게 회복되었다.

다른 청년고수들도 급락장 대응책으로 손실 최소화를 택했다. '제 27회 키움증권 대학생 모의투자대회'에서 2등을 한 최동진 씨는 "손절매를 칼같이 했다"고 했다. 연세대 투자동아리 YIG 회장을 맡고 있던 윤지훈 씨도 조짐이 좋지 않자 보유종목을 모두 처분한 뒤 다음을 준비했다고 했다. '위기를 관리해야 다음이 있다'는 게 이들의 공통적 생각이었다.

위기가 일단락된 후 이들은 위기를 가져온 원인에 대처할 수 있는 업종에 과감히 투자했다. 바이오 업종이 투자처였다. 유안타증권 대학생 실전투자대회 개인전에서 3위를 한 대학 1학년 김도인 씨도 비슷했다. 그는 "2020년 3월 말 시장이 반등했지만 V자일지, W자일지 알 수 없었다"며 "2020년 4월에도 오르자 추세상승에 들어섰다고 판단했다"고 말했다. 그리고 씨젠 등 제약·바이오로 포트폴리오를 꾸렸다. 이후 바이오 관련주들은 급등했다.

종잣돈의 중요성을 강조

청년고수들은 한목소리로 '끊임없는 공부'를 강조했다. 뱅키스 대학생 모의투자대회에서 2등을 한 임민수 씨는 매일 아침 6시에 일어난다. 미국 주식시장 결과와 뉴스, 리포트 등 각종 투자 정보를 확인하고 그날의 매매 전략을 짠다. 임씨는 "주로 당일에 사서 당일에 파는 단타 스타일로 투자하고 있다"며 "장 초반에 사서 매도 목표가를 정하고 주문을 내놓는다"고 했다. 그는 "매일매일 어떤 종목을 매수할지 결정하기 위해선 아침 일찍 일어나 공부할 수밖에 없다"고 말했다.

이서준 씨는 주식을 배우기 위해 '슈퍼개미'라 불리는 재야고수들을 직접 찾아가기도 했다. '여수고래' 박현상, 이용호 아이지개발 대표 등을 만났다. 부전공으로 경영학을 공부하며 재무관리와 투자론 등의 수업을 듣고, 교내 투자동아리 블래쉬에도 가입해 활동했다. 그는 "주식투자는 노력이 조금만 느슨해지거나 요행을 바라면 곧 손실로 이어진다"고 말했다.

윤지훈 씨는 YIG가 가치투자 동아리인 까닭에 기업의 내재가치 분석을 중시한다고 했다. 전자공시와 뉴스를 꼼꼼히 챙기고, 직접 기업

분석 리포트도 쓴다. 윤씨는 "새로운 산업이 뜨고 시장의 속성이 계속 바뀌기 때문에 투자를 위한 공부에는 끝이 있을 수 없다"고 말했다.

청년고수들은 종잣돈(시드머니)의 중요성에 대해서도 강조했다. 빚보다 한 푼 두 푼 모은 돈으로 자산을 불려가야 한다고 했다. 임민수 씨는 "중학생 때부터 주식투자를 위해 세뱃돈과 용돈을 모아뒀다"며 "스무 살 때 증권계좌를 개설해 투자를 시작했다"고 말했다. 그는 "어느 정도 종잣돈이 있어야 유의미한 자산축적 효과를 낼 수 있고, 자산배분도 할 수 있다"고 말했다. 최동진 씨는 아르바이트 등으로 번 돈 200만 원으로 처음 주식을 샀다. 이 종잣돈은 2020년 초 1,700만 원까지 늘었고, 코로나19 반등장에서 2배가량 더 불어났다.

밀레니얼을 위한 ONE POINT LESSON

아마추어들이 프로와 다른 점은 실수가 자연스럽다는 것이다. 투자자 대부분은 아마추어다. 이 실수를 줄여나가는 것이 곧 재산증식으로 이어진다. 실수를 줄이는 것은 연습이다. 연습은 시장과 기업을 읽으려는 노력이다.

청년고수들의 투자 노하우 2
끊임없는 공부는 기본이다

청년고수들의 하루 일과는 비슷했다. 아침 6시에 일어나 전날 미국 주식시장을 확인하고, 뉴스와 증권사 리포트 등을 보며 각종 투자정보를 확인한다. 조금만 느슨해지거나 요행을 바라면 손실로 이어진다.

실제 투자대회 우승자들의 생생한 투자 후기와 조언을 들어보자. 이서준 씨는 2020년 6월 열린 제1회 한국투자증권 뱅키스 대학생 모의투자대회에서 1등을 차지했다. 투자 수익률은 88.2%에 달했다. 인터뷰 당시 전남대학교 농업경제학과에 재학중이었다. 특별한 비법이 있을 것 같지만 오히려 '기본기'를 강조한 것이 인상적이었다. 그는 기업에 대한 이해, 정확한 분석 덕분에 높은 수익을 낼 수 있었다고 말한다. 다음은 이서준 씨와의 1문 1답.

Q. 어떤 계기로 주식투자를 시작하게 되셨습니까?

A. 돈을 벌고 싶다는 이유였습니다. 흔히 말하는 재테크의 개념이었죠. 하지만 시간이 지날수록 주식은 저에게 많은 궁금증을 남겼습니다. 미중 무역분쟁 당시, 저는 아무런 배경지식이 없어 그저 떨어지는 주가차트를 보고만 있어야 했습니다. '주가는 왜 떨어질까?' '어떻게 하면 수익을 낼 수 있을까?'에 대해 고민하기 시작했고, 이 고민을 해소하고 싶어 본격적으로 주식투자를 시작하게 됐습니다.

Q. 무엇을 공부해야 하는지를 모르셨다는 의미군요.

A. 방법은 몰랐지만 열정은 있었습니다. 무작정 거래소 전 종목을 시가총액 순서대로 적어보기도 했고, 학내 증권투자동아리에도 가입했습니다. '슈퍼개미 이용호' '여수고래 패밀리 박현상' 등 소위 말하는 주식고수들을 직접 찾아가보기도 했어요. 지금 생각해보면 맨땅에 헤딩하기와 다름 없었네요.

Q. 주식투자를 하는 근본적인 이유는 무엇인가요?

A. 제 가능성을 시험해보려는 이유가 큽니다. 흔히 "노력 없는 성공은 없다"고들 말합니다. 생각해보면 노력이 대가로 돌아오는 것에 주식투자만 한 것이 없습니다. 정확한 분석은 곧 수익으로 직결되기 때문입니다. 당연하게도 노력이 느슨해지거나 요행을 바란다면 손실로 직결됩니다. 만약 주식투자를 하다가 침체기

가 온다면 본인의 노력이 부족해진 것은 아닌지부터 의심해봐야 한다고 생각합니다.

Q. 주식도 결국 노력의 산물이라는 얘기군요.

A. 단순히 돈 몇 만 원을 벌고자 하는 목적보다는 노력에 따라 그 성과가 나오는 것, 그 자체가 주식투자를 하는 이유입니다. 제 노력의 결과가 나오는 것이 기분 좋고 재미있습니다.

Q. 투자자금은 어디서 융통했나요?

A. 주식을 처음 시작할 때 부모님께서 자본금을 조금 주셨습니다. 매달 받는 생활비의 일부가 예수금이 되기도 합니다. 대학생 신분이다 보니 투자자금의 규모가 그리 크진 않습니다. 이번 뱅키스 대학생 모의투자대회의 상금 300만 원 덕분에 부족했던 투자자금이 많이 채워졌습니다. 상금을 주신 한국투자증권에게 감사하게 생각 중입니다.

Q. 본인의 투자 스타일은 어떤가요? 단타, 모멘텀, 가치투자, 장기투자 등 다양한 종류의 투자 기법이 있는데요.

A. 모멘텀과 수급이 투자에 있어 매우 중요하다고 생각합니다. 일단 기업의 모멘텀을 가장 중요한 지

> ☑ **모멘텀**
>
> 물리학에서 가속도를 뜻하는 용어. 주식시장에서는 현재의 주가상승이나 주가하락 추세에 얼마나 가속도가 붙었는지를 측정하는 지표임. 특정 종목 주가의 추세를 전환시킬 수 있는 재료나 근거

표로 삼습니다. 각 기업마다 가지고 있는 모멘텀이 있습니다. 지수가 빠지더라도 모멘텀이 좋은 기업은 다시 올라올 수 있는 힘이 있습니다. 반면 모멘텀이 부족하거나 단순 이슈로 오른 종목들은 손절 이외에 마땅한 대응 방법이 없습니다. 그래서 단타를 치더라도 '빠져나올 수 있는 종목만 매매함'을 원칙으로 합니다.

Q. 수급도 중요하다고 하셨는데요.

A. 모멘텀을 체크한 뒤에는 시장의 수급을 봅니다. 개인적으로 시장의 변화에 대응하기 위해서 수급은 반드시 체크해야 한다고 생각합니다. 모멘텀을 자동차의 엔진에 비교한다면, 수급은 타이어라고 할 수 있습니다. 엔진이 아무리 힘이 좋아도 타이어에 바람이 없으면 멀리가지 못할 것입니다. 기업의 내재가치가 아무리 좋아도 시장의 분위기가 따라주지 못하면 주가는 오르기 힘듭니다.

Q. 투자정보를 얻는 창구는 어디인가요?

A. 원하는 투자정보에 따라 다릅니다. 그날의 수급과 강세·약세 테마를 확인할 때는 블로그나 웹서핑을 통해서 정보를 찾아보는 편입니다. 조금만 찾으면 생각보다 쉽게 원하는 정보를 얻을 수 있습니다. 해외선물 추이나 원자재 가격을 확인할 때는 인베스팅닷컴을 활용합니다. 실시간으로 선물가격을 표시해주기 때문에 흐름을 파악하기 편리합니다.

Q. 기업분석을 할 때는 어떻게 공부하시나요?

A. 전체적인 시황이나 기업분석을 확인할 때는 에프앤가이드의 와이즈리포트를 활용합니다. 시중에 있는 증권사 리포트를 정리해주는 곳으로, 간편하게 정보를 찾을 수 있습니다. 간단한 뉴스나 시사는 한국경제 애플리케이션을 활용합니다. 다른 뉴스 어플에 비해 피드 형식으로 뉴스가 올라와 보기 편하더라고요.

Q. 투자 결과가 어땠는지 궁금합니다. 코로나19 급등락장에서는 어떻게 대응하셨나요?

A. 시장하락이 무서운 것은 어디가 바닥인지 모르기 때문이라고 생각합니다. 미중 무역분쟁과 일본의 대(對)한국 수출규제로 하락장을 겪으면서 바닥이라 판단하고 추가매수한 후 낭패를 본 경험이 있었습니다. 그래서 이번 코로나19 급락장에서는 포트폴리오 헤지(위험분산)를 추구했습니다. 개별 종목의 비중만큼의 지수 인버스 상품을 매수하는 전략입니다. 아무리 모멘텀이 좋은 종목이어도 지수하락에는 주가하락을 피할 수 없기 때문에 지수 인버스 상품을 적절히 편입해서 포트폴리오의 변동성을 낮췄습니다.

Q. 시기별로는 어떤 종목을 샀나요?

A. 지수의 V자 반등을 예측하지 못했기 때문에 한동안 인버스 상품을 포트폴리오에 계속 담고 있었습니다. 2020년 5월부터 본격

적으로 포트폴리오를 재편해 코로나19 수혜주 위주로 포트폴리오를 구성하기 시작했습니다. 더존비즈온을 매수해 2020년 6월 수익실현을 했고, 최근에는 녹십자와 랩지노믹스 등을 매수해 큰 수익을 봤습니다. 이후에는 언택트, 코로나19 관련 기업들로 포트폴리오를 구성했습니다.

Q. 해외주식도 하시나요?

A. 직접적으로 투자하지는 않지만 해외주식의 중요성이 점점 커지고 있음을 인지하고 있습니다. 다우존스, 나스닥 등 해외선물 지수와 FAANG과 같은 중요 종목들의 흐름은 매일 체크하는 편입니다. 해외주식도 코로나19 사태로 인한 종목 가르기가 중요한 시점이란 생각이 듭니다. 시장이 바뀌면서 전통적인 철강, 조선 등과 같은 종목보단 언택트와 관련된 기업에 수급이 몰렸습니다. 미국 주식시장에서는 메르카도리브레, 홍콩 주식시장에서는 알리바바나 메이투안디앤핑과 같은 기업이 있습니다. 해외주식은 기업설명이나 재무제표가 외국어로 되어 있기 때문에 증권사 리포트를 많이 참고합니다.

Q. 투자철학이 궁금해지는데요, 존경하는 투자자가 있나요?

A. 3명 정도가 될 것 같습니다. 국내에서는 여수고래 패밀리 박현상 대표와 이태헌 전문가이고, 해외에서는 마이클 버리입니다. 박현상 대표는 과거에 실전투자대회에서 다수 입상 및 우승을

했던 경험자로, 투자 마인드와 관련해 도움을 주신 분입니다. 항상 시장에서 견고해져야 한다고 가르쳐주십니다. 현재는 단타뿐 아니라 성장성이 있는 기업에 중장기 투자를 하는 것으로 알고 있습니다.
전업투자자로서 높은 성과를 내고

> ☑ 헤지펀드
>
> 다양한 상품과 전략에 투자해 목표수익을 달성하는 목적을 가진 펀드. 불특정 다수로부터 자금을 모으는 공모펀드보다는 소규모의 자산가를 모은 사모펀드 형태가 일반적임. 레버리지나 공매도 등 각종 공격적인 투자전략을 활용해 시장상황과 무관하게 목표 수익률을 추구

있는 이태헌 전문가는 기술적 분석의 기초를 다져준 분입니다. 이태헌 전문가를 보면서 실전매매에 대한 감각을 키웠다고 볼 수 있습니다. 실력 하나로 인정을 받는 모습이 본받을 만하다고 느끼는 투자자입니다.

Q. 해외에서는 '빅쇼트'의 실제 모델인 마이클 버리를 꼽으셨군요.

A. 마이클 버리는 미국의 헤지펀드 사이언에셋매니지먼트의 운용 책임자입니다. 영화 〈빅 쇼트〉의 주인공으로 유명하죠. 서브프라임 모기지 사태 때문에 큰 손실을 감수하면서도 본인의 판단을 믿었던 강한 멘탈의 소유자입니다. 코로나19 공포로 투매가 나왔던 2020년 3월 폭락장에서도 이지웰페어, 비츠로셀 등 중소형주를 장내매수했다고 합니다. 본인의 판단을 믿고 과감하게 투자하는 뚝심이 정말 존경스럽습니다.

Q. 투자할 때 어떤 마음가짐이 가장 중요하다고 생각하시나요?

A. 투자자에게는 그 무엇보다도 냉정함이 가장 중요합니다. 수익이 난다고 해서 기쁨에 취해서도 안 되고, 손실이 난다고 해서 망연자실할 필요도 없다고 생각합니다. 투자를 하다 보면 수익이 날 때도 있고, 손실이 날 때도 있습니다. 슬럼프가 왔을 때 잠깐 쉬어갈 수 있는 멘탈을 가진 사람이 다시 큰 수익을 얻을 수 있다고 생각합니다.

저도 학기 중에 학업과 매매, 자격증 공부 등을 병행하는 것에 어려움을 느꼈었습니다. 당일에 매매가 잘되지 않으면 그날 공부가 잘 안 됐고, 일상생활에도 지장을 받았습니다. 시간이 지나면서 한 단계 성장하기 위해서는 절제력이 꼭 필요하다는 것을 느꼈습니다. 솔직히 지금도 흔들릴 때가 많이 있지만 그때마다 운동이나 명상 등을 하면서 멘탈을 잡으려고 노력합니다. 매매 일기를 써보는 것도 좋은 습관인 것 같습니다.

Q. 20대가 봤을 때 최근 2030 주식투자 열풍의 이유는 무엇이라고 생각하시나요?

A. 표면적으로는 시중금리가 낮아 시장에 유동성이 풀리는 것이 이유가 되겠고, 근본적으로는 돈에 대한 갈망이 아닐까 생각됩니다. 취업난에 힘들어하던 와중에 코로나19 사태까지 겹쳐 아르바이트 자리 구하기도 힘든 상황입니다. 돈은 없지만 돈에 대한 욕구는 넘치는 요즘, 누구나 돈을 벌 수 있는 주식시장은 너

무나 매력적입니다. 결국 돈에 대한 갈망이 기회의 땅인 주식시
장에서 2030 주식투자 열풍현상으로 나타난다고 생각합니다.

Q. 앞으로 계획 혹은 목표가 있다면요?

A. 대한민국 주식시장에 이서준이라는 이름을 남겨보고 싶습니다.
시작은 증권회사에서 사원으로 시작하더라도 먼 미래에 큰 자
금이나 헤지펀드를 운용하면서 저의 실력을 증명해보이고 싶습
니다. 시장은 항상 변화하기 때문에 영원한 승자도, 영원한 패자
도 없다고 생각합니다. 주식시장에서 도태되지 않기 위해서는
끊임없이 노력하고 발전해야 합니다. 변화하는 시장에서 살아남
아 주식시장에서 저의 이름을 남기는 것이 큰 목표입니다.

밀레니얼을 위한 ONE POINT LESSON

가끔 하한가를 몇 방 맞았다는 얘기를 듣는다. 빠져 나올 수 없는 종목에 투자
한 결과다. 일반 주택보다 아파트가 더 비싼 이유는 환금성이 높기 때문이다.
그런 종목에 투자해야 한다. 오르거나 내릴 때 흥분하거나 당황하지 않는 냉철
함도 필요하다.

청년고수들의 투자 노하우 3
'한탕주의' 대신 '분산투자'다

> 단기간에 수익률을 높이려면 '몰빵투자'를 해야 할까? 경험적으로 분산투자를 했을 때 수익률은 더 높았다. 특히 코로나19 사태로 변동성이 극대화된 장에서는 더 그랬다.

또 다른 투자대회 우승자들의 얘기를 들어봤다. 먼저 유안타증권 대학생 실전투자대회 개인전에서 3위를 한 김도인 씨다. 한양대 경영학과 20학번으로, 대학 1학년 때 놀라운 수익을 냈다. 한양대 주식투자 동아리 스탁워즈 소속이기도 하다. 스탁워즈는 유안타증권의 티레이더배틀 UIC(전국 대학생 투자동아리 연합회) 실전투자대회 동아리리그 부문에서 1등을 했다. 그는 실전투자대회에 참여하면서 오히려 분산투자의 중요성을 깨달았다고 한다.

Q. 투자를 시작한 계기는 무엇이었나요. 주식을 시작하고 얼마 안 돼 코로나19 폭락장을 겪었을 텐데, 어떻게 대응하셨는지 궁금합니다.

A. 동아리에 들어와 처음 주식투자를 시작했습니다. 투자금은 200만 원으로 소액 투자자입니다. 투자금은 용돈을 모아서 시작했고요. 2020년 3월 코로나19로 주가가 급락하기 시작했을 때 일단 시장을 관망했습니다. 바닥이 보이지 않았으니까요. 추가조정 우려도 있었습니다. V자 반등이 아닌 W자 '더블딥'이 오는 것이 가장 걱정됐습니다. 2020년 4월쯤 됐을 때 추세적으로 상승장이 시작되었다는 판단하에 다시 들어갔습니다.

Q. 주로 어떤 종목을 샀나요?

A. 2020년 4월에는 제약 바이오주를 중점적으로 들어갔습니다. 진단키트주인 씨젠이 대표적이었습니다. 6~7월에는 투자대회에 참

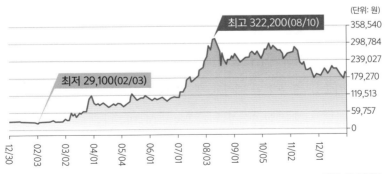

: : 씨젠 주가 차트(2020년) : :

자료: 한국거래소

전했는데, 이때도 제약 바이오주가 높은 수익을 냈습니다. 당시 수익률은 43%였고, 개인전에서는 3등을 했습니다.

Q. 본인의 투자 스타일은 어떻다고 보시나요?

A. 투자대회에 참여하면서 투자 스타일도 바뀌었습니다. 단기간에 수익률을 높이려면 특정 종목의 비중을 높일지, 고르게 분산투자하는 게 나을지가 딜레마였습니다. 대회를 하면서 깨달았습니다. 저위험, 저수익을 추구할 때 오히려 수익률에서 이길 수 있다는 것을요. 주식을 처음 시작했을 땐 '한탕주의'를 가지고 있었는데, 거기서 벗어나는 계기가 된 것 같습니다. 투자대회의 특성상 단기간에 수익률을 올려야 했는데, 그럼에도 불구하고 분산투자를 하는 게 도움이 된다는 것을 배웠으니까요. 특히 지금처럼 변동성이 심한 장에서는 더 그렇게 투자해야 한다는 교훈을 얻었습니다.

Q. 하지만 바이오주의 변동성이 좋아서 주식투자를 시작하는 2030세대도 많습니다.

A. 저는 오히려 지금(2020년 9월 기준)은 포트폴리오에서 바이오주의 비중을 줄여야 할 때라고 생각합니다. 실적이 많이 개선된 종목들도 시장의 어마어마한 기대에는 못 미친다는 것을 확인했습니다. 시장의 기대가 과도하다는 생각이 들었습니다. 특히 투자를 막 시작한 20대에게는 바이오주 투자를 조심하라고 조언하

고 싶습니다. 물론 주식시장의 흐름을 공부하는 데 등락폭이 큰 바이오주가 효과적일 수도 있지만, 주식으로 돈을 벌겠다고 생각할 때는 오히려 위험할 수도 있습니다. 많이 벌 수 있는 만큼 손실을 볼 가능성도 그만큼 크기 때문입니다. 심사숙고해서 투자할 필요가 있습니다.

Q. 그럼 대회 이후에는 어떤 종목에 분산투자했는지 궁금합니다.

A. 30%는 2차전지 ETF, 나머지는 30%는 현대차 등 우량주에 투자하고, 나머지 40%는 시장에서 유동적으로 움직이는 종목을 단타매매하는 방식으로 포트폴리오를 꾸리고 있습니다. 특별히 정보를 얻는 창구는 없습니다. 신문을 읽고 증권사 종목 리포트를 읽는 고전적인 방법으로 공부를 합니다. 2020년엔 평균 30% 정도의 수익률을 내고 있습니다. 해외주식은 하지 않고 있습니다. 정보의 제약이 크기 때문에 '진입 장벽'이 있다고 느끼는 게 첫 번째 이유이고, 두 번째 이유는 국내 기업 중에도 공부할 기업이 많고 그만큼 투자할 기업이 많다고 느끼기 때문입니다.

Q. 본인처럼 20대 초반의 투자자들이 많아지는 이유가 무엇이라고 보십니까?

A. 젊은 사람들이 노동을 통해서도 돈을 벌 수 있는데 왜 이렇게 일찍부터 주식투자를 하느냐고 생각하는 사람들도 있을 겁니다. 실제 2030세대는 노동을 통해 돈을 벌 수 있고, 부동산투자를 통해 돈을 벌 수도 있습니다. 하지만 나이가 어리고 직급도

낮은 2030세대 입장에서는 근로소득만으로 자산을 증식하는 것은 멀게만 느껴집니다. 목돈이 필요한 부동산투자는 2030세대에게는 진입장벽이 높습니다. 그러다 보니 선택지가 주식투자밖에 없는 겁니다.

Q. 앞으로의 목표가 궁금해집니다.

A. 주식투자를 처음 시작한 20대 입장에선 공부를 하면서 꾸준히 투자를 하는 게 중요하다고 생각합니다. 계속 공부하면서 시장을 바라보는 눈을 키우고 싶습니다. 졸업 후에는 증권사에 취직해 트레이딩 업무를 하고 싶습니다.

🗨️ 밀레니얼을 위한 ONE POINT LESSON

'계란을 한 바구니에 담지마라.' 주식투자의 첫 번째 격언은 몇 번을 반복해도 지나치지 않다. 많은 실패한 투자가 분산투자로 일정한 수익을 챙기다가 더 큰 수익을 노리고 한 종목에 몰빵한 결과이기 때문이다.

청년고수들의 노하우 4
'손절매' 기준은 칼같이 지킨다

"
어떤 종목에 투자할 때 나중에 어느 정도 가격이 오르면 매도할 것인가를 미리 계획해야 한다. 매수해놓고 무조건 버티는 '존버'가 답이 아닐 수 있다.
"

이번 차례는 제27회 키움증권 대학생 모의투자대회에서 2등을 차지한 최동진 씨다. 그는 인터뷰 당시 성결대 동아시아물류학과 4학년 재학중이었다. 종목을 고를 땐 미리 철저하게 공부하고, 투자하기 전에 '손절매' 기준을 정하고 이를 지키는 것이 수익률에 도움이 된다고 조언했다.

Q. 주식투자를 시작한 계기는 무엇이었습니까?

A. 평소에도 주식투자에 관심이 많은 편이었습니다. 2020년 4월 코로나19 폭락장이 '기회'라고 생각해서 본격적으로 투자를 시작

했습니다. 1,700만 원을 투자했습니다. 돈을 회전시켜야 한다는, 이를 통해 자산을 늘려가야 한다는 생각이 강했습니다. 주식투자는 제가 학생으로서도 돈을 벌 수 있는 기회라고 생각했습니다. 투자하다 보니 실제 자산이 늘어났고, 그러다 보니 점차 공부를 하게 되더군요.

Q. 종잣돈은 어떻게 마련했고, 본인만의 투자 스타일은 어떤가요?

A. 아르바이트한 돈을 차곡차곡 모았습니다. 일본에서 워킹홀리데이를 하면서 목돈을 모을 수 있었어요. 투자금은 200만 원부터 시작해 조금씩 늘려나갔습니다. 정보를 얻는 특별한 창구가 있었던 것은 아닙니다. 주로 유튜브 채널을 봤습니다. 아직 주가가 많이 오르진 않았지만 투자자들이 매집하고 있는 종목을 사고자 했습니다. 주로 저가에서 사서 기다리는 스타일로 투자했습니다.

Q. 2020년에는 주로 어떤 종목에 투자하셨나요?

A. 2020년에는 제약, 바이오, 전기차, 반도체에 포트폴리오를 분배해 투자했습니다. 그러다가 최근에는 제약, 바이오 쪽에 집중하기 시작했습니다. 아직 코로나19 확산세가 이어지는 상황이고, 3단계 거리두기 상황이 발생해도 바이오주 선호 현상은 지속될 것이라고 봤기 때문입니다. 단, 바이오주는 급락할 위험이 있다는 점을 유의해야 합니다. 바이오주도 '몰빵투자'보다는 종목별

로 포트폴리오를 짜고, 바이오 섹터 내에서도 분산투자하려고
노력합니다.

Q. 코로나19 급락장에서는 어떻게 대응하셨나요?

A. '손절매'를 칼같이 했습니다. 생각했던 가격 밑으로 떨어지면 손
절매하고, '코로나19 장에서는 어떤 섹터가 유망할까'를 고민하
다가 제약 바이오주를 샀습니다. 쉽게 얘기하지만 사실 제약 바
이오 산업과 기업에 대해 엄청나게 공부를 한 후 사는 편입니
다. 씨젠을 코로나19 초기에 사서 수익을 냈습니다. 미국에서 암
학회가 열릴 때 관련 종목을 공부한 후 모두 샀던 것도 수익성
에 큰 도움이 됐습니다.

바이오주뿐만이 아니라 종목을 고를 때는 회사가 갖고 있는 성
장성을 주로 보는 편입니다. 어떤 모멘텀이 있는지도 면밀히 살
펴봅니다.

Q. 20대가 바라보는 '2030세대가 투자에 뛰어드는 이유'가 무엇이라고 보
십니까? 이들에게 해주고 싶은 말이 있다면요.

A. 주변에서 주식을 하지 않던 사람들까지 투자에 뛰어들고 있습
니다. 주변에서 투자로 돈을 벌었다는 얘기를 많이 하고, 그런
얘기를 듣다 보니 '나도 해볼까' 하면서 뛰어드는 것 같습니다.
투자를 할 때 한 종목에 들어가더라도 그냥 들어가면 안 된다
고 생각합니다. 적은 돈을 투자하더라도 그 기업이 어떤 기업인

지 공부하고, 가격이 어느 정도 됐을 때 팔 것인가를 미리 계획한 후에 투자를 시작해야 합니다. 항상 공부하되 '존버'가 답이 아닐 수 있다는 점도 기억해야 합니다.

 밀레니얼을 위한 ONE POINT LESSON

저축하듯 주식을 모으는 사람에겐 '존버'가 답일 수 있다. 전제는 그렇게 버티면 오를 만한 우량주를 골라야 한다는 점이다. 제약 바이오주 중에서도 변동성과 리스크가 큰 주식에 투자한다면, 투자할 때부터 매도가격까지 미리 생각해야 한다. 애널리스트가 된 것처럼 스스로 해당 주식의 적정가치를 산정하는 연습이 필요한 이유다.

청년고수들의 투자 노하우 5
주식투자는 노력의 산물이다

> 중요한 의사결정을 내리고, 이에 대해 책임을 지는 행위가 주식투자의 본질이다. 바로 이것이 주식투자를 임대, 상속, 복지 등과 구분해야 하는 이유다.

투자대회 우승자들의 얘기에는 공통점이 있다. 투자하는 기업과 산업에 대해 철저하게 공부하고 투자를 시작해야 한다는 것이다. '은밀한' 정보를 얻는 나만의 창구가 있는 것도 아니었다. 신문을 읽고, 유튜브를 보고, 증권사 리포트를 찾아보며 나만의 방식으로 기업을 탐구했다. 끊임없는 공부와 실전 경험을 통해 '시장을 보는 눈'을 키웠다. 적절한 시점에 주식을 사고파는 의사결정을 내리고, 자신의 결정에 수익률로 보상받거나 손실률로 책임지는 법도 배운다.

하지만 2030 투자자들 중에는 아직도 주식시장에서 돈을 버는 사람은 로또에 당첨되듯 우연히 일확천금을 얻는다고 믿는 사람이 있다.

뒤에 숨겨진 노력은 눈에 보이지 않기 때문이다.

그동안 한국사회에서 '주식투자로 돈을 벌면 불로(不勞)소득'이라는 인식이 생긴 이유이기도 하다. 직접 일을 하지 않고 수익, 이자, 배당금, 지대 등을 얻는다는 의미다. 정부가 주식투자 차익에 과세를 강화하려는 것도 비슷한 인식 때문이다.

최근에는 상황이 달라지고 있다. 주식이 국민 재테크 수단으로 자리 잡으면서 주식에 불로소득 잣대를 들이대는 건 잘못되었다는 목소리가 커지고 있는 것이다.

주식투자는 불로소득이 아니다

이효석 SK증권 애널리스트가 유튜브에 올린 '주식투자가 불로소득이 아닌 이유'라는 동영상이 화제가 된 이유다. 그는 주식투자가 노동에서 중요한 가치로 인정받는 의사결정 행위에 기반한다는 점을 강조했다.

또한 육체적 노동을 하지 않는 기업의 경영진이 높은 임금을 받는 이유와 비슷하다고 말했다. 중요한 의사결정을 내리고, 이에 대해 책임을 지는 행위가 주식투자의 본질이라는 것이다. 그는 이것이 주식투자를 임대, 상속, 복지 등과 구분해야 한다는 근거라고 강조했다.

그는 주식투자가 극심한 스트레스를 동반한다는 점도 상기시켰다. 주식투자자는 매일 급변하는 시세를 보면서 공포와 탐욕을 견뎌야 한다. 코로나19 사태 이후 동학개미들이 수익을 낼 수 있었던 것도 급락장의 공포를 견뎌냈기에 가능했다.

주식으로 돈을 벌려면 부단하게 노력해야 한다. 자신의 성향에 맞는 투자법을 찾고, 이를 적용하기 위해 시행착오를 겪어야 한다. 이 과정에서 큰 손실을 보는 경우도 많다. 존 리 메리츠자산운용 대표가 "투자를 통해 돈으로 하여금 일하게 하는 것은 자본주의의 기본"이라고 설파하는 이유다.

 밀레니얼을 위한 ONE POINT LESSON

주식투자를 해서 돈을 버는 것은 노동의 산물이다. 주식으로 돈을 벌려면 그만한 학습과 용기, 결단, 인내력이 필요하기 때문이다. 밀레니얼들은 주식을 투기로 취급했던 과거의 오래된 고정관념을 걷어내버렸다.

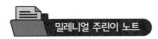
밀레니얼 주린이 노트

주식은 시간을 사는 게임,
빚투는 금물

　젊을수록 위험을 즐기는 성향은 주식시장에서도 종종 드러난다. 투자위험이 높은 레버리지·인버스 상품을 매수하는 '불개미' 가운데 2030세대가 유독 많았다. 빚을 내 투자하는 '빚투 개미'도 마찬가지다. 전문가들은 이들에게 "주식은 시간을 사는 게임이라는 걸 잊지 말아야 한다"고 조언한다. "스스로 만기를 만드는 행동은 지양해야 한다"는 설명이다.

　전문가들은 빚을 내 투자하면 장기투자가 불가능하다는 점을 지적했다. '주식농부'로 알려진 박영옥 스마트인컴 대표는 "빚을 내면 상환에 따른 조급함 때문에 잘못된 투자판단을 내릴 확률이 높아진다"고 강조했다.

　반대매매 위험도 있다. 증권사는 투자자가 보유한 주식의 평가금액이 빌려간 돈의 140% 이하로 떨어지면 강제로 주식을 매도해 대출금을 회수한다. 김학균 신영증권 리서치센터장은 "주가가 떨어지더라도 매도하기 전까지는 손실이 났다고 볼 수 없는데도, 신용융자를 한 경우 자동적으로 반대매매가 이뤄지기 때문에 주가회복까지 기다릴 기회가 사라지는 것"이라고 설명했다.

레버리지·인버스 등 시장의 방향성에 베팅하는 상품과 관련해서도 경고의 메시지를 보냈다. 박현주 미래에셋금융그룹 회장은 "타이밍을 사는 투자는 거의 실패한다. 차라리 예금하라고 말하고 싶다."고 말했다. 단기적인 시장 방향성을 시장 방향성을 맞혀야 수익을 내는 상품인데, 일반 투자자가 증시흐름을 예측하는 것은 쉽지 않기 때문이다. 방향성을 맞혔더라도 횡보장이 길면 순자산 가치가 하락한다는 점에도 유념해야 한다.

자신만의 투자철학을 구축하는 것은 중요하다. 시시때때로 급변하는 시장에
서 흔들리지 않을 수 있도록 중심을 잡아주기 때문이다. 워런 버핏, 피터 린치
등 저명한 투자자들의 철학을 쉽게 접할 수 있는 시대지만, 이를 어떻게 적용
해야 할지 감이 오지 않는다. 20대 때 주식투자에 뛰어든 업계 대표주자들에
게 투자철학을 물었다. 자신이 가장 잘 아는 산업의 1등 기업에 투자하라는 얘
기부터 어떤 타이밍에도 수익을 낼 수 있는 포트폴리오를 꾸리라는 조언까지,
밀레니얼 세대가 '투자의 원칙'을 세우는 것을 도와준다.

4장

슈퍼개미 프로들의
흥미진진한
투자 철학

유튜버 김단테
"계속 수익 내는 포트폴리오를 짜라"

> "레이 달리오의 '올웨더 포트폴리오'를 쉽게 설명하자면, 시장 상황을 예측하지 않겠다는 포트폴리오입니다. 투자 시점이나 투자할 종목을 선택하지 않겠다는 것이죠."

유튜버 중에서도 2030세대의 멘토 역할을 하는 이들이 있다. 단순히 종목을 찍어주거나 자신의 수익률을 자랑하는 방송이 아니다. 투자대가들의 전략을 소개하고 이를 어떻게 투자에 적용하면 되는지를 알려준다. 자신만의 투자관을 정립할 수 있도록 '물고기 잡는 법'을 가르쳐주는 것이다.

그 대표주자는 저명한 투자자 레이 달리오의 '올웨더 포트폴리오'를 전파하는 유튜버 김단테(본명 김동주)다. 그는 30대 초반에 카카오로 '경제적 자유'를 이뤘다. 시작은 주식투자가 아니라 기업매각이었다. 매각대금으로 받은 주식이 상장 후 '대박'이 났다.

그의 투자 이야기는 경제적 자유를 이루고 난 후 시작된다. 주가가 떨어질 때마다 흔들리는 '멘탈'을 붙잡고 싶었다. '언제 어디서나 성공할 수 있는 절대수익을 추구할 수는 없을까?' 수많은 투자대가들의 책을 읽으며 공부를 시작했다. 그리고 '헤지펀드의 대부'라 불리는 레이 달리오의 '덕후'가 되었다. 경기가 좋아도, 나빠도 수익을 내는 올웨더 포트폴리오 전략에 빠졌다.

그는 현재 '내일은 투자왕: 김단테'라는 유튜브 채널과 네이버 블로그를 운영하고 있다. 레이 달리오의 올웨더 포트폴리오를 자신만의 방식으로 소화해 책을 출간했고, 2020년 로보어드바이저 업체 이루다투자일임을 시작했다. 2030세대에게 필요한 '올웨더 포트폴리오 전략'에 대해 들어봤다.

Q. 첫 투자경험은 무엇이었습니까?

A. 제 첫 번째 투자처는 카카오였습니다. 카이스트 전산학과 석사를 마친 뒤 미국으로 유학을 가려고 할 때였어요. 한 친구가 소셜커머스 기업을 만들어보자고 하더군요. 스마트폰 시대가 열렸을 때였죠. 2011년 모바일 소셜커머스 기업 '로티플'을 창업했습니다. 서비스는 시작했지만 수익모델을 만들지 못해 고민했습니다. 그때 카카오로부터 인수 제안이 왔고, 회사를 매각했습니다. 비싼 가격에 회사를 팔지는 못했지만, 카카오 주식을 받았어요. (카카오는 2014년 상장회사인 다음과 합병하는 방식으로 우회상장했다. 2020년 말 기준 카카오 시총은 33조 원이다.)

Q. 중간에 팔았어도 큰돈을 버셨겠는데요.

A. 카카오가 우회상장을 하면서 하루아침에 자산이 엄청나게 늘어났습니다. 전 재산의 99%가 주식이었어요. 종목도 카카오 하나에 '몰빵'한 거죠. 주가가 조금만 휘청거려도 차 한 대 값이 왔다갔다했어요. 불안했습니다. 매일 아침 출근하면 계좌부터 열어봤어요. 주가가 18만 원까지 올랐다가 떨어지기 시작했는데 '언제 팔아야 하나'를 엄청나게 고민했어요.

사실 전 '내부자'였으니 회사에 대한 정보를 가장 빨리 접할 수 있었습니다. 근데 주가는 늘 예상했던 것과는 다르게 움직이더라고요. 호재가 나와도 떨어졌고, 악재가 나와도 올랐습니다. 다니고 있는 회사인데도 분석하고 주가를 맞추는 일이 너무 어렵게 느껴졌어요. 그래서 몇 년 들고 있다가 주식을 조금씩 정리하기 시작했습니다. 최근 "많이 올라서 아쉽지 않느냐"고 하는 분들도 있는데, 워낙 이 회사에 대해 고민을 많이 해봤으니까 크게 아쉽지는 않더라고요. 회사는 2015년 그만뒀습니다.

Q. 그리고 어떤 주식을 샀습니까?

A. 그 다음 구글, 아마존 같은 미국 테크 주식들을 샀습니다. 너무 좋은 회사인데도 폭락하는 날이 있기 마련이었습니다. 그런 날은 잠도 못 자고, 하루 종일 주식 창만 봤어요. 아마존처럼 사업 구조가 탄탄한 회사에 투자하면서도 하루하루 가격에 흔들리는 것이 괴로웠습니다. 접근법이 잘못되었다는 생각을 하게 됐

죠. 그때부터 투자 대가들이 쓴 책
을 읽기 시작했습니다.

Q. 가장 인상 깊었던 내용은 무엇이었나요?

A. 워런 버핏이 인덱스펀드를 추천한

내용을 보게 됐습니다. "투자를 어떻게 해야 할지 모르겠다면,
당신이 하루에 투자에 쓸 수 있는 시간이 2시간이 되지 않는다
면 인덱스펀드를 사라"고 했습니다. [인덱스펀드는 주가지수 등과
연동되어 있어 시장 평균수익을 내도록 설계한 펀드이다. 이를
주식형태로 사고팔 수 있게 상장한 것이 상장지수펀드(ETF)다.]
여기에 꽂혀서 인덱스펀드의 역사에 대해 찾아보기 시작했어요.
1976년 존 보글 뱅가드그룹 창업자가 일반투자자를 위한 지수
연동 뮤추얼펀드를 내놓은 것이 시초였습니다. 공대 출신이다 보

:: 존 보글 뱅가드 창업자의 주요 어록 ::

"건초더미에서 바늘을 찾으려고 하지마라. 건초더미를 통째로 사라."
힘들게 개별종목을 발굴하려 애쓰지 말고 인덱스펀드에 가입해 시장 전체에 투자하라.

"시간은 당신의 친구이고, 충동은 당신의 적이다."
단기시황에 일희일비하지 말고 신념을 갖고 장기투자하라.

"투자는 비용을 낮추는 것에서부터 시작한다."
안정적인 수익을 장기간 올리기 위해선 고비용의
액티브펀드보다는 인덱스펀드가 유리하다.

자료: 한국경제신문

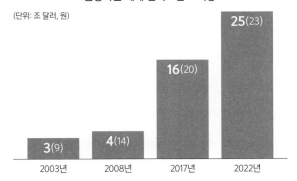

: : 급증하는 세계 인덱스펀드 시장 : :

(단위: 조 달러, 원)

			25(23)
		16(20)	
3(9)	4(14)		
2003년	2008년	2017년	2022년

※2022년은 전망, 연말기준, 상장지수펀드(ETF) 포함. ( )는 전체 운용자산 중 비중

자료: BCG

니 통계를 통해 증명하는 것을 좋아하거든요. 공부하다 보니 재미있는 연구결과를 발견했는데, 인덱스펀드와 액티브펀드 300개의 40년간 수익률을 비교한 자료였어요. 이 기간 인덱스펀드보다 수익률이 좋은 액티브펀드는 2개밖에 없었어요. 장기간 투자할수록 지수를 따라가는 인덱스펀드 수익률이 개별종목에 공격적으로 투자하는 액티브펀드보다 수익률이 좋았다는 겁니다.

Q. 인덱스펀드가 액티브펀드에 비해 수익률이 높지만 많은 투자자들은 ETF 수익률에 만족하지 못하는 경우가 많은데요.

A. 연평균 20% 수익을 내야 인생이 바뀐다고 생각하기 때문입니다. 그건 워런 버핏이나 할 수 있는 일입니다. 투자자의 기대 수익률이 왜곡되어

> ☑ 액티브펀드
>
> 펀드매니저가 적극적인 운용전략을 펼쳐 주식시장 전체의 움직임을 상회하는 수익률을 추구하는 펀드

있다고 생각해요. 연평균 10% 이상 수익률을 10년 이상 내면 월스트리트에서도 전설입니다.

통계를 기반으로 생각해봅시다. 수능 성적 상위 1%가 서울대에 갑니다. 10년 동안 연평균 10% 이상의 투자 수익률을 내는 투자자는 0.1% 안에 들 겁니다. 서울대에 들어가는 것보다 훨씬 어렵죠. 그럼에도 투자자들은 자신이 꾸준히 연평균 10%의 수익률을 낼 수 있다고 믿습니다. 모든 투자자가 연평균 10~20% 수익률을 낼 수 있다고 말하는 건 선생님이 학생들에게 "여러분 모두 열심히 공부하면 서울대에 갈 수 있어요"라고 말하는 것과 같다고 생각해요.

Q. 코로나19 폭락장에 들어온 동학개미들은 수익률이 좋습니다. 그래서 대부분 '성공경험'만을 가지고 있습니다.

A. 역대 최고수준의 상승장에서 운좋게 주식을 시작해 '주식은 사면 무조건 오른다'고 생각할 수밖에 없을 것 같습니다. 그게 걱정입니다. 내가 상위 0.1%라고 생각한다면 그에 걸맞는 이유가 있어야 합니다.

투자를 위해 하루 10시간 이상 쓰고 있다든지, 남들이 가지고 있지 않은 정보를 가지고 있어야 합니다. 내가 시장에서 골드만삭스, JP모간 같은 경쟁사와 싸워서 앞서나갈 수 있는지를 냉정하게 판단할 수 있어야 합니다.

Q. 언제 '나는 0.1%가 될 수 없다'는 사실을 깨달았습니까?

A. 2018년 코스피지수가 지겹게 하락했습니다. 스트레스가 너무 컸습니다. 주식에 몰빵했는데, 언제 금융위기가 터져서 잔고가 바닥이 될지 예측할 수가 없었어요. 어떻게 하면 지수하락기에도 '멘탈관리'를 할 수 있을까를 고민했습니다. 그러던 중 '헤지펀드의 대부' 레이 달리오에 대해 공부하게 됐고, 여러 자산을 섞어서 투자하면 '언제 금융위기가 터질까' 마음 졸일 필요가 없겠다고 생각했습니다. [레이 달리오는 세계 최대 헤지펀드 운용사 브리지워터어소시에이츠 창업자이자 최고투자책임자(CIO)다.]

Q. 시장에서는 '레이 달리오 덕후'로도 유명합니다.

A. 모르는 분야를 가장 빨리 배우는 방법은 가장 잘 하는 사람을 따라하는 겁니다. 전략이 많이 공개되어 있으면서도 수익률이 좋은 사람을 찾다 보니 레이 달리오였습니다. 토니 로빈스가 쓴 『머니』라는 책에도 '올웨더 포트폴리오'가 소개되어 있지만, 전부를 공개한 것은 아니었습니다. 그래서 뒷조사를 하기 시작했죠. 브리지워터 영업사원들이 다른 연금펀드에 제출한 제안서가 대표적입니다. 보글헤드(bogleheads)라는 미국 자산배분 투자자들의 커뮤니티에도 레이 달리오를 분석하는 사람들이 많았고, 어떤 비율로 투자하는 것이 좋은지에 대한 토론도 활발하게 진행되고 있었어요. 이런 자료들을 찾아보면서 나만의 방식으로 올웨더 포트폴리오를 소화하게 됐습니다.

Q. 레이 달리오의 '올웨더 포트폴리오'를 쉽게 설명해주세요.

A. 시장상황을 예측하지 않겠다는 포트폴리오입니다. 투자시점이나 투자할 종목을 선택하지 않겠다는 것이죠. 100% 주식에 투자한다면 금융위기가 두려울 수밖에 없지만, 여러 자산에 분산투자하기 때문에 금융위기가 터져도 남들만큼 손해를 보지 않고 투자를 이어나갈 수 있는 힘이 생깁니다. 요즘 "성장주의 시대가 가고 가치주의 시대가 왔다"는 얘기를 많이 하는데, 그런 시대적 변화에 대해서도 고민하지 않아도 됩니다. 시장의 흐름에 자연스럽게 몸을 맡기는 겁니다.

[올웨더 포트폴리오는 시장을 예측하기 힘든 만큼 '어떤 상황에서도 수익을 낼 수 있는 포트폴리오를 구축해 투자하자'는 개념에서 출발했다. 경기 사이클을 봄(경제성장이 예상보다 높을 때: 주식, 원자재, 금), 여름(경제성장이 예상보다 낮을 때: 채권), 가을(물가가 예상보다 높을 때: 원자재, 금, 부동산), 겨울(물가가 예상보다 낮을 때:

:: 경제상황별 수혜를 보는 자산군 ::

	경제성장	물가
상승	주식 기업체 부동산 원자재/금	원자재/금 부동산 물가연동채(TIPS)
하락	(미국)국채 물가연동채(TIPS)	(미국)국채 주식

자료: 한국경제신문

ETF 이름	자산군 이름	비율
VTI	미국주식	12%
VEA	미국 외 선진국 주식	12%
VWO	신흥국 주식	12%
DBC	원자재	7%
IAU	금	7%
EDV	미국 제로쿠폰 장기채	18%
LTPZ	물가연동채(만기 15년 이상)	18%
VCLT	미국 회사채	7%
EMLC	신흥국 채권(로컬통화)	7%

자료: 『절대수익 투자법칙』, 김동주(김단테) 저

채권) 등 사계절에 비유한 것이다. 올웨더 포트폴리오는 글로벌 금융위기가 한창이던 2008년에도 3.2%의 수익을 올렸다. 주식 30%, 장기채 40%, 중기채 15%, 원자재 7.5%, 금 7.5%로 구성하는 것이 '황금비율'로 통한다. 비중과 구체적인 편입 자산은 투자자마다 조금씩 달리할 수 있다. 국내외 투자자들이 편입 자산으로 많이 쓰는 상장지수펀드(ETF)는 미국 주식시장에 상장된 VTI(미국주식), TLT(미국 장기국채), IEF(미국 중기국채), DBC(원자재), GLD(금) 등이다. 김단테가 제시하는 포트폴리오 비중은 위와 같다.]

Q. 2030 투자자에게 올웨더 포트폴리오의 필요성을 설명한다면?

A. 투자만이 자신의 인생을 바꾸는 길이 아닐 수 있다는 점을 기억했으면 합니다. 사람마다 잘 할 수 있는 일은 다릅니다. 제가 지금 '야구 선수로 성공하겠다' '식당을 내서 대박치겠다'고 하는 건 말이 안 되는 얘기입니다. 마찬가지로 어떤 사람에게는 투자가 정답이 아닐 수 있습니다. 아마 95%는 투자를 할 만한 사람이 아닐 수 있습니다. 물론 투자는 필요합니다. 자본주의가 어떻게 흘러가는지를 알 수 있기 때문이죠. 하지만 주식투자만으로 부자가 된 경우는 많지 않습니다. 각 은행이 발간하는 〈부자 리포트〉에서 주식투자를 통해 재산을 형성했다는 응답자는 거의 없습니다. 투자가 쉽다면 '전업투자자'라는 직업이 있을 겁니다. 애널리스트들은 왜 회사를 다니겠습니까?

Q. '평범한 사람'에게 어울리는 투자전략인가요?

A. 그렇습니다. 몇십 년 전에 삼성전자에 투자했다면 100배가 되었다는 얘기를 하지만, 그때 시총 상위종목이었던 한국전력과 포스코를 샀다면 얘기가 달라집니다. 2000~2010년 신흥국이 좋았던 때와 같은 전략으로 2010년대에 투자를 했다면 망했을 겁니다. 이런 시대적 흐름을 포착하지 않아도, 시대의 변화마다 투자비중을 조정하지 않아도 수익을 낼 수 있는 게 올웨더 포트폴리오입니다. 결국 초보투자자들은 자신이 '평범한 사람'임을 인지해야 합니다. 회사에서 승진을 위해 업무에 최선을 다해야

하고, 매일 5시간씩 주식창을 들여다볼 수도 없으며, 금융위기를 미리 예측할 수도 없습니다. 그렇다고 모든 투자종목에 대해 '내밀한' 정보를 얻을 수 있는 것도 아닙니다. 이런 사람들은 호황이 와도, 금융위기가 와도, 투자시점을 정하지 않아도, 투자종목을 분석하지 않아도 수익을 낼 수 있는 구조를 만들어야 합니다.

Q. 올웨더 포트폴리오를 적용한 수익률은 어떤가요?

A. 2018년 12월 사계절 포트폴리오에 기반해 원금 6억 원을 투자했고, 이후 2억 원 정도를 추가투자했습니다. 2020년 10월 말 기준 누적 수익금은 1억 7,700만 원, 누적 수익률은 22%입니다. 2018년부터 추가 투자를 하는 등 계좌를 건드리지 않았다면 수익률은 38%가 됩니다.

밀레니얼을 위한 ONE POINT LESSON

"주가가 어떻게 될지는 신도 모른다"는 말이 있다. 수많은 주식시장의 전설들은 이 위험을 피하는 자신만의 노하우를 개발하며 이름을 떨쳤다. 김단테는 레이 달리오를 벤치마킹했다. 금융위기가 와도 두려워하지 않을 포트폴리오를 구축하는 게 핵심이다. 다양한 자산에 대한 분산투자다. 또 한 가지, 그의 핵심 메시지는 "수익률 10%를 계속 내면 투자자 중 0.1%에 속한다. 2020년 급등장에서 수익을 냈다 하더라도 지속가능할 것이라는 생각을 버려라"이다.

헤지펀드 대표주자 안형진
"하루 10% 이상 오른 주식을 주목하라"

> "주식투자는 심리를 사고파는 행위입니다. 시세는 모든 사람들의 심리의 합입니다. 그렇기 때문에 위기 때 돈이 있어야 합니다. 가진 돈을 전부 투자하는 것은 좋지 않습니다."

주식시장에는 좀처럼 그 모습을 대중에게 드러내지 않는 재야의 고수들이 있다. 적은 종잣돈을 억대의 투자자금으로 불린 얘기가 전설처럼 내려오는가 하면, 그들 중 일부는 상장기업 지분 5% 이상을 보유했다고 공시되는 '슈퍼개미'가 되기도 한다. 고수의 나이가 어릴수록 화제가 되었다.

1999년 한화증권이 주최한 대한민국 증권사 최초의 실전투자대회에서 우승한 박정윤 씨가 대표적이다. 당시 대학생이었던 박씨는 2,191%라는 수익률을 올리며 우승했다. 1997년 외환위기 때는 3년간 쌓은 투자자산이 반토막 나는 것을 보고 주식에서 손을 뗀 적도 있지만 1년간 주식에 관해 기초 공부를 다시 시작한 뒤 도전해 얻은 결과였다.

그는 대회 우승경력을 인정받아 한화증권에 입사했다가 3개월 만에 마이다스에셋자산운용 펀드매니저로 이직했다. 지금은 수천억 원을 굴리는 개인투자자로 활동하고 있다.

황성환 타임폴리오 대표도 주식시장의 젊은 스타출신이다. 1999년 군대 제대 후 옥탑방 전세금을 털어 1,600만 원을 주식에 투자했다. 각종 투자대회에서 탄 상금도 주식투자자금으로 모았다. 5년이 채 되지 않아 1,600만 원은 20억 원으로 불었다. 손복조 당시 대우증권 사장의 권유로 1년여간 대우증권 딜링룸에서 근무하다가 2005년 29세에 사모펀드를 인수해 '타임폴리오'라는 사명을 붙였다. 타임폴리오자산운용은 현재 1조 원을 굴리는 중형 운용사가 되었다.

안형진 빌리언폴드자산운용 대표는 지난 2016년 34세 나이에 여의도의 떠오르는 스타로 떠올랐다. 입사 2년 만에 타임폴리오자산운용의 펀드 설정액을 1조 원까지 끌어올린 주역이었다. 한화증권에서 근무한 경력을 인정받아 대리로 운용업계에 첫발을 내디딘 그는 1년 만에 과장, 2년 차에 본부장(이사)에 올라 화제가 되었다. 혼자서 운용하는 자금만 수천억 원에 달했다.

타임폴리오를 업계 1위로 만들어낸 그는 현재 그곳을 떠나 헤지펀드 업계의 다크호스로 불리는 빌리언폴드자산운용을 이끌고 있다. 그런 그에게 좋은 종목을 고르는 법에 대해 물었다.

Q. 주식을 처음 시작하신 게 언제인가요?

A. 대학을 다니던 2003년도 지금과 비슷했습니다. 돈을 벌 수 있는 유일한 방법이 주식이었습니다. 아르바이트를 해서 번 돈 500만 원으로 주식을 시작했죠. 기억은 잘 안 나지만 당시 시장에서 주된 테마가 있던 업종에서 변동성이 큰 중소형주에 투자했습니다. 금융위기 전까지 시드머니에 비해 큰돈을 벌었습니다. 500만 원은 4년이 지나니 8,000만 원으로 불었습니다. 조선주, 증권주, 중국 관련주 등 시기마다 테마가 있었고, 그 안에서 시장을 주도할 수 있는 모멘텀이 있는 업종의 중소형주를 주로 거래했습니다.

Q. 따로 공부를 하신 적은 없으신가요?

A. 물컵에 물이 있다고 예를 들어보겠습니다. 물이 다 차지 않아도 컵이 흔들리면 물이 밖으로 넘쳐흐릅니다. 제가 대학시절 주식에 대해 잘 알지 못한 상태에서 돈을 번 것은 흔들린 컵에서 물이 넘친 것과 같은 거죠. 다 채워지진 않았지만 어떻게든 수익을 낼 수 있었던 겁니다. 당시 인터넷에서 주식 동호회가 유행이었습니다. '상따(상한가 따라잡기)' 전문가'란 사람들도 지금처럼 많았죠. 무작정 주식 잘하는 사람들을 찾아 만나서 공부를 했습니다. 그러다 2008년 금융위기 때 큰 손실을 보기도 했습니다. 금융위기 이전까지는 제 물컵에 물을 채우는 시기였다고 할 수 있는 거죠.

Q. 그렇게 터득한 노하우는 어떤 것인가요?

A. 금융위기를 지나 이른바 '차화정 랠리'를 거치면서 큰 수익을 내기 시작했습니다. 당시 깨달은 것은 시장을 주도하는 가장 좋은 주식이 당시 주식시장에서 가장 높은 수익률을 나타낸다는 것이죠. 제일 좋은 주식은 가장 높이 올라가고, 가장 늦게 빠집니다. 매일 주도업종 가운데 가장 상승률이 높은 종목을 추렸습니다. 하루에 10%가 오른 주식이 있다면 분명 이유가 있고, 주목할 필요가 있습니다. 그렇게 하다 보면 좋은 주식이 눈에 들어오기 시작합니다. 다만 우리가 판단해야 할 것은 '지금의 시세가 어떤가'입니다.

Q. 그렇더라도 매번 성공할 수는 없을 것 같습니다.

A. 그래서 파는 시점을 정해놓고 투자하는 게 중요합니다. 예를 들어 테슬라에 투자한다면 'S&P500지수 편입'이란 이슈가 있었습니다. 정해진 이슈를 두고 저점에서 내 나름의 매도시점을 잡는 겁니다. 그렇게 하면 리스크를 줄일 수 있습니다. 때를 기다리고 있다면 중간의 출렁거림을 개인들이 버텨낼 확률이 높아집니다. 주식은 꼭 가격을 정해놓고 매도해야 하는 것은 아닙니다. 목표주가에 도달할 때까지 너무 많은 일들이 벌어질 수도 있으니까요.

Q. 때를 정해놓는 투자라고 하더라도 기다리는 동안 다른 종목들의 주가가 요동친다면 버티기 어려운 측면이 있습니다.

A. 그래서 분할매수가 중요합니다. 주식을 투자할 때 분할매수는 당연합니다. 리크스를 줄일 수 있으니까요. 보통은 위기 때 흔들렸던 주식들이 큰 수익을 안겨줬습니다. 그걸 버텨내느냐의 문제인 것이죠. 그렇기 때문에 종목에 투자할 금액이 정해져 있다면 분할로 투자를 해야 하는 겁니다.

위기에 투자할 수 있는 배포도 주식투자에 중요합니다. 보통은 타고나는 경우가 많지만 학습을 통해 배포를 키울 수 있습니다. 아는 만큼 과감해지고 견뎌내는 힘이 생기기 때문입니다.

Q. 투자한 종목의 주가가 중간에 하락할 땐 어떤 판단을 해야 하나요?

A. 주식이 빠지는 이유는 2가지입니다. 시장이 하락할 때 같이 빠지는 주식과 혼자 빠지는 주식이 있습니다. 혼자서 빠지는 주식은 진짜 좋지 않은 주식입니다. 단순히 가격조정을 거치는 것이 아니라 시장과 상관없이 가격이 하락한다면 그 시점에 좋지 않은 주식인 겁니다. 반면 시장이 하락할 때 같이 빠지는 좋은 주식 가운데 유독 더 하락하는 주식이 있다면 매수 타이밍을 잡아야 합니다. 시장이 오를 때 더욱 강하게 리바운딩할 주식이기 때문입니다.

매니저들이 바빠질 때가 시장이 빠질 때입니다. 그중에 좋은 주식을 골라 매수해야 하니까요. 만약 시장이 빠질 때 꿋꿋하게

버텨내거나 평균치보다 덜 하락한다면 다음 사이클에 대장주가
될 가능성이 높습니다.

Q. 네이버, 카카오처럼 꾸준히 오른 성장주는 어떻게 봐야 할까요?

A. 모두 좋은 주식입니다. 성장 가능성도 충분합니다. 하지만 최근
까지 많이 오른 걸 감안해야 합니다. 주가는 늘 다음 단계로 가
기 위한 준비단계가 필요합니다. 만약 숨고르기 없이 계속 오른
다면 반드시 사달이 나기 마련입니다. 과거 컴투스의 경우 코스
닥 시장에서 가장 핫한 종목이었지만 결국 다음 스테이지로 올
라가지 못했습니다. 유망한 종목이더라도 상당수준 이상 상승
했다면 충분한 시간을 갖고 매수 타이밍을 잡는 게 좋습니다.

Q. 바이오업종에 대한 투자는 노하우가 있나요?

A. 한때 바이오업종을 좋아했습니다. 높은 상승률 때문이죠. 하지
만 바이오는 알수록 심오한 업종입니다. 소비재는 직접 체험해
볼 수 있지만 그게 안 되기 때문입니다. 대표이사가 거짓말을 하
더라도 걸러내기가 힘듭니다. 펀드매니저들과 애널리스트에게도
한계가 있습니다. 내 눈으로 지표나 회사상황을 제대로 살펴보
지 못한다면 개인적으론 감당하기 어렵다고 봅니다. 내가 믿음
을 가질 수 있는 정확한 정보가 없기 때문에 한 번 삐끗하면 발
을 뺄 수가 없게 되니까요. 꿈의 크기가 큰 만큼 기업의 가치가
높아질 수 있지만 고위험 고수익이란 점을 유념해야 합니다.

: : 시총 상위 50 바이오사 실적 : :

(단위: 억 원)

종목명	2020년 3분기 누적	
	매출액	영업이익
삼성바이오로직스	7,894	2,002
셀트리온	1조 3,504	5,473
셀트리온헬스케어	1조 2,406	2,703
SK바이오팜	99	−1,860
에이치엘비	334	−357
알테오젠	373	81
제넥신	101	−265
휴젤	1,436	501
메드팩토	0	−198
오스코텍	172	−75
셀리버리	6	−132
메지온	180	−147
레고켐바이오	230	−62
메디톡스	1,113	−255
에이비엘바이오	28	−507
진원생명과학	295	−109
파미셀	288	59
신라젠	8	−303
크리스탈지노믹스	1,148	−28
파마리서치프로덕트	775	221
헬릭스미스	33	−526
EDGC	656	−40
바이오니아	1,456	739
유틸렉스	9	−170
유바이오로직스	155	−73

녹십자셀	295	10
메디포스트	358	−21
제테마	211	−84
엔케이맥스	69	−309
셀리드	0	−32
인트론바이오	336	115
앱클론	21	−47
올릭스	12	−121
안트로젠	31	−25
티움바이오	0	−99
코아스템	185	−48
압타바이오	3	−42
랩지노믹스	879	445
마크로젠	936	−33
파멥신	0	−175
디엔에이링크	105	−50
제노포커스	144	−18
펩트론	37	−206
켐온	172	14
이수앱지스	268	−160
강스템바이오텍	62	−144
테고사이언스	67	15
압타머사이언스	1	−30
바이오솔루션	56	−23
피엔케이피부임상연구센타	113	62

자료: 에프앤가이드, 금융감독원

Q. 외국인 순매수·순매도를 살펴보는 것은 의미가 있는 건가요?

A. 아주 큰 의미가 있습니다. 외국인 매수는 한번 시작되면 장기간 이어집니다. 투자자별 매매동향을 볼 수 있다는 것은 고급정보라고 할 수 있습니다. 특히 장중에 특정창구에서 지속적인 매수가 들어오는 경우 패턴이 뻔히 보이기 때문에 충분히 활용해서 투자를 하면 도움이 될 겁니다.

Q. 개인은 '빚투'가 아니라면 항상 투자금을 마련해놓기가 쉽지 않습니다. 들고 있는 종목을 팔아 이익을 실현하거나 손절을 해서 자금을 마련하지 않는다면 기회를 지켜볼 수밖에 없는 경우가 많은 것 같습니다.

A. 주식투자는 심리를 사고파는 행위입니다. 시세는 주식시장에 참여한 모든 사람들의 심리의 합입니다. 그렇기 때문에 위기 때 돈이 있어야 합니다. 가진 돈을 전부 투자하는 것은 좋지 않은 투자입니다.

저는 개인투자를 할 당시 자산의 70~80%를 항상 은행에 뒀습니다. 나머지 20%를 레버리지를 써서 40%로 만들어 주식투자를 했습니다. 그러다 주식시장이 하락하는 기회가 찾아오면 은행에 있던 돈으로 베팅해 빠진 주식들을 샀습니다. 자산을 전부 주식에 투자하고 있다면 진정한 베팅을 할 수 없습니다. 10% 이상의 수익을 내겠다고 한다면, 이런 부분을 생각할 필요가 있습니다.

Q. 말씀을 듣고 나니 주식이란 참 어려운 것 같다는 생각이 더 드네요.

A. 그렇지요? 하지만 주식으로 수익을 내는 방법은 여러 가지가 있습니다. 저는 직원들의 투자방식이 나와 다르더라도 '내가 맞다'고 우기지 않습니다. 제가 틀린 경우도 많고요. 꾸준히 수익을 내는 플레이어의 방식이라면 얼마든지 존중받아야 합니다.

 밀레니얼을 위한 ONE POINT LESSON

투자를 하는 개인들을 보면 항상 뭔가 아쉽다고 한다. '좋은 종목을 발견하면 돈이 없고, 돈이 있으면 종목이 보이지 않는다'는 얘기들을 한다. 이런 고민에 대한 안형진 대표의 처방은 이렇다. "자산의 일정부분은 항상 현금으로 들고 있어야 한다. 그래야 많이 떨어진 좋은 주식을 살 기회가 찾아온다."

차세대 가치투자자 최광욱
"잘 아는 산업의 1등 기업을 사라"

"1등 기업의 주주가 되어야 합니다. 그중에서도 성장하는 산업 내에서 1등을 골라야 합니다. 이 기업이 변화하는 환경에 잘 대응하는지도 살펴봐야 합니다."

최광욱 J&J자산운용 대표는 대학생 때부터 주식투자로 이름을 날렸던 '여의도의 전설'들과는 다른 길을 걸어왔다. 그는 '제도권 사람'이다. 증권업계에 발을 들이고서 주식을 본격적으로 시작했다. 그렇기 때문에 개인투자자들을 누구보다 잘 이해한다. 그 역시도 '단타족' 중 하나였다. 그랬던 그가 '스타 매니저'로 거듭난 것은 뛰어난 스승을 만나면서부터다.

그의 스승은 에셋플러스자산운용의 강방천 회장이다. 이곳에서 그는 주식을 기초부터 배웠고, 실력을 인정받아 입사 3년 만에 팀장이 되었다. 2016년부터는 J&J자산운용으로 자리를 옮겨 약 3조 원 규모의 자금을 운용하고 있다. 증권업계에 21년간 몸담으면서 '올바른 투자원칙만 정립하면 누구나 돈을 벌 수 있다'는 믿음을 갖게 되었다. 주식투자의 마음가짐과 리스크 관리에 대해 들어봤다.

Q. 주식투자를 어떻게 시작하게 됐습니까?

A. 여느 경영학과 대학생처럼 주식을 좋아했습니다. 그런데 주식을 잘하지 못했습니다. 급등주를 좇아가고, 하루에도 여러 번 사고팔고를 반복했습니다. 지금 2030이 하는 매매패턴과 비슷했습니다. 단타족의 한 사람이었던 것 같습니다.

열정만으로 증권업계에 취업해야겠다고 생각했습니다. 그런데 1997년 외환위기 직후여서 채용하는 증권사들이 없었습니다. 그러던 중 강방천 회장님의 에셋플러스투자자문이 낸 채용공고를 봤습니다. 공채 1기로 합격했습니다. 쉽게 고쳐질 수 있는 사람이어서 뽑았다고 들었습니다. 강 회장님이 가치투자의 전도사인 것을 나중에 알 정도로 무지했습니다. 강 회장님을 스승으로 만난 게 가장 큰 행운이었습니다. 입사 후부터 투자원칙과 철학을 정립해나갔습니다.

Q. 에셋플러스에서 스타 매니저가 되었다고 들었는데요.

A. 기업분석부터 시작했습니다. 강 회장님이 맡겨주는 자금을 직간접적으로 운용하면서 주식을 배웠습니다. 실력이 늘수록 더 많은 재량권이 주어졌습니다. 1년 만에 기회를 얻었습니다. 회사

운용자금의 30% 범위에서 자유롭게 투자할 수 있었습니다. 당시 더존디지털웨어(현 더존비즈온)와 웅진코웨이(현 코웨이)라는 종목을 발굴하면서 인정받았습니다. 입사 3~4년 후인 2004년에 팀장이 됐고, 2006년에 부장이 됐습니다.

Q. 투자할 때 어떤 자세를 가져야 하는지 말씀해주시기 바랍니다.

A. 역설적이게도 시세차익을 취하려고 주식을 하면 안 됩니다. 기업의 주주가 돼 성장의 과실을 공유한다는 인식에서 출발해야 합니다.

그렇다면 어떤 기업에 투자할지 답이 나옵니다. 최고 기업의 주주가 되어야 합니다. 최고의 기업을 찾기 위해서는 공부를 해야 합니다. 시세의 흐름을 보는 데 이용되는 차트는 참고용일 뿐입니다. 시장 예측도 투자자의 몫이 아닙니다. 모든 관심은 오직 기업에 있어야 합니다.

출발은 관심 있는 기업의 사업보고서입니다. 그 안에서도 '사업의 내용' 부분을 탐독해야 합니다. 거기에 기업의 성장성, 경쟁구도, 시장 점유율 등 모든 정보가 있습니다. 실적이 나와 있는 재무제표만큼 중요한 게 바로 '사업의 내용'입니다.

Q. 최고의 기업은 어떤 기업이라고 할 수 있습니까?

A. 1등 기업의 주주가 되어야 합니다. 그중에서도 성장하는 산업 내에서 1등을 골라야 합니다. 이 기업이 변화하는 환경에 잘 대

: : 네이버 주가 차트 : :

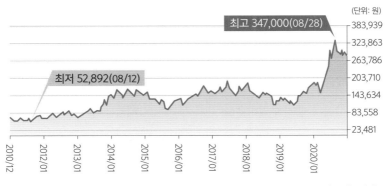

(단위: 원)

최고 347,000(08/28)

383,939
323,863
263,786
203,710
143,634
83,558
23,481

최저 52,892(08/12)

2010/12 2012/01 2013/01 2014/01 2015/01 2016/01 2017/01 2018/01 2019/01 2020/01

자료: 한국거래소

응하는지도 살펴봐야 합니다. 노키아, 코닥 같은 1등 기업도 언제든 뒤안길로 사라질 수 있습니다.

주식투자에서 최악은 재무제표 안에 갇혀 있는 '정태적 투자'입니다. 숫자는 과거일 뿐입니다. 기술, 정책, 소비자 트렌드 등이 변화하면서 언제든 1등이 바뀔 수 있습니다. 동태적 가치에 주목해야 하는 이유입니다. 좋은 기업이라면 변화하는 환경과 미래에도 적합해야 합니다.

Q. 개인들이 1등 기업을 고르기 쉽지 않은데요, 어떻게 해야 하나요?

A. 자신이 가장 잘 이해할 수 있는 산업에서 시작해야 합니다. 자신이 잘 아는 산업 내에서 1등 기업을 찾으면 됩니다. 예를 들어 저는 네이버를 지난 20년간 단 한 번도 포트폴리오에서 제외한 적이 없습니다. 네이버를 통해서 제가 누리는 효용에 비

해 지불하는 돈이 적다고 생각했기 때문입니다. 만약 제가 재무제표에만 갇혀 있다면 네이버 같은 기업에 투자하지 못했을 것입니다.

테슬라와 아마존도 마찬가지입니다. SK텔레콤도 한국이동통신 시절에 주가수익비율(PER)이 무려 400배였습니다. 하지만 그로부터 주가가 200배 올랐습니다. 현재 PER은 10배 수준입니다. 동태적 가치에 투자하는 게 중요하다는 뜻입니다. 주식투자에서 눈앞의 PER이나 주가순자산비율(PBR)은 무의미한 잣대일 수 있습니다.

Q. 리스크 관리 노하우를 알려주십시오.

A. 분산투자를 해야 합니다. 미래를 예측하는 과정에서 추정의 오류가 발생할 수 있기 때문입니다. 또한 기업을 이해하지 못하면 실패할 확률이 높습니다. 이해할 수 있는 종목을 중심으로 투자해야 하는 이유입니다.

1등 기업에 투자하는 것도 대표적 리스크 회피 방법 중 하나 입니다. 최악의 불황이 왔을 때 마지막까지 버티는 게 1등이기 때문입니다. 1등 기업이 힘들면 2등부터 꼴찌는 더욱더 힘들어질 것입니다. 1등 기업에 투자하면 인내하면 됩니다. 인내해야 하기 때문에 여유자금 내에서 투자를 해야 합니다.

Q. 주식투자에서 절대 하지 말아야 할 것이 있다면 무엇입니까?

A. 소문을 듣고 투자하지 말아야 합니다. 주식에서 망하는 대표적 사례가 '정보에 의존하는 투자'입니다. 들었던 정보 때문에 손절매를 못하게 됩니다.

현재 5만 원짜리 주식이 10만 원 간다고 들었다고 가정해봅시다. 그러면 주식이 1만 원에 갈 때까지도 10만 원이라는 숫자 때문에 끝까지 버티게 됩니다.

주식투자는 주주가 되는 것입니다. 시세차익이나 대박을 꿈꾸면 급등주나 잡주에 몰입하게 됩니다. 특히 이해할 수 없는 기업에 투자하면 안 됩니다. 바이오가 특히 그렇습니다. 이해를 못하면 실패할 확률이 높아집니다.

Q. 손절은 언제 해야 합니까?

A. 1등이라고 생각했던 기업이 이제 1등이 아니게 될 때, 미래의 가치가 훼손될 때 팔아치우는 것입니다. 이러한 상황은 경쟁자가 진입하거나, 환경이 바뀌거나, 이 기업이 변화에 적응하지 못할 때 발생할 수 있습니다.

지금 환경이 특히 그렇습니다. 코로나19 이후 4차 산업혁명과 그린혁명이 가속화되고 있는데, 앞으로 세계경제를 지배할 2개의 큰 트렌드입니다.

내가 투자한 기업이 변화하는 환경에 살아남을 기업인지 면밀히 잘 살펴봐야 합니다. 특히 '친환경'이라는 화두는 단순한 적응을

넘어 기업의 생존문제가 직결된 문제라고 생각합니다. 친환경과
4차 산업혁명이라는 두 축에서 1등 기업을 주목해야 한다고 생
각합니다. 세상의 변화는 가치를 이동시킵니다.

 밀레니얼을 위한 ONE POINT LESSON

기자들이 기사를 쓸 때 가장 많이 참고하는 것 중 하나가 기업들의 사업보고
서다. 기업들은 사업보고서에 회사의 역사와 시장상황 등을 정확히 적는다. 투
자의 시작은 학습이다. 최광욱 대표는 공부하고 투자하라는 메시지를 전한다.
또 하나 더, 위험을 피하는 중요한 비책도 알려준다. 1등 기업에 투자하라는 것.
2020년에도 이 말이 진리임을 확인했다. 대형마트 3사 가운데 가장 빠르게 실
적을 회복한 것은 1등인 이마트였다.

미국과 중국의 성장주펀드를 꼭 담아야 하는 이유

　미래에셋자산운용, 삼성자산운용 등 국내 주요 자산운용사 대표들은 2021년에도 미국과 중국의 혁신기업에 투자하는 펀드가 높은 수익률을 이어갈 것으로 전망했다. 운용사 대표 8명에게 개인·퇴직연금 펀드를 추천받은 결과, 자사와 타사 펀드를 불문하고 미국과 중국의 성장주펀드에 가장 많은 표가 몰렸다. 시장 트렌드에 맞고, 많은 기업보다는 소수정예 유망 기업을 추려 투자하는 상품을 가장 많이 추천했다. 시장 상황에 관계없이 고배당주에 장기 적립식으로 투자해야 한다는 의견도 꾸준히 나왔다.

미국과 중국의 혁신기업에 투자

　운용사 대표들이 자사와 타사 펀드를 통틀어 가장 많이 추천한 연금 펀드는 '미래에셋G2이노베이터'였다. 8명 중 3명이 이 펀드를 추천 대상에 올렸다. 미국과 중국(G2)의 대표 혁신기업에 집중 투자하는 상품으로 20개 미만 종목으로 구성된 게 특징이다.

서유석 미래에셋자산운용 대표는 "2021년에도 4차 산업혁명 관련 트렌드가 지속될 것으로 보인다"며 이 상품을 개인연금 펀드로 추천했다. 이 펀드는 미국 부동산 플랫폼 기업인 '질로우'(7.05%)를 가장 많이 담고 있고, 중국 최대 배달기업 '메이퇀뎬핑'(6.47%), 중국 태양광전지 기업 '룽지친환경에너지기술'(6.38%), 미국 결제서비스 업체 '스퀘어'(6.19%) 등도 높은 비중을 차지하고 있다. 2020년 수익률이 70%를 넘어 해외주식형 펀드 중에서 1위를 차지했다.

중국은 미국의 제재와 정부의 정보기술(IT) 기업 규제 등에도 여전히 가장 유망한 투자처로 꼽혔다. 중국펀드 중에서 'KB중국본토A주' 펀드는 복수의 선택을 받았다. 2020년 50%에 달하는 수익률을 낸 상품이다.

이 펀드는 다른 중국펀드와 달리 기술·성장주보다 경기민감주 비중이 높다는 게 특징이다. 중국정부의 IT 기업 규제 영향권에서 벗어나 있다는 게 장점이다. 펀드 포트폴리오에는 완화케미컬(6.68%), 자오상은행(6.24%), 쯔진광업(5.76%), 싼이중공(5.35%) 등이 포함되어 있다.

☑ 경기민감주

사업구조가 경기 사이클의 영향을 많이 받는 기업의 주식. 건설·철강·조선·화학 등이 대표적임. 경기 순환에 따라 실적도 따라 움직인다고 해서 시클리컬 업종이라고도 부름

이현승 KB자산운용 대표는 "2021년 중국은 해외와 국내 순환을 동시에 집중하는 쌍순환 경제를 추구하며 자국기업 육성에 힘쓸 것으로 보인다"며 추천이유를 설명했다. 내수확대와 수출증대라는 두 마리 토끼를 동시에 잡는 정책의 수혜주에 투자하라

는 얘기다.

이밖에 '신한BNPP해피라이프연금중국본토중소형주' '베어링차이나셀렉트' 등의 중국 펀드도 유망 펀드로 지목되었다.

연금은 장기투자를 해야 하기에 배당주펀드가 안전

연금은 장기투자를 해야 하는 상품인 만큼 배당주펀드에 장기적립식으로 투자해야 한다는 조언도 많았다. 허남권 신영자산운용 대표는 "초저금리 상황에서 시가 기준 배당 수익률이 3~4% 이상인 종목은 매력적인 기회를 제공하고 있다"며 "주주환원 정책도 강화되는 추세라 배당은 더 늘어날 것"이라고 말했다.

'베어링고배당'은 배당주펀드로는 유일하게 복수로 추천받았다. 삼성전자 보통주·우선주, 포스코, 현대차 우선주, SK텔레콤, SK하이닉스 등이 담겨 있다. '신영퇴직연금배당주식' '미래에셋배당프리미엄' 등 배당주펀드도 이름을 올렸다.

주요 운용사 대표들은 퇴직연금펀드로 자사의 타깃데이트펀드 (TDF)를 대부분 추천 1순위로 꼽았다. 미래에셋자산운용, 삼성자산운용, 한화자산운용, KB자산운용 등은 투자자의 생애주기에 맞춰 운용사가 알아서 주기적으로 포트폴리오를 리밸런싱(자산 재배분)해주는 TDF 상품을 판매하고 있다.

한 증권사가 2020년 연말 세대별 투자 수익률을 분석했다. 밀레니얼 세대의 투자 수익률이 유독 낮았다. 전문가들은 이들이 '투자'가 아니라 '매매'를 했기 때문이라고 분석했다. 회전율이 다른 세대에 비해 월등히 높았고, 테마주 투자 비중도 크다는 점이 그 근거였다. 존 리 메리츠자산운용 대표 등 '투자의 전설' 이라 불리는 이들은 입을 모아 조언한다. '매매'가 아닌 '투자'를 해야 한다고 말이다. 투자의 본질은 기업의 주주가 돼 성장의 과실을 함께 나누는 것이다.

5장

밀레니얼,
투자 대가들에게
투자의 태도를 배우다

주식투자의 대가들이
2030 밀레니얼을 만난다면?

우리나라에도 주식투자의 대가들이 있다. 수익률뿐 아니라 주식을 대하는 자세에 대한 설득력 있는 발언을 통해 시장의 활기를 불어넣는 이들이다. 한국시장에서도 이런 스타들이 탄생했다.

"강한 자가 살아남는 게 아니라 살아남는 자가 강한 것이다"란 말이 있다. 주식시장만큼 이 말이 잘 어울리는 곳도 없다. 한때 잘나갔던 투자자도 한순간에 벌어놓은 수익을 다 날리곤 한다. 그런 점에서 시장에서 오랫동안 살아남았던 투자대가들의 조언을 귀담아들을 필요가 있다.

워런 버핏의 스승인 벤저민 그레이엄은 책 『현명한 투자자』에서 "강세장에서 최대의 도박으로 최대의 이익을 얻은 사람들은 거의 항상 필연적으로 뒤따르는 약세장에서 가장 큰 손실을 보는 사람들"이라고 했다. 피터 린치 역시 "인기주식은 빠르게 상승한다. 그러나 희망과

허공만이 높은 주가를 지탱해주기 때문에 상승할 때처럼 빠르게 떨어진다. 기민하게 처분하지 못하면 이익은 손실로 둔갑한다"고 말했다. 지금처럼 가파르게 반등하던 주식시장 상승세가 둔화될 때 새겨들을 만한 조언이다.

또한 투자대가들은 남의 말을 듣고 투자해선 안 된다고 말한다. 유럽의 전설적인 투자자 앙드레 코스톨라니는 "추천종목을 따르지 말고 비밀스런 소문에 귀 기울이지 마라"고 했다. 시장에 대한 낙관론과 비관론 등 분위기에도 휩쓸려선 안 된다는 지적이다.

코스톨라니는 "투자자가 대중의 히스테리에 파묻히지 않으려면 훈련을 해야 하며, 냉정하다 못해 냉소적이기까지 해야 한다"고 말했다. 워런 버핏도 "주식시장의 전염성 강한 감정에 지배되지 않는 사고방식과 행동방식을 갖추고, 이와 더불어 훌륭한 판단력을 갖춘 투자자가 성공을 거둘 것"이라고 했다.

투자자들이 버려야 할 생각 12가지

피터 린치는 『월가의 영웅』에서 개인투자자에게는 전문투자자가 절대 따라갈 수 없는 장점이 있다고 했다. 지식과 정보력, 자금력으로 무장한 펀드매니저를 어떻게 이길 수 있을까?

펀드매니저에게는 매달 수익률이 곧 실적이다. 개인투자자가 오랜 기간 투자해 수익을 내는 장기투자를 하기는 어렵다. 개인투자자의 경쟁력은 여기서 나온다. 실적을 내기 위해 호재에 샀다가 악재에 파는 단기투자를 반복할 필요가 없다. 좋은 주식을 사서 오래 갖고 있는 것은 각자의 선택이다.

전설적인 투자자인 피터 린치는 투자자들이 버려야 할 생각 12가지도 정리해줬다.

- 내릴 만큼 내렸으니 더는 안 내려
- 바닥에 잡을 수 있어
- 오를 만큼 올랐으니 더는 안 올라
- 헐값인데 얼마나 손해 보겠어
- 주가는 반드시 회복된다
- 동트기 전이 가장 어둡다
- 10달러까지 반등하면 팔아야지
- 보수적인 주식은 안정적이다
- 얼마나 더 기다려야 하나
- 사지 않아서 엄청 손해 봤네
- 꿩 대신 닭이라도 잡아라
- 주가가 올랐으니 내가 맞았고, 주가가 내렸으니 내가 틀렸다

우리나라에도 이런 대가들이 있다. 수익률뿐 아니라 주식을 대하는 자세에 대한 설득력 있는 발언을 통해 시장의 활기를 불어넣는 이들이다.

2020년 주가급등, 동학개미운동과 맞물려 한국 주식시장에서도 이런 스타들이 탄생했다. 한국의 상황을 잘 이해하는 그들에게 주식을 대하는 자세를 들어봤다.

 밀레니얼을 위한 ONE POINT LESSON

증권사에 근무하는 대학 동기로부터 코스닥 종목을 추천 받았다. 그 회사 대표의 지인에게 듣기를 '대형 호재'가 곧 발표될 것이라고 했단다. 아직 시장에는 알려지지 않은 은밀한 정보였다. 마이너스 통장을 개설해 1,000만 원을 투자했다. 그리고 6개월 후, 소문이 사실이 될 때까지 기다리다 매매 타이밍을 놓치고 상장폐지가 되는 것을 속수무책으로 지켜봐야 했다. 많은 투자 실패담에 빠짐없이 등장하는 스토리다. "비밀스런 소문에 귀기울이지 마라." '유럽 주식투자의 신'이라 불렸던 전설적인 투자자 앙드레 코스톨라니의 말은 주린이들이 마음에 꼭 새겨야 할 조언이다.

'존봉준' 존 리
"주식투자는 매매가 아닌 저축이다"

> "빚을 내서 하는 투자는 근본적으로 장기투자가 불가능합니다. 좋은 수익률을 보장해주는 투자가 아닙니다. 자기 돈으로 장기투자를 했을 때만 좋은 수익률을 기대할 수 있습니다."

방송은 민감하다. 급변하는 대중의 기호와 취향을 반영하지 못하는 것은 곧 '죽음'이기 때문이다. 시청률 하락은 프로그램의 폐지로 이어진다. 그래서 민감하게 반응한다. 따라서 방송은 대중 정서의 일부를 투영한다.

2010년을 전후해 이런 일이 있었다. 한 방송국이 정치인을 예능처럼 인터뷰한 방송이었다. 1, 2, 3번이 박근혜, 문재인, 안철수였다. 그 자리에서 정치는 물론 사생활까지 자유롭게 말하도록 했다. 시청률은 엄청났다. 인지도가 높은 사람들이었지만 더 올라갔다. 대중들은 유명인의 솔직함에 반응하기 때문이었을 가능성이 높다.

하지만 방송이 나간 후 뜻하지 않은 부작용이 발생했다. 수많은 정치인들이 "나도 프로그램에 출연시켜달라"고 했다. 결론은 여러분들이 짐작한대로 더 이상의 정치인 출연은 없었다.

내막은 잘 모른다. 추정컨대 당대의 다른 정치인은 그 정도의 시청률을 확보할 수 없었을 것이라고 판단한 듯하다. 이는 대중의 지혜에 가까웠다. 시청률은 대중의 관심이 모인 결과와 비슷하다. 2012년 대통령 선거에 수많은 후보가 있었지만 선거판을 달군 사람은 그렇게 딱 세 명이었다.

이 얘기를 한 것은 방송이 대중의 기호를 파악하는 데 얼마나 심혈을 기울이고 있는가를 말하기 위함이다. 2020년에도 그런 이변이 일어났다. 예능프로그램에 증권업계 인사가 출연하는 일이 벌어졌다. 방송은 기업인 출연을 꺼린다. 그 기업을 광고해주고 있다는 생각이 퍼져 있기 때문이다. 하지만 2020년에는 달랐다. 하루가 멀다 하고 전국에 주식계좌가 수십만 개씩 새로 개설되었다. 방송이 이를 모른 척하기에는 열기가 너무 뜨거웠다. 그래서 방송이 선택한 인물이 존 리 메리츠자산운용 대표다.

이미 유튜브 스타였던 존 리는 방송을 통해 대중적으로 자리잡았다. '동학개미운동'이라는 표현에 기대어 그는 '존봉준'으로 불린다. 주식을 통해 부자가 되자는 말을 진심으로 하고 있는 전도사 존 리 메리츠자산운용 대표를 만났다.

Q. 2020년 큰 투자 붐이 일었습니다. 평소 투자의 필요성을 강조해왔는데 최근 상황을 평가해주십시오.

A. 한국은 금융문맹국이었어요. 전국민 자산의 대부분이 부동산에 들어가 있고, 그게 아니면 원금 보장이 되는 예금에 들어가 있었습니다. 모두 부자가 되고 싶어 하는데 그 방법을 모르기 때문에 그런 거라고 생각합니다. 부동산에 큰돈을 쓰는 건 지금

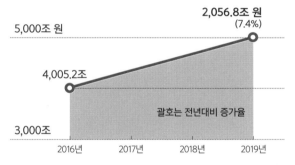

:: 주거용 부동산 시가총액 5,000조 원 돌파 ::

2,056.8조 원
(7.4%)

5,000조 원

4,005.2조

괄호는 전년대비 증가율

3,000조

2016년   2017년   2018년   2019년

자료: 한국은행

:: 부동산에 쏠린 우리나라 국부(國富) ::

순금융 자산
3.5

부동산
(건물+토지)

설비 5.5
지식재산생산물 3.2
재고 2.6
지하자원 등 0.2

85%

자산유형별 구성비(%)

※2019년 말 기준 우리나라 총 국부는 1경 6,621조 5,000억 원
※순금융자산은 금융자산에서 금융부채를 뺀 것

자료: 한국은행

도 크게 달라지지는 않았지만 최소한 주식투자에 대한 관심이 늘었다는 면에서 긍정적입니다. 물론 코로나19 사태 뒤 상승장이 이어졌고, 그 때문에 많은 사람들이 주식시장에 들어왔다는 걸 부인할 수 없습니다. 나중에 하락장이 오면 사람들이 다시 빠져나갈 수도 있겠지요. 하지만 그것도 다 경험입니다. 그런 과정을 겪으면서 주식투자에 익숙해져야 합니다.

Q. 코스피지수가 크게 올랐지만 20, 30대 젊은층 투자자의 수익률은 좋지 못합니다. 그 이유가 뭘까요?

A. 자꾸 주식을 샀다 팔았다 하면서 단기투자를 하기 때문입니다. 젊은층일수록 그런 투자를 하는 경향이 큽니다. 하지만 이런 방식의 투자는 삼가야 합니다. 투자자가 스스로 잦은 매매를 통해 수익을 보려고 하는 건 무모한 방법입니다. 시장의 움직임은 예측할 수 없습니다. 그보다는 회사 임직원이 일을 해서 회사의 가치를 올릴 수 있도록 시간을 충분히 두고 투자해야 합니다. 주식을 산 뒤 노후대비용이라고 생각하고 장기간 묻어둬야 한다는 말입니다.

현재를 즐긴다는 명분으로 소비를 너무 많이 하는 것도 지양해야 합니다. 쓰고 남는 돈으로 투자를 해서는 안 되고, 투자할 돈을 미리 떼놓고 나머지 돈의 범위 내에서 지출하는 습관을 들여야 합니다.

Q. 빚내서 투자하지 말라고 했는데 현재 신용융자 잔액은 사상 최대치입니다. 2020년 상황을 돌이켜보면 장이 좋을 때는 빚내서 투자하는 게 좋을 수 있겠다는 생각도 드는데요.

A. 100%의 정확도로 상승장이 온다는 걸 예측할 수만 있다면 그렇겠지요. 하지만 코로나19 사태로 주식시장이 폭락했을 때까지만 해도 이 정도 수준으로 주가가 오를 거라고 예측하는 사람은 없었습니다. 2차 폭락이 올 수 있다는 우려는 2020년 2분기를 넘어 3분기까지도 나왔습니다. 시간이 지나고 보니 상승장이었던 거지요. 상황이 이런데 빚을 내서 상승장에 올라타지 못한 걸 아쉬워하는 건 맞지 않습니다. 빚을 내서 투자를 했는데 행여 2차 폭락이 왔다고 생각해보세요. 그럼 주식은 반대매매로 처분되고, 결국 남는 건 빚밖에 없습니다.

빚을 내서 하는 투자는 근본적으로 장기투자가 불가능합니다. 좋은 수익률을 보장해주는 투자가 아닙니다. 자기 돈으로 장기투자를 했을 때만 좋은 수익률을 기대할 수 있습니다.

Q. 밸류에이션 평가를 통해 투자할 기업을 골라야 한다고 말씀하셨습니다. 하지만 모멘텀 투자(시장 심리 및 분위기 변화에 따라 추격매매하는 투자전략)로 큰돈을 버는 사람들도 있습니다. 그런 종목을 잘 알아볼 수 있으면 이 같은 방식의 투자도 유효한 거 아닐까요?

A. 모멘텀으로 상승할 종목을 예측할 수 있다면 충분히 가능합니다. 어쩌다가 운이 좋으면 그런 투자 한 번만으로도 부자가 될

수 있습니다. 하지만 그런 상승을 예측하는 건 불가능에 가깝습니다. 모멘텀 투자의 재료는 여러 가지가 있을 수 있습니다. 테마도 있고, 일시적 호재도 있을 수 있습니다. 하지만 그런 상황이 돼도 해당 종목이 항상 큰 폭으로 오르는 건 아닙니다. 오히려 떨어질 수도 있습니다.

설령 누군가 모멘텀 투자로 큰돈을 벌었다고 할지라도, 그런 사례를 보며 부러워하는 건 도박장에서 잭팟을 터뜨린 사람을 보며 부러워하는 것과 같습니다. 잭팟을 터뜨린 사람을 보며 '나도 잭팟만 터뜨리면 부자가 될 수 있다'고 생각한다면, 그래서 도박장을 계속 찾는 사람이 있다면 그 사람은 어떻게 될까요? 과연 부자가 될 수 있을까요, 아니면 돈을 잃을까요?

Q. "연금저축보험처럼 원금이 보장되는 투자를 하지 말고 기대 수익률이 높은 연금저축펀드를 하라"고 권하셨습니다. 아직 한국 중장년층은 원금보장을 중요하게 생각하는데 이런 생각을 바꿀 필요가 있을까요?

A. 바꿔야 합니다. 현재 우리 국민의 노후준비를 위한 자산을 어디 넣어놨는지를 보면 대부분이 부동산에 들어가 있고, 그게 아니면 금리가 낮고 원금보장이 되는 원금보장저축을 하고 있습니다. 주식투자는 기피하는 경향이 있습니다. 주식은 위험하다고 생각하기 때문입니다. 하지만 이는 사실이 아닙니다. 주식투자를 위험한 방식으로 하면 위험하지만, 안전하게 하면 큰 위험 없이 자산을 불릴 수 있습니다. 장기적으로 보면 주가는 계속 올

랐습니다. 오히려 원금이 보장되는 저축이 더 위험합니다. 물가 상승률을 감안하면 원금보장형저축은 밑 깨진 독에 돈을 붓고 있는 것과 같습니다. 물가가 올라 화폐가치가 떨어짐으로써 가진 돈의 가치가 줄어들기 때문입니다. 저금리 시대에는 더더욱 원금보장형저축이 주는 이자도 매우 적습니다. 안정적인 방식으로 주식투자를 하는 게 자산을 불리는 데 유리합니다.

Q. "공부 잘하는 것과 부자 되는 건 반비례한다. 전 세계 부자들을 보면 공부 잘한 사람은 없다"고 말씀해오셨습니다. 그런데 공부 잘해서 취직 잘해야 투자밑천도 벌 수 있는 거 아닌가요. 사람의 생활에서 근로소득이 차지하는 중요성이 작지 않을 텐데요.

A. 청년들은 회사에 취직해서 일하기 위해 치열한 경쟁을 뚫고 대학에 들어가고, 졸업 뒤에는 대기업 입사 관문을 거칩니다. 그렇게 취업하고 나면 적당한 월급을 받으면서 일합니다. 이런 노력을 자기 비즈니스를 하는 데 들였다고 생각해보세요. 그랬다면 성공해서 큰돈을 벌 수 있었을 가능성이 높습니다.

세계적으로 유명한 부자 중에서 공부 잘했던 사람이 없는 이유는 그 때문입니다. 그들은 입시와 취직보다 자기 비즈니스가 중요하다는 걸 알았던 거지요. 자기 비즈니스를 하다 보면 제도권 공부는 덜 하게 되니까 상대적으로 공부를 못했던 겁니다. 지금 직장을 다니는 사람에게까지 '회사를 그만두고 비즈니스를 하라'고 등 떠미는 건 무책임할 수 있겠지만, 중요한 건 직장을 다니면서도 자기 비즈니스를 할 수 있는 기회를 부지런히 찾아보라는 겁니다. [참고로 노벨경제학상 수상자들의 주식투자 성적은 낙제에 가까웠다는 것은 팩트다. 2013년 수상한 『넛지』의 저자 리차드 세일러 시카고대 교수는 예외지만.]

Q. 최근 주식투자와 함께 부동산투자 열풍도 불었습니다. 집은 주식보다 가격이 잘 안 떨어지는 편이라 집을 사는 게 안전하고 확실한 투자가 아닌가 하는 생각도 듭니다. 실제로 지금까지의 상황을 보면 좋은 지역에 집을 산 사람들은 다 부자가 되지 않았나요?

A. 집값이 오르는 걸 부인하는 게 아닙니다. 하지만 집값보다 주가 상승폭이 더 크다는 걸 알아야 합니다. 그리고 집값이 잘 안 떨어진다는 것도 착각입니다. 일본은 1990년대 초 '잃어버린 20년'이 시작되면서 집값이 폭락했고, 아직도 당시 수준을 회복하지 못하고 있습니다.

일부에서는 "미국 뉴욕이나 영국 런던 같은 대도시는 서울보다 집값이 훨씬 비싼데 서울도 그렇게 되는 거 아니냐"는 얘기도 나옵니다. 하지만 뉴욕이나 런던은 글로벌 도시이고, 전 세계의 부자들이 모여서 부동산 가격을 올립니다. 서울은 그런 도시와는 차이가 있습니다. 더군다나 한국의 인구가 점점 줄어들 전망이라는 점을 감안하면 집 수요도 줄어들 겁니다. 그런 상황을 종합해보면 집을 사는 게 좋은 투자라고 말할 수 없습니다.

Q. 집값이 떨어질 수 있다지만 마찬가지로 주가도 떨어질 때가 있지 않나요? 코스닥시장이 1999~2000년 IT버블로 크게 올랐다가 폭락했습니다. 아직도 당시 수준의 근처에도 못가고 있습니다. 이런 주식투자보다 유망지역에 있는 집을 사는 게 나은 선택일 수 있지 않나요?

A. IT버블 당시에는 사람들이 종목의 밸류에이션과 무관한 모멘텀 투자를 많이 했습니다. 모멘텀 투자를 절대 삼가야 한다고 말하는 건 그 때문입니다. 우량종목에 투자를 하면 이 같은 큰 폭락으로 인한 피해를 볼 가능성이 낮습니다. 주가는 변동성이 있기 때문에 떨어질 때도 있겠지만 과거 경험을 보면 우량주 장기 투자는 항상 좋은 수익률을 보였습니다.

그리고 집을 항상 사지 말라는 건 아닙니다. 자기가 가진 돈의 30~40% 정도로 집을 살 수 있다면 안정적인 주거를 위해서 사는 것도 나쁘지 않은 선택일 수 있습니다. 다만 자산의 대부분을 집에 넣는 건 잘못된 투자라는 것입니다.

밀레니얼을 위한 ONE POINT LESSON

존 리 대표는 근본적 질문을 던진다. "주식투자란 무엇인가?" 답은 간단하다. "삼성에 취직은 못했어도 삼성의 주인이 되는 방법이 주식투자"라는 말을 한다. 회사의 주인이 되면 당장 올해 실적이 안 좋다고 회사를 버릴 수 없다. 그래서 장기투자가 중요하다는 게 존 리의 주장이다. 그는 또한 주식을 저축하듯 하라고 했다. 스타벅스 커피를 좋아하면 매일 커피를 마실 것이 아니라 스타벅스 주식을 꾸준히 사모으라는 얘기다.

'주식농부' 박영옥
"기업 성장주기 3~4년은 지켜봐라"

> "우리 주식시장에 만연해 있는 투기적 행태는 여전히 걱정스러운 부분입니다. 하지만 기업의 주인으로서 장기성장을 보고 투자해 성과를 공유하려는 자세가 필요합니다."

박영옥 스마트인컴 대표는 5% 이상 지분을 가진 기업만 10여 개에 달하는 슈퍼개미다. 50~60개 기업의 주주로 공시된 주식 자산만 1,000억 원을 훌쩍 넘는다. 현대투자연구소, 대신증권 등 펀드매니저를 거쳐 교보증권 압구정지점장까지 맡았던 그가 전업투자자로 뛰어든 건 2001년 미국 9·11테러 직후였다. 전 세계가 공포에 빠져 주가가 20~30%씩 훅훅 떨어질 때 그는 기회가 왔다고 판단해 당시 근무하던 삼성투자증권을 나와 본격적인 개인투자의 길로 들어섰다.

박 대표는 자신의 투자철학을 '농심(農心)'이라고 설명했다. 시장의 여건이 좋든 안 좋든 상관없이 싼 값에 좋은 주식의 씨앗들을 사놓고

6개월 이상 농사를 지었다고 했다. 그가 만약 사냥꾼처럼 주식투자를 생각했다면 시장이 극도로 불안정할 때는 사냥감을 찾을 시기가 아니니 그냥 손을 놓았을지도 모른다. 그러나 그는 항상 정성을 들여 작물이 자라기를 기다리는 농부처럼 기업이 변화하고 커가는 것을 함께한 결과 위기를 지나 2배, 3배 이상의 이익을 낼 수 있었다고 말한다.

Q. 2020년 '동학개미'라 불릴 정도로 개인투자자가 늘었습니다. 어떻게 생각하나요?

A. 주식투자는 기업의 주인이 되는 것입니다. 특히 밀레니얼 세대(20~30대)와 Z세대(10대~20대 초반) 등 젊은 투자자들이 증권시장에 관심을 갖고 들어온다는 것은 환영할 만한 일입니다. 특히 이들은 글로벌 시대에 교육을 받고 스마트폰으로 각종 지식과 투자 정보를 얻은, 자본시장의 틀을 이해하고 있는 세대입니다. 그동안 부동산 자산이 국민자산의 대부분을 차지하고 있는 구조에서 투자문화의 변화를 가져다줄 수 있는 단초가 만들어졌다고 봅니다.

Q. 이제 막 투자의 길에 입문한 20·30대 젊은층의 투자 패턴에 대해서는 우려의 시선도 있습니다. 2020년 상반기에 유가가 급락하자 너도나도 원유 파생상품에 투자했다가 큰 손실을 본 초보투자자들처럼요.

A. 우리 주식시장에 만연해 있는 투기적 행태는 여전히 걱정스러운 부분입니다. 코로나19로 외부 활동이 어려워지다 보니 스마

트폰을 통해 스포츠, 카지노 게임을 즐기듯 주식투자도 도박처럼 생각하고 있는 이들도 많은 것 같습니다. 주식투자를 '돈 놓고 돈 먹기' 식의 투전판으로 인식하고 있는 것이죠.

하지만 주식투자의 본질은 기업의 성장을 통해 이익을 분배받는 것입니다. 선물, 옵션 등 파생상품은 현물 투자의 위험을 줄이기 위한 헤지 기능을 하기 위해 만들어진 것인데 우리 시장에선 심각하게 왜곡되어 있는 것 같아 안타깝습니다. 기업의 주인으로서 장기 성장을 보고 투자해 성과를 공유하려는 자세가 필요합니다.

Q. 대표님의 투자 스타일 때문에 흔히 가치투자자로 분류합니다.

A. 나는 가치투자자가 아니라 사업가입니다. 현재 50~60개 이상의 기업의 주주이며, 증권시장을 통해 다양한 사업을 하는 사람이죠. 보통 사람들은 나를 '주식투자로 돈 번 사람'이라고 말하지만, 엄밀히 말하면 나는 주식에 투자하지 않았습니다. 기업에 투자했고 그 덕분에 부자가 될 수 있었죠.

물론 수익이 나면 기분이 좋고 반대로 손실이 나면 속이 쓰리지만 수익만이 투자의 유일한 이유는 아닙니다. 우리 기업에 투자를 해줌으로써 경제발전에 기여하고 기업의 성과를 공유하자는 것이 내가 투자를 하는 이유이자 사람들에게 투자를 권하는 이유입니다.

Q. 주식투자를 잘 하는 비결은 무엇입니까?

A. 많은 사람이 투자할 기업을 너무 어렵게 혹은 너무 쉽게 찾으려고 합니다. 어렵게 찾으려고 하는 사람들은 성공적인 투자를 하려면 뭔가 특별한 노하우가 있어야 한다고 생각하죠. 하지만 그러면 평생 투자할 기업을 못 찾을지도 모릅니다. 또한 너무 쉽게 찾으려는 사람들은 이동평균선, 신고가, 밴드 등 주가와 거래량의 지표만 보고 투자할 기업을 고릅니다. 그러나 기업이라는 실체는 보지 못한 채 그림자를 보고 투자하니 불안합니다.

아는 기업에 투자해야 합니다. 투자 기회는 우리 일상 속에 늘 있습니다. 우리는 기업이 생산한 제품들 속에 둘러싸여 있기 때문이죠. 기업이 만든 아파트에서 잠을 자고, 기업이 만든 옷을 입고, 기업이 만든 차를 타고, 기업이 만든 음식들을 먹고 즐깁니다. 작정하고 찾는다면 오늘 하루에도 상장사 숫자보다 더 많은 기업을 만날 수 있습니다. 이것들을 연결시키는 끈을 발견한다면 그것이 바로 투자의 기회입니다. 주식투자 종목을 발굴하는 게 아니라 '동행할 기업을 찾는다'가 적절한 표현이겠죠.

Q. 기업에 대한 공부는 어떻게 해야 합니까?

A. 해당 기업의 가치를 제대로 판단할 수 있을 때까지 해야 합니다. 남들은 너무 복잡하다고 하는 것을 아주 간결하게 정리할 수 있는 수준까지 공부하면 됩니다. 그러면 소문이나 외부적인 요인에 흔들리지 않고 호재와 악재를 구별해낼 수 있게 됩니다.

관심 있는 기업의 주식을 10~100주 일단 사서 공시도 꼼꼼히 읽고, 재무제표도 들여다보고, 경쟁업체와 비교도 해보고, 발품도 팔고, 애널리스트의 평가가 어떤지도 보면서 공부하면 됩니다. 공부하다 보면 회사의 흐름을 볼 수 있죠. 많은 기업이 필요 없습니다. 자기 일상과 관련된 기업을 서너 개 고르고 통찰을 기르면 됩니다.

Q. 대표님은 장기투자자로 알려져 있습니다. '장기'라는 건 구체적으로 얼마만큼의 기간입니까?

A. 단기매매로 돈을 버는 건 트레이딩 전문가의 영역입니다. 일반 투자자는 기업의 성장을 통해 수익을 분배받는 게 기본입니다. 그런 의미에서 기업의 성장과 함께 하는 장기투자를 권하는 것입니다. 3~4년은 최소한 보유하면서 관찰해야 합니다. 한 기업의 성장주기가 보통 3~4년 정도이기 때문입니다.

3~4년에 한 번씩 기업들은 대부분 성숙하다가 고비를 겪고 또 도약하게 됩니다. 투자자도 그 이상 시간에 대한 투자를 해줘야 투자성과를 공유할 자격이 생기는 겁니다. 우리는 내일 당장 일어날 일은 모르지만 오히려 3~4년 긴 안목으로 보면 성장을 예측할 수 있습니다. 주가도 마찬가지지요. 장기투자라 해서 무조건 사서 계속 묵혀두란 얘기가 아닙니다. 3~4년 주가로 보면서 적절한 때에 팔았다 다시 사면서 동행하면 되는 것이죠.

Q. 종목과 시장을 보는 통찰력은 어떻게 해야 가질 수 있습니까?

A. 투자해서 실패해봐야 합니다. 주식투자자라고 하면 사람들은 흔히 '내년 경기가 어떨 것 같냐'는 류의 질문을 많이 합니다. 하지만 그런 질문은 필요 없습니다. 매크로 관점에서 보면 투자하지 못합니다. 나는 경기 예측은 하지 않습니다. 환율, 금리, 유가, 물가, 대외여건 등은 변수에 불과합니다. 기업들이 극복해나가야 할 요인에 불과하죠. 주식투자자로서 필요한 건 오히려 어린애들도 가능한 합리적인 생각, 상상력, 논리력 같은 겁니다.

예를 들어 2000년대 중반 이명박, 오세훈 서울시장을 거치며 자전거도로가 서울 시내에 많이 늘었습니다. 그걸 눈여겨보니 친환경이 트렌드가 돼 자전거 산업이 발전할 게 보였죠. 그때 삼천리자전거에 투자했습니다. 거시적인 요소보다는 변화, 흐름을 눈여겨볼 필요가 있죠. 태평양을 건너려고 하면 파도, 기상여건 등을 두려워하기보단 튼튼한 항공모함 같은 배를 찾으면 됩니다. 그런 우량종목을 찾는 게 효율적인 투자 행동입니다.

Q. 기업탐방을 가면 주로 어떤 점을 보십니까?

A. 지금도 일주일에 한두 번 전국을 돌아다니며 영업, 현장 등을 둘러봅니다. 아는 기업에 투자해야 하니까 반드시 현장을 보고 발품을 팔아야죠. 공장에 가면 구내식당에서 밥을 먹습니다. 그런 데서도 기업문화를 알 수 있습니다. 식당 청결도, 직원들의 표정, 태도 등을 보죠. 될 만한 회사는 화장실부터 다릅니

다. 기업은 결국 사람이 모여 만드는 유기적인 조직체이기 때문에 모든 곳에서 다 드러납니다. 회사에 못 들어간다면 하다못해 수위 아저씨의 태도도 봅니다. 근처 슈퍼마켓, 이발소에 들러서도 슬쩍 물어보죠. 한 번은 기업 인근 사찰에 들러 스님들에게도 그 회사가 어떤지 물어본 적도 있습니다. 이런 데서 진짜 정보가 나오는 경우가 많습니다. 내 피 같은 돈을 투자하는 것이니 의심의 끈을 놓지 않고 믿음을 가질 수 있을 때까지 파고들어 발품을 팔아야 합니다. 수천 개 기업이 투자해달라고 손짓하고 있으니 조급해할 필요가 없습니다.

Q. 주식시장이 활황이다 보니 빚내서 투자하는 이들도 많습니다.

A. 절대 빚내서는 하지 말라고 강조하고 싶습니다. 빚내서 투자하면 기다릴 수가 없습니다. 저축하듯 사서 모아가는 게 바람직합니다. 사실 레버리지가 위험하다는 걸 모르는 사람은 없을 겁니다. 주가가 떨어질 때 추가담보를 제공하지 못하면 깡통이 되는 건 순식간이죠. 그럼에도 빚내 투자하는 건 욕심 때문입니다. 자본금을 점진적으로 늘려간다는 생각을 해야 하는데 한꺼번에 비약적인 도약을 하려니까 부작용이 생길 수밖에 없습니다. 과도한 레버리지를 이용하는 사람들은 말로는 모두 다 확실하다고 합니다. 몇 개월 기다리면 주가가 껑충 뛸 거라고 확신하죠. 그 근거가 뭐냐고 물으면 '믿을 만한 사람이 얘기했다'고 합니다. 레버리지를 쓰는 일반 투자자들 대부분이 누군가에게 확

실한 정보를 들었다고 합니다. '내가 조사하고 쭉 지켜봤는데' 혹은 '내가 오랫동안 동행해봤는데'라고 말하는 사람은 못 봤습니다.

주식은 기본적으로 장기투자입니다. 기업가치의 상승이 주가 상승이고 그러려면 시간이 필요합니다. 냉정하고 담대하게 대처해야 투자에 성공할 수 있는데 조급한 마음으로는 출렁거리는 시장을 바라보며 기다릴 수가 없습니다. 그래서 오판을 하게 되고 결국에는 돈도 잃고 마음도 잃게 되는 것이죠.

Q. 주식농부라고 강조합니다. 농심(농부의 마음) 투자철학은 무엇입니까?

A. 농부처럼 투자하라는 건 콩을 심어놓고 팥을 기대하지 않는 상식, 오늘 씨앗을 뿌리고 내일 추수할 수 없다는 상식, 밭을 갈면서 금맥을 기대하지 않는 상식을 말합니다. 농부가 계절에 상관없이 씨를 뿌리고 농사를 짓듯이, 경기 호불호에 관계없이 차근차근 열심히 공부하며 투자한다는 의미입니다. 우리 삶이 지속되는 한 기업활동도 이어집니다. 어려울 때도 잠재력을 믿고 투자한다면 얼마든지 부자가 될 수 있습니다.

Q. 지금은 어떤 주식을 눈여겨볼 때입니까? 2020년에는 성장주 랠리의 장세였는데요.

A. 저성장 사회가 되니까 성장주를 찾게 됩니다. 증권시장에선 성장이 정체될수록 스토리를 만들려고 더 애를 쓰기 때문

이죠. 성장주만 찾으면 대박날 수 있다는 신화가 커졌습니다. 'PDR(Price to Dream Ratio·주가꿈비율)'이란 용어까지 나왔습니다. 하나의 신기루를 찾는 것이죠.

그러나 제 주식철학은 이것과 반대입니다. 자본시장은 심심해야 합니다. 투자자와 기업을 연결해줘야 하고, 자본시장 참여자들은 겸손해야 합니다. 기업이 성장하면 투자자도 함께 살쪄서 동행해야 하죠. 그런 의미에서 위기 국면에서도 시장지배력이 있으면서 꾸준하게 이익을 내고 배당을 주는 기업에 투자하는 게 정답입니다.

특히 업종 내 1등 기업을 찾아야 합니다. 시장이 불확실하고 경기가 어려울 때 1등 기업은 오히려 상황을 즐깁니다. 경쟁업체들이 어려움을 겪을수록 시장 점유율이 올라가기 때문이죠. 이런 게 인생이고 산업 사이클 아니겠습니까?

밀레니얼을 위한 ONE POINT LESSON

주식농부의 생각은 투자와 농사를 연결시켰다. 비가 오고 눈이 와도 좋은 씨를 뿌리고 농사를 짓는 것처럼 투자하라는 얘기다. 경기가 어떻게 되든 좋은 씨와 같은 좋은 기업을 찾아 장기투자하면 결실을 얻게 된다는 메시지다. 단, 그저 굴러들어오는 돈은 없다는 것을 알아야 한다. 그런 기업을 찾기 위해 집요하게 학습하는 자세가 필요하다.

'삼프로TV' 김동환
"세상과의 건강한 긴장관계는 필수다"

> "제가 좋아하는 주식시장 격언이 '비관론자는 명성을 얻고, 낙관론자는 부를 얻는다'는 겁니다. 부자들은 논쟁적인 사안이 있을 때 논쟁에 빠지는 대신 그 의미를 파악하고 투자처를 찾습니다."

    이곳에 출연하면 시장의 '스타'가 된다. 이곳에서 금융업의 미래를 분석하면 다음날 금융주 주가가 오른다. 2021년 초 기준 유튜브 구독자 100만 명을 넘긴 '삼프로TV 경제의 신과 함께' 얘기다.

    영향력이 크다고 해서 '3개월 만에 1억 버는 법' '○○○ 종목에 투자하라'는 비밀스러운 정보를 알려주는 채널은 아니다. 미국 연방준비제도(FED)의 정책은 어떻게 해석해야 하는지, 글로벌 반도체 산업의 패러다임은 어떻게 변화하고 있는지, 바이든 시대에 세상은 어떻게 변화할 것인지 등 세상의 다양한 변화를 해석하는 법을 알려준다. 경제사 특강은 물론 전 세계 국가들을 지정학적 관점으로 살펴보는 '지구본연구소'라는 코너도 있다.

"세상을 바라보는 '관점'을 만드는 데 도움이 되는 콘텐츠를 만드는 것이 목표"라는 김동환 대안금융경제연구소 소장(김프로)을 만났다. 삼프로TV의 성공비결부터 왜 세상을 바라보는 자신만의 '관점'을 만들어야 하며, 어떻게 하면 좋은 투자를 할 수 있는지를 물었다.

Q. '삼프로TV 경제의 신과 함께' 유튜브 구독자가 86만 명(인터뷰 시점 기준)이 넘었습니다.

A. 연령대 중에선 35~44세가 가장 많습니다. 30% 이상입니다. 2030세대는 '동학개미운동'을 계기로 굉장히 많이 늘었습니다. 25~34세가 전체 구독자에서 차지하는 비중이 20%에 달합니다. 좋은 콘텐츠를 만들어 보지 않아도 될 콘텐츠에 노출되는 시간을 줄이는 것이 목표입니다. 콘텐츠 양을 늘리고 있는 것도 '3개월에 1억 원 버는 법'과 같이 구독자들이 '안 봐도 될 것 같은' 영상에 노출되지 않았으면 하는 마음 때문입니다.

Q. 2030세대 구독자의 특징은 어떤가요?

A. 학습능력이 뛰어납니다. 주식투자 경험은 많지 않지만 제대로 해야겠다는 생각을 하는 것 같습니다. 그룹으로 모여서 스터디도 하고, 저희가 소개하는 책과 봤으면 좋겠다고 언급하는 자료들을 보고 댓글로 피드백을 줍니다. 배운 지식을 실제 투자로 연결시키는 능력도 기성세대보다 뛰어난 것 같아요. 저는 50대

:: 떨어지는 은행 저축성 예금 금리 ::

(단위: 연%)
※요구불예금 제외한 은행 저축성
수신 신규취급액 기준

3.69
2.71
1.72
1.52
1.74
0.89
(6월 말)

2011년 2013년 2015년 2017년 2019년 2020년

자료: 한국은행

라 공부 따로, 투자 따로인 경험이 많은데요, 2030세대는 그렇지 않습니다. 지식을 습득하고 학습해서 이를 투자에 적용하기 때문에 학습을 하면 할수록 투자를 잘 할 수 있다는 확신과 자신감이 있습니다.

Q. 의외네요. 2030세대의 주식투자를 부정적으로 바라보는 기성세대도 많은데요.

A. 기성세대 입장에서 '빚투'에 대한 걱정을 섞어서 "젊은 세대가 주식투자를 하는 건 문제"라고 말씀하시는 분들도 많은데요, 저는 동의하지 않습니다. 젊은 세대가 투자에 관심을 갖는다는 건 경제에 관심을 갖는다는 겁니다. 투자를 할 수밖에 없는 환경에 내몰려 있기도 하죠. 이들 세대에게는 투자를 하지 않으면 부에 접근할 수 없다는 절박함이 있습니다. 기성세대가 생각하는 것

처럼 철없이 '영끌'해서 투자했다가 아니면 말고 식으로 투자하는 게 아닙니다. 아버지, 형 세대를 보면서 투자를 한 사람과 그렇지 않은 사람 간에 나타나는 부의 격차를 확인한 겁니다. '초과잉 유동성의 시대'에 투자를 하지 않으면 10년 후 나의 아이들이 나를 어떻게 평가할까에 대한 고민과, 투자를 하지 않으면 부자가 될 수 없다는 절박함이 이들을 주식시장으로 이끌었습니다.

Q. 소장님이 생각하는 '투자'란 무엇입니까?

A. 투자란 "나와 세상과 건강한 긴장관계를 유지하는 일"입니다. 세상의 변화를 예민하게 파악하고 세상과 건강한 긴장관계를 유지하는 일, 그게 투자라고 생각합니다.

과거엔 투자를 '학습'이 아니라 '관계'라고 인식했습니다. 투자를 한다고 하면 "펀드매니저 누구랑 친해?" "회사 내부자랑 좀 알아?" 이런 관계가 더 중요하다고 생각했죠. 관계가 곧 정보였으니까요.

그건 정보가 제한적으로 유통될 때의 얘기입니다. 지금은 인터넷과 SNS를 통해 정보가 공평하게 유통되기 시작했습니다. 정보가 넘쳐나니까 정보와 '의도된 소음'을 구별할 수 있는 능력이 필요해졌습니다. '관계'보다는 내가 세상을 어떻게 바라볼 것인지 '관점'을 정립하는 게 중요해졌죠. 그에 필요한 것을 학습하고, 올바른 정보를 구별해내는 능력이 훨씬 더 중요해진 겁니다.

Q. 실제 유튜브 시청자들도 그렇게 생각합니까?

A. 우리 시청자들은 공부를 합니다. 저희가 오프라인 강연회나 공개방송을 하면 구름떼처럼 구독자들이 찾아오시는데요, 재미있는 건 "무슨 종목 사요?" "종목 좀 찍어주세요"라고 묻는 분들이 거의 없다는 겁니다. 강연자에게 종목을 찍어달라고 하기 위해 오는 게 아니라 그의 지혜와 인사이트를 배우고 싶어서 오시는 거죠. 세상을 해석하는 능력을 기르기 위해 옵니다. 제가 젊었을 때 갔던 투자설명회와는 참석자들의 태도가 전혀 다릅니다.

Q. 삼프로TV가 지향하는 바와 맞아떨어지는 것 같습니다.

A. 그렇습니다. 우리는 가급적 종목에 대한 언급을 안 하려고 최대한 노력합니다. 대신 미국 중앙은행(FED)의 정책이 어떻고, 반도체의 구조가 어떻고, 화학산업의 사이클이 어떻고 이런 얘기를 주로 합니다. 이러한 지식이 켜켜이 쌓이면 어떤 투자 결정을 할때 본인도 모르게 쌓여 있는 지식이나 소양이 지혜로 발현될 수 있다고 생각하거든요.

예를 들어 미국 구매관리자(PMI)지수라는 게 있습니다. 구매관리자들에게 경기가 좋아질지, 나빠질지를 물어보고 난 뒤 수치화한 것입니다. 50이 기준이고, 숫자가 50보다 크면 '경기가 좋아진다'에 베팅한 사람이 더 많다는 의미입니다. 일반인들에게는 너무나 생소한 용어인데, 우리 생태계(투자업계)에 있는 분들은 이런 숫자를 보고 투자판단을 하시는 분들이 계십니다. 방송을 통해 이런 얘기를 자꾸 하는 거죠. 시청자들이 이 개념을 이해하고 나면 저 숫자의 의미가 뭐고, 이런 숫자가 나왔을 때 시장에 어떤 영향을 미치며, 포트폴리오를 어떻게 가져가야 할지를 판단하는 기준으로 삼을 수 있게 됩니다.

Q. 구독자들의 지식수준이 예전과는 달라졌겠군요.

A. 제가 방송 중간중간에 내용이 어려울까봐 쉽게 풀어서 첨언하는 경우가 있는데, 최근에는 '시간이 부족하니 정리하지 말고 그냥 넘어가시죠'라는 댓글이 많아졌습니다. 이미 수준이 높아져서 부연설명이 필요하지 않은 분들이 늘어난 겁니다. 방송을 운영하는 입장에서는 고민이 되는 지점이기도 합니다. 새로 유입되는 분들도 있고 오랫동안 저희 방송을 들으신 분들도 있고 한데, 그 수준 차이가 계속 벌어지다 보니 수준별로 다른 콘텐츠를 제공하지 않으면 구독자층을 확장하기가 힘들겠다는 생각을 합니다.

Q. 인문학 강의 코너를 운영하시는 것이 인상적이었습니다.

A. '지구본연구소, 경제사특강, 책과 함께'처럼 투자와 직접적으로 연관돼 보이지 않는 콘텐츠도 많습니다. 처음엔 고민했습니다. 장이 급변하고 주가가 폭락하는데 그런 콘텐츠를 보고 싶어하는 분이 계실까? 그런데 계시더라구요. 장이 폭락하고 급등해도

'이번 주는 왜 경제사 특강 안 올라오나요'라는 댓글들이 올라옵니다. 이런 강연만 골라 보시는 구독자들도 계십니다.

저는 투자가 단순히 사고파는 일회적인 행위가 아니라고 생각합니다. 주식·채권·부동산·금융자산의 비중을 지속적으로 조절해나가야 하는 과정인데요. 여기에 과연 '가격 요소'만이 개입될까요? 아니라고 생각합니다. 세상을 움직이는 패턴, 세상을 지배하고 있는 질서를 이해해야 한다고 생각합니다. '투자'를 단순히 부자가 되기 위한 수단으로 생각하면 곤란합니다. 성공적인 투자를 위해선 현명한 사람이 돼야 합니다. 우리가 역사, 사회, 정치, 인문학 강의와 양서를 추천하는 이유입니다.

Q. 요즘 젊은이들은 인생의 목표가 '부자'인 것을 숨기지 않습니다.

A. 걱정스러운 부분입니다. 목표로서의 부자, 재테크의 성공에 너무 몰입하고 있는 것 같아서요. 사실 과거에는 재테크라는 용어도 없었죠. 어느 정도 수준 있는 직장에 들어가 열심히 일하면 자연스럽게 중산층에 편입되는 시대였으니까요. 제가 신입사원 때만 해도 집이 없다고 불안해한 적은 없습니다. 신혼 때는 대출을 받아 전세를 살고, 고참 과장이 되면 집을 샀습니다. 강남에 사나 강북에 사나 신도시에 사나 비슷했습니다. 어디 사느냐에 따라 신분이 갈리지 않았죠.

저성장 시대에는 많은 것이 달라졌습니다. 기업이 성장해 많은 직업을 만들고, 소득이 늘어나고 소비확대로 이어지는 선순환

: : 유동성 확대에 따른 주가변화 : :

(단위: 조 원)

■ 유동성 자금   ■ KOSPI 시가총액

※유동성 자금은 만기가 없어 언제든 꺼내쓸 수 있는 통화량(MZM)을 의미
※MZM=현금통화+요구불예금+수시입출금식저축성예금+MMF+CMA

자료: 메리츠증권

구조가 깨지면서 재테크라는 '기술'이 필요해졌습니다. 각자도생의 시대에 살아남는 유일한 방법은 재테크가 됐습니다. 2008년 금융위기 이후 넘치는 유동성으로 화폐 가치는 하락했습니다. 화폐로 살 수 있는 무언가의 가격은 꾸준히 올랐습니다. 한국에서는 부동산이었고, 미국에서는 주식이었죠.

Q. '동학개미'에 대한 생각은 어떻습니까?

A. 주식투자를 오래하신 분들 중에 이런 말씀 하시는 분들 계십니다. "주부들도 주식을 시작했다. 상투인 거 같다." 전혀 맞지 않는 얘기입니다. 은행에 예금만 해도 10%씩 이자를 받던 시대에는 모두가 주식투자를 하는 건 '상투'일 수 있습니다. 하지만 지금은 주식을 안 하는 게 이상한 상황입니다.

또 다른 고정관념은 우리 경제가 '마이너스 성장' 시대에 들어섰다는 겁니다. 하지만 한국의 산업구조는 질적으로 성장하고 있습니다. 2012년 메모리 반도체 치킨게임 끝에 삼성전자와 SK하이닉스, 마이크론의 시대로 재편됐습니다. 유럽에서는 10년 안에 내연기관차는 팔지 못하게 하겠다고 합니다. 전기차 가격의 40%를 차지하는 게 배터리죠. 전 세계에서 배터리를 가장 잘 만드는 나라가 한국입니다. 바이오 시밀러는 한국이 가장 먼저 시장을 개척했습니다.

이런 의미 있는 변화들을 봐야 합니다. 동학개미운동을 통해 시장에 들어온 투자자들은 굉장히 똑똑하게 시장으로 들어왔다고 생각합니다. 시작도 좋았습니다. 고점에 주식을 사는 게 아니라 외국인들이 투매할 때, 폭락장에 시장에 뛰어들었습니다. "알아서 투자해 주세요"라고 말하던 과거 펀드열풍 때와는 차원이 다릅니다. 그래서 꼭 동학개미들이 성공했으면 좋겠어요.

Q. 삼프로TV를 시작하게 된 계기가 궁금합니다.

A. 제가 라디오 '김동환의 세계는 우리는'을 약 2년간 진행했습니다. 뉴스 빼고 한 시간 반짜리 프로그램이었는데 코너가 대여섯 개 있었어요. 주로 전화 인터뷰를 했습니다. 항상 저의 마지막 인사는 "아쉽지만 오늘은 여기까지 듣겠습니다"였습니다. 결말도 없는 얘기를 반복해서 쌓아가고 있었어요. 7분짜리 짧은 인터뷰가 우리의 삶에, 현실적인 문제에 얼마나 도움이 될까 고민

했습니다.

사회자 한 명이 여러 패널에게 순서대로 의견을 물어보는 형식도 많았습니다. 패널들이 지루해 하고 시청자도 재미가 없어 하니 싸움을 붙여야 했어요. 그래서 우리나라에는 '끝장토론' '맞짱토론' 류의 제목이 많죠. 그때 '거꾸로 해보면 어떨까'라는 생각을 했습니다. 시간제한 없이, 고수 한 명을 불러서 세 명의 패널이 각기 다른 앵글에서 질문을 던지면 어떨까? 이진우 프로는 기자의 시선에서, 정영진 프로는 일반인의 시선에서, 저는 금융업계의 시선에서 질문을 해보기로 했어요.

Q. 패널은 어떤 기준으로 섭외했나요?

A. 라디오 방송을 할 때는 방송사고가 안 날 만한, 안전한 분들을 위주로 섭외했어요. 방송작가 수첩에 적혀 있는 순서대로 전화가 갑니다. 그래서 나오시는 분들이 늘 정해져 있죠. 이 분들의 콘텐츠가 매우 좋은데, 워낙 많은 곳에 불려다니시다 보니 짧은 인터뷰만 하게 되고, 콘텐츠를 잃어버리기 시작하시더군요.

그래서 '새로운 사람을 불러보자' 하다가 금융시장 사람들을 부르기 시작했습니다. 디지털 콘텐츠이니 '대학교수'나 '연구원' 같은 타이틀이 중요하지 않았어요. 일반인들에게 잘 알려져 있지는 않지만 애널리스트들은 현장에서 매년 피 튀기게 경쟁하는 사람들입니다. 낙오되지 않기 위해 가장 치열하게 공부하고 자료를 만들어요.

자동차 전문가인 고태봉 하이투자증권 리서치센터장, 반도체 전문가인 노근창 현대차증권 리서치센터장 같은 분들이 처음에 출연을 하셨는데, 구독자들 반응이 뜨거웠습니다. 전혀 모르던 분들인데 이 분들이 가진 콘텐츠가 엄청난 겁니다. 게다가 조목조목 이해하기 쉽게 설명해주니까요. 시간제한도 없었습니다. 고 센터장은 처음 출연했을 때 세 사람 질문에 대답하다 보니 4시간을 녹음했습니다. 라디오 방송에서 채워지지 않았던 카타르시스를 느꼈어요.

Q. 방송의 정체성도 처음과는 달라진 것 같은데요.

A. 팟캐스트를 할 때는 경제정책에 대한 토론도 하고, 기본소득에 대한 얘기도 하고 했습니다. 그게 좋은 평가를 받았는데, 문제는 구독자 수가 정체되더라고요. 저희가 처음 팟캐스트를 시작한 게 2018년 1월이었고, 유튜브 채널을 개설한 게 2019년 1월이었습니다. 유튜브 시작 한 달 만에 구독자 수가 1만 명이 됐는데, 그 이후부터 성장이 더뎠습니다. 콘텐츠가 좋다는 얘기는 계속 듣는데 구독자는 늘지 않고, 광고 수익도 크지 않았습니다.

당시 디지털 콘텐츠에 대한 공부를 할 때라 논문도 보고 자료도 찾아보고 하다 보니 디지털 콘텐츠에 필요한 4가지 요소가 있더라고요. 정보성, 흥미성, 유용성, 이 3가지는 갖추고 있는데 한 가지 빠지는 게 있었습니다. 동질성입니다.

정치 팟캐스트가 인기를 끄는 이유는 구독자와 채널의 정치적 편향성이 같기 때문입니다. 하지만 우리는 '인문사회과학 백화점' 같은 채널을 운영하고 있었습니다. 세대도, 관심도 분산되어 있었어요. 구독자들은 자신에게 필요한 내용을 취사선택해 들을 뿐이어서 응집력이 없었습니다.

2019년 10월부터 방송의 정체성을 바꿔야겠다고 판단했습니다. 당시 2020년 시장 상황을 키워드로 전망한 게 '파란만장'이었어요. 변동성은 곧 기회입니다. 2020년에는 돈 버는 방송을 해보겠다고 선언했습니다. 그리고 아침 시황 방송을 시작하는 등 주식 관련 콘텐츠에 집중하기 시작했습니다.

Q. 타이밍이 좋았군요.

A. 2월부터 주식시장이 폭락하기 시작했습니다. 3월에만 구독자가 13만 명이 늘었어요. 당시 주가가 폭락하고 있을 때라 주식을 사도 되는지 불안해하는 구독자들도 많았습니다. 그런 시기에는 밤샘 방송을 하면서 구독자들 곁을 지켰어요. "지금 파시면 안 됩니다. 뇌동매매 하시만 안 됩니다." 힘든 시기에 이런 조언과 용기를 주자 투자자들도 저희 방송에 '동질성'을 느끼기 시작했어요. 주식시장이라는 강력한 매개체를 통해서 동질성을 회복한 게 콘텐츠가 성장하는 데 큰 도움이 됐습니다. 모든 분들이 성과를 내셨는지는 모르겠지만 저희와 같은 물결을 타신 분들은 저희에게 "고맙다"고 하시곤 합니다.

지금은 오전 7시 30분의 출근길 시황, 오후 6시의 퇴근길 시황,

밤 10시의 해외 시황까지 영역을 확대했습니다. 그러면서도 '지구본연구소' 등을 통해 인문학 강의를 하고, 은퇴연구소를 통해 은퇴 준비를 도와주는 콘텐츠 등도 꾸준히 만들어 좋은 반응을 얻고 있습니다.

Q. 2021년에는 어떤 변신을 준비하고 계시는지 궁금합니다.

A. 2021년 제가 지향하는 방송은 '케어와 힐링'입니다. 2020년 주식시장이 크게 성장했고, 성과도 있었는데 다같이 그 과실을 누리지는 못한 것 같아요. 좋은 장에서 탈락하신 분들도 있고, 포기하신 분들도 있습니다. '이제 다시는 투자를 하지 않겠다'는 분도 생겼을 겁니다. 이런 분들을 위로해드리고, 케어하고 싶다는 생각을 했어요. 격려와 상담이 필요한 분들을 초대석에 모시고 돈 때문에 어려웠던 얘기를 나누고, 정서적인 격려는 물론 현실적인 대안을 드리는 프로그램을 만들고 싶습니다.

실제 시장에서 탈락하신 분들, 재기하기 힘들어하시는 분들께서 저한테 전화를 많이 하십니다. 실제 몇몇 분을 만나기도 했고, 더 만나고 싶은데 제가 생각보다 바쁩니다. 죄송스러워서 연락을 못 드리는 경우도 있고요. 돈에 울고 돈에 속았던 분들, 세상에 섭섭하신 분들을 만나 방송에서 힐링하는 프로그램을 만들고 싶습니다. 제가 사실 그런 라디오 방송 DJ가 되는 게 꿈이었거든요.

Q. 방송 제목이 '신과 함께'니까, '주식의 신'이 되고 싶은 2030세대에게 조언을 해주신다면?

A. 주식의 신이 될 생각을 버려야 합니다. 그 마음을 내려놓아야 합니다. '몇 달에 몇 억 벌기', 이런 책은 추천하지 않습니다. 다만 투자는 꼭 하시라고 말씀드리고 싶어요. 투자를 '궤도 이탈'이라고 생각하지 않으셨으면 좋겠습니다.

대신 준비하고 투자해야 합니다. 첫째, 시드머니를 만들 때까지 투자를 자제하십시오. 안 입고 안 마시고 안 쓰고, 즉 '워라밸'을 포기하고 규모 있는 견고한 시드머니를 모아서 투자해야 합니다. 마이너스 통장 뚫어서 1,000만 원어치를 투자하는 건 별로 권하고 싶지 않습니다. 본인이 궁극적으로 모으고 싶은 부의 10분의 1까지는 근로소득으로 모아봐야 합니다.

시드머니를 모으는 동안 시간이 걸리는데 이때 '지식의 시드머니'도 쌓아야 합니다. 즉 학습이 필요하죠. 삼프로TV도 보고, 책도 읽고 하면서 투자할 준비를 해야 합니다. 2020년 초의 폭락장을 놓쳤다고 기회가 끝났다고 생각하시는데 전혀 아닙니다. 우리는 평생 투자를 해야 합니다. 시드머니가 10배가 될 때까지 투자하는 겁니다.

둘째, 건강하게 생각해야 합니다. 구체적으로는 사회와 인류는 진보한다는 관점을 가졌으면 좋겠습니다. 예를 들어 코로나19 폭락장에서 어떤 사람은 "한국은 망했다. 주식도 팔고 사업도 접자"고 판단했습니다. 하지만 주식시장은 급등했고, 코로나19

와중에서도 예상치 않게 호황을 맞은 산업도 생겼습니다.

우리 인류는 합리적인 사람들이며, 우리가 가진 집단지성이 몇만 년 동안 인류의 문명을 발전시켰습니다. 어떤 어려움도 극복할 수 있다는 '긍정적인 생각'을 가지고 있으면 판단이 쉬워집니다. 물론 부정적인 측면에 대한 '분석'은 분명히 필요합니다. 하지만 세상 자체를 비관적으로 바라보는 사람은 투자를 시작할 수가 없습니다.

제가 좋아하는 주식시장 격언이 '비관론자는 명성을 얻고, 낙관론자는 부를 얻는다'는 겁니다. 주식시장이 오를 것이라고 예상하는 사람들은 유명해지지 않습니다. 대신 이들은 부자가 되려면 어떻게 해야 하는지를 알고 있습니다.

쓸데없는 일로 싸우지 마세요. 물론 사회에 대한 비관적인 시각은 필요하고, 포기할 수 없는 가치를 위해서는 싸워야 합니다. 다만 남의 말에 꼬투리를 잡고 쓸데없는 논쟁으로 핏대 세우지 말라는 의미입니다. 부자들은 논쟁적인 사안이 있을 때 논쟁에 빠지는 대신 그 의미를 파악하고 투자처를 찾습니다. 사변적인 말싸움을 할 시간에 투자자로서 실질적인 판단과 결정, 실행을 하라는 뜻입니다.

Q. 시대의 변화를 포착하는 능력도 중요하다고 하셨는데요.

A. 긴장감을 가지고 세상을 바라보고, 전략적으로 사고하는 습관을 들여야 합니다. 예를 들어 미국 대통령 선거가 있었는데, 모

두 개인의 선호가 있을 것입니다. 하지만 내가 트럼프 지지자라고 해서 트럼프가 당선되는 상상만 하고 있으면 안 됩니다. 방송, 신문, 책 등을 통해 바이든이 당선될 가능성이 얼마나 높고, 바이든은 어떤 세상을 꿈꾸고 있으며, 내 투자 포트폴리오는 바이든 시대에 부합하게 짜여져 있는가를 판단하고 고민할 줄 알아야 합니다.

사실 전 미국 대선 직전 라디오 프로그램에 나가서 바이든 당선 가능성을 예측했습니다. 주요근거는 이랬습니다. 제가 미국 여론조사 기관 수장이라면 아무리 바이든 지지율이 높다고 해도 최대한 보수적으로 그 결과를 발표할 거라 생각했습니다. 지난 대선에서 한 번 예측에 실패했으니까요. 이번에 또 틀리면 여론조사 기관들은 문을 닫아야 하는 상황입니다. 그럼에도 바이든 지지율이 높다고 나왔다는 건, 그만큼 당선확률이 높다는 의미였습니다. 이런 식으로 자신만의 판단근거를 만드는 겁니다.

Q. 그런 능력이 있으면 돈을 벌 수 있나요?

A. 지속적으로 전략적 사고와 판단, 결정을 하다 보면 경쟁력이 생깁니다. 1997년, 2008년, 2020년 3월처럼 남들이 허둥대고 우왕좌왕하는 위기상황에 그러지 않을 가능성이 높은 거죠. 저도 제가 가지고 있는 부의 대부분을 이런 위기국면에서 얻었습니다. 펀드매니저를 하다가 1997년 유학을 가면서 가진 자산을 모두 현금화했습니다. IMF 외환위기가 터졌을 때 운 좋게 현금

을 들고 있었죠. 고금리 채권과 집을 샀습니다. 금융위기 직전에 한국으로 돌아왔습니다. 미국에 있던 자산을 모두 정리하고 현대차, 기아차, SK이노베이션 같은 경기 민감주들을 샀습니다. 그리고 차·화·정 랠리가 시작됐죠. 2020년 1월 제가 한 방송에서 "2020년엔 현금을 많이 확보해둬야 한다"고 했었습니다. 현금을 많이 확보해둔 만큼 폭락장에서 기회를 얻었습니다.

제가 이런 국면에서 비교적 좋은 판단과 실행을 할 수 있었던 이유는 계속 공부를 했기 때문입니다. 세상과의 건강한 긴장관계를 놓지 않았기 때문입니다. 물론 2020년에는 저도 두려웠습니다. 하지만 제 마음을 컨트롤할 수 있었습니다. 코로나19는 백신을 개발하면 극복할 수 있는 문제이며, 미국 중앙은행이 정책을 쓰면 세계경제는 무너지지 않을 것이라는 믿음이 있었습니다. 한국기업에 대한 신뢰도 있었습니다. 이러한 신뢰 없이 주식투자를 할 수는 없습니다.

Q. 마지막으로 2021년 키워드는 무엇으로 정했습니까?

A. 2021년 키워드는 '성동격서(聲東擊西)'로 정했습니다. 동쪽에서 소리를 내고 서쪽에서 적을 친다는 전술입니다. 지금 이미 시끄러운 곳에서는 큰돈이 생기지 않을 것이라고 봅니다. '시끄러운 곳'은 미국, 성장주 등 다양합니다. 이런 곳에서는 이제 큰돈이 생기지 않을 가능성이 높다고 봅니다. 반면 조용한 곳을 보면 어떤가요? 아시아 지역, 가치주 중에 싼 주식이 많습니다. 우리

는 주의를 분산할 필요가 있습니다. 남들이 모두 시끄러운 곳으로 몰려갈 때, 부자는 늘 슬쩍 빠져나가곤 합니다. 그리고 나간다고 말하지 않습니다. 우리도 그 변화의 시점에서 행동해야 합니다.

💬 **밀레니얼을 위한** ONE POINT LESSON

부자의 감각은 다르다. 그들은 자신의 이념 때문에 논쟁에 휘말리지 않는다. 논쟁에 귀 기울이고 세상의 변화를 파악해 투자처를 찾는다. 부자는 또 남들이 모두 모여 있는 시끄러운 곳에서 슬쩍 빠져나간다. 부자들이 이런 감각을 갖게 된 이유는 세상과 건강한 긴장관계를 형성하고 있기 때문이다. 세상을 이해하려고 노력하고 있기 때문에 그들은 기회가 왔을 때를 놓치지 않는다. 그 시작은 시드머니를 만든 것으로부터 시작하라. 김동환 소장의 메시지는 분명했다.

투자전략가 김학균
"시간을 이기는 돈으로 투자하라"

> "주식시장은 승자의 기록입니다. 한 기업이 상장폐지되면 그 기업은 없어지고, 주가지수에서 배제됩니다. 주식시장에는 살아남은 기업들만 모여 있는 거죠. 시장 자체에 투자해야 하는 이유입니다."

투자를 대하는 자세는 김학균 신영증권 리서치센터장으로부터 들어봤다. 각종 강연 때마다 등장하는 단골연사이기도 하다. 그렇다고 흔한 얘기를 하는 사람은 아니다. 자본주의 전반에 대한 진지한 고민, 투자의 본질에 대한 통찰력, 역사를 통해 배우는 인문학적 상상력 등을 갖고 있다는 점 등이 인터뷰를 한 이유다.

인터뷰는 밀레니얼 세대이자 초보 주식투자자이기도 한 막내 기자가 진행했다. 첫 질문은 사회가 갖고 있는 주식에 대한 통념, 도박이라고 보는 것에 대한 의견이었다.

Q. 젊은이들이 주식투자에 대해 편견이나 오해를 갖고 있는 것 같습니다.

A. 젊은 투자자들의 편견이라고 할 수 있을까요? 사람들이 자기 경험에서 생각이란 게 만들어지는데, 나이의 많고 적음을 떠나 주식에 대한 일반적인 편견이 있는 것도 사실입니다. 우선은 터부시하는 문화가 있는 것 같아요. 도박과 비슷한 거라고 생각하는 거지요. 과거 주식투자를 하다가 아파트 한 채를 날렸다거나, 퇴직금이 휴지가 되었다거나 하는 얘기를 들은 게 깊이 각인된 영향이겠지요. 이는 대박을 노리고 주식에 투자하는, 즉 기대 수익률을 너무 높게 가져가는 것을 일반화하는 과정에서 형성된 인식이라고 생각해요.

그러나 자본주의를 조금만 들여다보면 뭔가 다른 측면이 있다는 것을 알게 됩니다. 어차피 우리가 살고 있는 사회가 자본주의 사회이기 때문이지요. 자본주의는 기업을 중심으로 발전합니다. 좋은 기업이 많은 국가가 강대국이고, 주가도 더 높다는 것은 모두 아실 테니까요.

그러면 기업의 성장에, 내가 자금을 공급하는 게 주식투자라는 관점에서 볼 필요가 있습니다. 즉 기업과 내가 공생하고 있다는 말이지요. 그래서 주식투자를 투기로, 도박으로 볼 필요는 없다고 생각해요.

또 다른 측면은 현실입니다. 아주 현실적으로 생각해보면 주식투자를 도박으로 보는 사고에는 허위의식이 깔려 있다는 것을 알 수 있습니다. 금융을 통해서 돈을 버는 것과 노력을 해서 돈

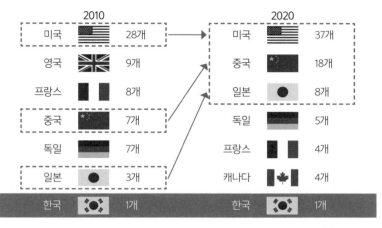

: : 지난 10년간 글로벌 100대 기업 주요국별 변동 현황 : :

자료: 대한상공회의소

을 버는 것의 차이는 무엇일까요? 회사 그만두고 자영업을 한다면 일해서 돈 버는 것이라고 생각하지 않나요? 레드오션이 되어 있는 세탁소 치킨집을 해서 돈을 버는 게 주식으로 돈을 버는 것보다 더 정당하다는 것은 허위의식의 산물 아닌가 합니다. 그 길로 가면 자신이 지금까지 모아놓은 자본이 증식되기보다 파괴되기 쉽다는 것은 차치하고서라도 말이지요.

돈을 어디에 투자할 것인가의 문제입니다. 성공확률이 떨어지는 자영업에 투자할 것인가, 아니면 삼성전자 등의 훌륭한 주식을 살 것인가, 그런 거지요. 자영업은 5년 생존율이 30%가 안 됩니다. 여기에 투자하는 것보다 아주 똑똑한 사람들이 기업에 모여 나를 위해 일해주는 게 곧 주식투자라고 할 수 있습니다.

Q. 결국 선택과 확률의 문제란 게 남지 않나요?

A. 물론 주식해서 패가망신할 수 있습니다. 주식시장에 상장된 종목이 수천 개가 되기 때문에 잘못 선택하면 낭패를 볼 수 있다는 것은 인정합니다. 기업이 망하면 재산을 다 날릴 수도 있습니다. 개별종목이 아니더라도 지수를 샀을 때도 떨어지는 기간을 못 버티고 팔면 큰 손실을 볼 수 있습니다. 하지만 확률적으로 보면 주식은 지금까지 성적이 좋았습니다.

1972년부터 2020년까지 49년간 종합주가지수를 1년 단위로 끊어서 한 번 보면 알 수 있습니다. 49번 중 34번은 오르고 15번은 떨어졌습니다. 오를 확률이 2배였다는 말입니다.

1997년 외환위기를 맞습니다. 그때도 종합주가지수가 2년 연속 떨어진 적이 없었습니다. 일반적으로 생각하는 것보다 시장은 훨씬 강합니다. 자본주의를 믿는다면 주식은 우상향한다고 생각하는 게 맞습니다. 다만 합리적인 기대수익을 추구하느냐 아니냐의 문제가 남는 거지요.

Q. 합리적 기대 수익률이란 어느 정도를 말씀하시는 건지요?

A. 연간 5~6% 정도로 생각하면 됩니다. 아까 얘기로 돌아가보지요. 주식이 떨어지기보단 오를 확률이 과거에는 굉장히 높았습니다. 장기적으로 주가를 설명하는 요인은 경제성장률이기 때문입니다. 경제가 커가는 것만큼 주가가 올라갔습니다. 1980년 이후 2019년까지 보면 한국의 명목GDP는 연평균 10.7% 성장했습

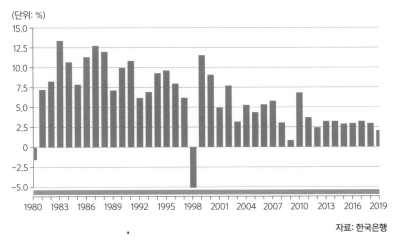

:: 연도별 한국 경제성장률(실질 GDP 기준) ::

(단위: %)

자료: 한국은행

니다. 경제규모가 매년 10%씩 커졌다는 얘기입니다.

주식은 이에 못 미쳤지만 평균 8.9% 올랐어요. 주식에 넣어놨다면 연 평균 수익률이 9%에 육박했다는 얘기입니다. 실제로는 그보다 많이 벌었을 것으로 봅니다. 8.9%에는 배당이라는 주식에서 나오는 또 다른 수익이 빠져 있기 때문입니다. 비록 한국 기업이 배당을 많이 주진 않지만, 배당 수익률을 합치면 주식의 연평균 수익은 10% 이상 되는 것으로 볼 수 있습니다. 어느 나라나 주가는 장기적으로 성장률과 함께 움직입니다. [일본의 예를 보면 알 수 있다. 현재 일본의 주가는 20년 만에 최고점을 경신하고 있다. 사상 최고가 아닌 이유는 일본이 1990년대부터 마이너스 성장을 했기 때문이다.]

지금은 한국의 명목성장률이 3% 정도입니다. 여기에 배당 수익률 2~2.5% 정도를 더하면 5~6%가 기대할 수 있는 합리적 기대 수익률이 될 것입니다. 이 수치를 기반으로 주식에 접근하는 게 맞다는 얘기입니다. 주식이 다른 자산보다 좋지만, 그렇다고 아주 높은 수익률을 기대하며 접근하는 것은 바람직하지 않다고 봅니다.

Q. 코로나19 이후의 주식열풍을 '바이코리아 펀드' 열풍이나 '닷컴주' 열풍에 비유하셨습니다. 코로나19 시대에 주식시장에 뛰어든 2030이 과거 이런 열풍들에서 반면교사로 배울 점이 있을까요?

A. 주식은 굉장히 좋은 것이라 생각합니다. 자본주의 사회의 주역인 기업의 성장과 나의 부를 동행시킬 수 있는 방법입니다. 결과적으로 봐도 그렇습니다. 장기적인 성과는 길게 보면 이길 확률이 높은 게임이지요. 경제는 굉장히 스테디하게 움직입니다. 길게 보면 성장하지요. 자본주의의 역동성 등 거창한 얘기를 하지 않더라도 장기 낙관론을 가지는 게 맞다고 생각합니다.

다만 경제는 완만하게 움직이는 반면 주식은 진폭이 굉장히 크다는 점을 강조하고 싶습니다. 주식에는 사람들의 욕심과 공포라는 심리적 요인이 내재되어 있기 때문입니다. 두려우면 한꺼번에 모두 팔고, 좋다고 하면 욕심이 작용해 한쪽으로 몰립니다. 그래서 투자는 늘 두려워하면서 해야 합니다. 많이 오른 다음에도 높은 수익률을 기대하면 낭패를 보게 되는 게 과거의 패턴이었습니다.

3년, 5년을 보고 꾸준히 돈을 넣어두는 예금과 달리 주식은 사는 타이밍이 중요합니다. 물론 장기적으로 보면 타이밍도 중요하지 않다고 할 수도 있지만 너무 오른 시점에 들어가면 회복하는 데까지 더 많은 시간이 필요하기 때문에 기회손실이란 측면을 감안해야 합니다. 그래서 빨리 승부를 보려고 하고, 투자 타임이 짧은데 목돈으로 많은 돈을 투자하면 낭패를 볼 수 있습니다.

대표적인 사례가 바이코리아 펀드입니다. 바닥에서부터 2배 이상 올라온 후 목돈을 투자해 손해를 본 것이죠. 다만 아주 고점에 들어간 사람들도 일시적으로 50% 이상 급락하면서 손해를 봤지만, 시간이 지나면서 그 펀드들도 결국 이겼습니다. 시간의 힘이 중요하다는 걸 보여준 대표적인 사례라고 할 수 있습니다.

또 다른 교훈은 편향입니다. 사람이 가진 인지적 속성은 올라가면 겁이 없어지게 된다는 점이지요. 극단적으로 미래는 검증될 수 없다는 점 때문에 미래에 대한 스스로의 견해에 따라 행동을 결정합니다. 미래는 누구도 확실성을 가지고 말하기가 어렵기 때문에 미래를 전망하기 위해 인지적 수단을 동원합니다. 그것은 내가 지금 보고 있는 현상과 내가 경험한 가까운 과거입니다. 애널리스트 같은 전문가 집단도 마찬가지인데 주가가 좋을 때는 낙관론이 많고, 떨어질 때는 비관론이 많아집니다.

사람이 가진 인지적 속성이 시키는 대로 하면 투자에서는 질 확률이 높아집니다. 싸게 사서 비싸게 팔아야 하는데 우리 마음이 시키는 대로 하면 비쌀 때 겁이 없어져 막 사들이고, 쌀 때, 즉 주식이 하락할 때는 두려움이 커져 사지를 못하게 됩니다. 이는 역사적으로 반복되는 일입니다. 공모주 열풍이건, 성장주 열풍이건 과거 기사를 보면 똑같은 기사들이 등장하는 이유입니다. 결론은 장기적인 낙관론을 가지라는 겁니다. 시간을 이길 수 있는 긴 호흡의 자금으로 투자하라는 의미입니다. 늘 많이 오른 상황에서 주식투자를 하는 건, 약간의 회의주의적 관점을 가지고 엄격한 기준으로 봐야 합니다.

Q. 투자 타이밍을 잡는 방법은 무엇입니까?

A. 그런 건 없습니다. 모든 게 결과론입니다. 주가지수가 3000을 넘겼지만 지난 여름 일반적 감각으론 2000포인트도 비싸다고 느꼈을 것입니다. 그래서 투자는 내가 많이 공부해서 잘 아는 것에 장기적으로 투자해서 성취하려는 자세가 필요합니다.

또한 내가 앎이라고 하는 것도 확실하다고 생각하면 안 되지요. 1차적으로 투자는 '바로바로 돈을 버는 것'이라는 생각을 버려야 합니다. 새롭게 주식시장에 들어온 젊은이들이 지난 2020년 3~8월 급등장을 보고, 원래 주식시장이 이런 거라고 생각하면 오산입니다. 이는 10년에 한 번 오는 예외적인 강세장이었습니다. 9개월 동안 80% 가까이 올랐으니 말이지요. 역설적인 것은 급등을 가능케 한 것은 2200에서 1400까지 떨어진 기록적인 급락이었다는 점입니다.

Q. 시간이 왜 중요한지 좀 더 자세히 설명해주십시오.

A. 싸게 사서 비싸게 판다는 건 시간의 개념이 내포되어 있습니다. A기업이 있다고 해봅시다. 적정주가가 10,000원이라는 게 나의 판단인데 지금 주가는 7,000원입니다. 이건 내가 사기에 좋은 회사라고 생각하는 것입니다. 한 회사가 저평가되어 있다는 건 내가 알 수 있는 영역이고 판단입니다. 시장에서 주가가 7,000원에 형성되어 있다는 건 다수의 사람들이 그걸 인정하지 않는 것이지요. 결국은 많은 사람들이 알아줘야 10,000원을 갑니다. 그러면 주식을 사서 다른 사람들이 그걸 알아줄 때까지 버텨야 합니다. 그래서 주식은 시간을 이기고 견디는 과정이라고 하는 겁니다.

싸다는 건 사람들이 그 주식의 가치를 아직 모르고 있다는 것이기에, 그래서 필요한 것은 다수가 알아줄 때까지 기다리는 시간입니다. 그런 의미에서 배당은 기다림의 시간을 버티는 데 큰 힘이 된다고 할 수 있습니다.

지금은 좀 급한 감이 있어요. '이번 아니면 기회는 없을 것'이라는 조급증도 느껴지고요. 우리가 과거에 잘못했던 일이지요. 다만 젊은 세대가 투자세계에 새로 들어오는 건 환영할 만하고 좋은 일입니다. 특히 2020년과 같은 강세장에 들어와 투자에 대한 '집단적 성공의 경험'을 하는 것도 중요합니다.

Q. 시간을 견딘다는 측면에서 봤을 때 '영끌' 투자는 거의 실패하겠네요.

A. '영끌'을 도덕적 또는 당위적으로 나쁘다고 말하는 건 아닙니다. 문제는 이길 확률이 낮다는 거예요. 투자는 기본적으로 자본이 많은 사람에게 유리한 게임입니다. 우리 회사의 주요 고객들을 보면 돈이 많은 사람들이에요. 자산이 많으니 그 자체로도 분산투자가 가능하지요.

장기적으로 경제는 성장한다는 관점에서 투자할 수 있게 해줍니다. '일시적으로 주가가 조정을 받는 게 무슨 문제야, 오히려 돈이 있으면 기회지'라는 생각을 가능케 합니다. 2020년 3~4월이 그런 경우지요. 주식투자는 여유를 가질 수 있어야 이길 확률이 높은 게임입니다.

주식은 사고파는 게 중요합니다. 얼마나 올랐을 때 파느냐는 것도 있지만, 나쁠 때 안 파는 것도 중요합니다. 주가가 내 생각대로 되지 않고 떨어질 수도 있습니다. 나쁠 때 팔지 않으면 내 손실이 확정되는 게 아닙니다. 하지만 영끌로 사면 떨어질 때 견딜 수가 없어요. 증권회사가 돈을 빌려주고 주가가 일정 수준 아래로 내려가면 반대매매로 팔아버리기 때문이지요.

개인적으로 만기가 있는 투자는 좋지 않다고 생각합니다. 만기란 특정한 타이밍을 말하는 건데 우리는 타이밍을 알 수 없습니다.

주식이 좋은 점은 만기가 없다는 점입니다. 그 장점을 누리려면 결국 '시간을 이기는 돈'으로 투자를 하는 게 중요하다는 얘기입니다. 하지만 영끌 투자를 하면 가격의 진폭에 노출되고 심적으로도 버티기 힘들겠지요.

Q. 투자자들이 최근 '테마주'에 열광합니다. 예를 들어 화이자 백신 소식에 '콜드체인' 관련 주가가 급등했다가 이내 분말 형태로 공급한다는 뉴스가 나오자 급락했는데요, 변동성과 리스크가 큰 것 같습니다. 이슈를 좇는 테마주 투자에 대한 의견을 듣고 싶습니다.

A. 일반적으로 삼성전자는 테마주가 아니라고 생각하죠. 하지만 삼성전자도 반도체 테마입니다. 가장 중요한 건 알고 투자하는 겁니다. 흔히 말하는 테마주 투자는 기업의 본질적인 가치는 고려하지 않고 시류에 편승하는 행위입니다. 특정 기업이 유력 정치인의 사돈의 팔촌이라고 해서 무작정 투자하는 건 기업의 가치는 모르고 투자하는 거죠. 다만 기업을 테마로 구분할 필요는 있습니다. 가치주와 성장주라는 정태적인 개념은 지금의 세상을 설명하기 힘들기 때문이죠.

투자는 평생 동안 하는 거죠. 야구에서 타율과 비슷합니다. 타율이 3할인 타자는 본인의 루틴이 생깁니다. 언제 실패하고 성공하는지 알게 되죠. 투자에서도 그 성공과 실패의 경험에서 루틴을 찾고 배워야 합니다. 앎이 전제되지 않으면 이런 루틴을 만드는 게 불가능하죠. 모든 투자 결과가 무작위나 마찬가지인 겁니다. 그래서 내 투자의 대상에 대한 깊이 있는 앎이 중요합니다. 그걸 알아나가는 '지적인 게임'을 해나가는 과정이 투자입니다.

그럼에도 내 앎이 틀릴 수 있고 언제든지 수정될 수 있다고 생각해야 합니다. 분할매수, 분산투자가 좋은 태도인 이유도 내가 잘 모를 수 있다는 생각이 반영되어 있는 태도이기 때문입니다. 결론적으로 최근 유행하는 테마주 방식은 투자대상에 대한 깊이 있는 성찰이 없기 때문에 좋은 투자방법이 아닙니다.

Q. '잘 아는 것'에 투자하라는 추천도 많습니다. 최근 2030 사이에서는 좋아하는 연예인, 게임, 영화 등을 기반으로 주식투자를 하는 경우도 많은 것 같습니다. 좋은 접근방식일까요?

A. 일차적으로 좋다고 생각합니다. 투자기업을 지적으로 학습하는 것은 좋은 시작입니다. 그러나 그 기업이 좋은 기업이라고 무조건 좋은 투자대상인 건 아닙니다. 그 좋은 성과나 미래가치가 주가에 얼마나 반영되어 있는지도 중요합니다.

예를 들어 삼성전자가 아무리 훌륭한 기업이더라도 그 기업이 벌어들이는 수익에 비해 주가가 비싸다면 투자하기에는 나쁜 대상이겠죠. 또한 우리가 이름을 잘 모르는 중소기업이 삼성전자보다 훌륭한 회사는 아니겠죠. 하지만 그 회사의 주가가 회사의 가치에 비해 낮다면 삼성전자보다 좋은 투자대상입니다.

결론적으로, 잘 아는 영역에 투자하는 건 훌륭합니다. 하지만 내가 알고 있는, 내가 생각하는 기업의 가치가 지금의 주가에 얼마나 반영되어 있는지도 함께 고려해야 합니다.

Q. 기업과 주가를 공부할 시간을 내기 어렵다면 어떤 투자를 해야 할까요?

A. ETF에 투자하면 됩니다. 장기적으로 배당을 포함하면 지금까지 한국 주식시장은 연 10% 정도 수익을 냈습니다. 앞으로는 연 4~5%를 기대할 수 있습니다. 코스피를 추종하는 ETF인 KODEX200을 산다면 손해는 보지 않겠죠. 또한 개별종목에 투자하더라도 시장 전체에 대한 투자도 함께 깔고 가는 게 좋다고 생각합니다.

주식시장은 승자의 기록입니다. 한 기업이 상장폐지되면 그 기업은 없어지고, 주가지수에서 배제됩니다. 주식시장에는 살아남은 기업들만 모여 있는 거죠. 시장 자체에 투자해야 하는 이유입니다.

Q. 처음 기업을 공부하는 좋은 방법이 있을까요? 재정상태나 실적 등 꼭 확인해야 할 지점은 무엇일까요?

A. 기업의 언어는 회계입니다. 기본적으로 재무제표를 읽을 수 있는 눈을 가져야 합니다. 또한 증권사 애널리스트들의 리포트를 읽고 이해할 수 있어야 합니다. 내가 직접 증권사 계좌를 개설해서 장기적으로 투자한다면, 투자를 업으로 삼는 사람들과 같은 시장에서 경쟁하는 셈입니다. 회계나 증권사 리포트와 같은 무기도 없이 경쟁하면 이길 확률이 굉장히 낮겠죠.

또한 개인투자자들 중에는 냉소주의를 가진 투자자들이 있습니다. 제가 이런 공부를 해야 한다고 조언하면 "그래서 너는 주식으로 돈 많이 벌었느냐?"라고 묻는 거죠. 안다고 무조건 돈을 많이 벌 수 있는 건 아닙니다. 하지만 모른다면 '100% 지는 게임'입니다. 또한 한두 번 돈을 벌고 못 벌고는 운이라고 할 수도 있습니다. 그렇지만 장기간 안정적으로 수익을 내려면 결국 알아야 하죠.

동학개미 열풍은 '전문가 집단'에 대한 불신이기도 합니다. 많은 개인들이 전문가에게 내 자산을 맡기는 대신 직접 투자하기로 결정한 거죠. 사회적으로 투자하는 사람들이 많아지는 건 좋은 흐름입니다. 하지만 투자만 생각하고 살 수는 없죠. 사회적 에너지의 낭비이기도 합니다. 투자를 대신 해주는 권위 있는 집단이 있어야 합니다.

이는 전문가 집단이 신뢰를 주지 못한 결과라고 생각합니다. 바이코리아 열풍 때 많은 개인이 전문가에게 자산을 맡겼습니다. 하지만 전문가가 내 재산을 지켜주지 못했죠. 지금의 동학개미 열풍은 이런 경험이 쌓여 학습된 결과입니다.

Q. 2020년 3월 저점 이후 반등장에선 수익이 쏠쏠했습니다. 코로나19 이후 주식에 뛰어든 투자자들 중에는 이런 상승장만 경험한 투자자도 있을 텐데요, 앞으로 시장 분위기가 어떻게 바뀔까요? 또한 지금까지 상승장만 경험한 투자자가 바뀐 시장에 어떻게 적응해야 할까요?

A. 주식시장에서 진리에 가까운 2가지가 있습니다. 첫 번째는 늘 싸이클이 있다는 점입니다. 오르고 떨어지는 사이클입니다. 두 번째는 수익률의 평균 합이 있습니다. 가장 잘 나가던 종목이

많이 오르다가 떨어지면 그때 못 나가던 종목이 오릅니다.

언제나 주식시장에는 등락이 있습니다. 그래서 시간을 이길 수 있는 돈이 중요합니다. 혹시 생각지도 못한 상황이 왔을 때 언제든 투자할 수 있는 여유자금을 가지고 있어야 합니다. 또한 생각지도 않은 흐름이 나타났을 때 그 시간을 버틸 수 있는 돈으로 투자해야 합니다. 10%, 15%짜리 조정은 언제든지 나올 수 있거든요.

실제로 경제 펀더멘털이 그만큼 변화하지 않더라도 사람들의 심리적 오르내림은 훨씬 심합니다. 지금은 사람들이 시장을 장밋빛으로 보더라도 코스피가 5%만 빠지면 세상이 달리보이죠. 저점을 정확하게 찍어서 투자할 수 있는 사람은 아무도 없습니다. 1980년 이후 20년 동안 미국의 다우존스지수가 20배 가까이 올랐습니다. 약 8,000일 가운데 단 50일에 집중적으로 올랐습니다. 한국도 40년 동안 연평균 10% 정도 올랐습니다. 장기적으로 오르는 건 맞지만 정확히 언제 오를지는 아무도 모르는 거죠. 그래서 투자할 때 장기 낙관론을 펴야 합니다.

Q. 성장주, 기술주에 투자가 쏠리는 현상을 경계할 필요가 있다고 하셨는데요, 그 이유를 설명해주실 수 있을까요? 성장주 이외에 가치주 투자가 필요한 이유가 무엇일까요?

A. 2019년부터 구글, 아마존이 너무 비싸다고 생각했습니다. 하지만 그때 이후로도 2배가 오르긴 했으니 저 같은 사람들이

100% 맞는 건 아닙니다.

투자에 실패하는 건 굉장히 비쌀 때 주식을 사기 때문입니다. 미래는 우리가 알 수 없죠. 성장주에는 우리가 잘 모르는 미래에 대한 기대가 들어 있습니다. 그 기업이 미래에 굉장히 좋아질 거란 기대감이죠. 아마존은 PER이 100배입니다.

20년 전 닷컴버블 때도 세상이 그렇게 바뀔 거라고 사람들이 생각했습니다. 실제로 IT세상으로 바뀌긴 했죠. 그때도 아마존은 주역이었습니다. 그때 주가가 106달러에서 9달러까지 떨어졌습니다. 9달러에서 다시 올라간 겁니다. 주식은 그런 변동성이 있습니다. 성장주 투자에 리스크가 많다는 겁니다. 우리가 본질적으로 알기 힘든 미래에 대한 가중치가 높습니다. 내 자산이 성장주에 많이 편중되어 있다면 조정할 필요가 있습니다. 밸류에이션이 싼 종목으로 조정하면 좋겠죠.

또는 배당을 주는 종목에 투자하고, 그 배당금을 재투자하는 게 중요합니다. 복리처럼 스노우볼을 굴리는 거죠. 배당은 시세차익과 더불어 늘 고려해야 할 양 축입니다. 요즘은 세계적으로 성장주 주가가 너무 좋다 보니 배당의 중요성이 간과됩니다.

Q. 해외주식에 대한 관심이 커지고 있습니다. 약달러 시대에 미국주식에 투자해도 될까요? 미국 기술주 열풍 때문에 미국에 투자한 후 고점에서 물린 투자자들은 지금 빠져나와야 할까요?

A. 어느 나라나 '홈 바이어스(Home bias)'가 있습니다. 전 세계 주식

시장에서 한국주식시장은 2%밖에 차지하지 않습니다. 하지만 어떤 한국 투자자도 한국주식을 2%, 미국주식을 50% 투자하는 경우는 없죠. 자기 나라 주식을 많이 하는 건 당연합니다. 내가 얼마나 잘 알 수 있고 의사결정을 내릴 수 있느냐의 문제이기 때문입니다. 캐나다, 자메이카 사람은 각각 자기 나라 주식을 많이 하겠죠.

그와 별개로 미국은 투자하기 좋은 나라입니다. 미국은 주주환원이 잘되는 자본주의 국가입니다. 장기적으로 보면 투자자들에게 좋은 시장이죠. 하지만 대략 10년을 주기로 국가별 퍼포먼스가 바뀝니다. 지난 10년을 생각하면 미국에서 혁신기업도 많이 나오고 주식성과도 좋았죠. 하지만 그 이전 10년인 2000~2010년은 미국 수익률이 마이너스였습니다. 1980년대는 일본이 핵심이었고, 동북아의 호랑이 4마리가 미국보다 성과가 좋았습니다. 1990년대는 IT 혁신으로 미국시장이 잘 나갔습니다. 이전까지 잘 나가던 일본은 이때 버블이 붕괴하며 재미가 없었습니다. 한국은 IMF 외환위기를 겪었고요. 2000년대에 들어 초기 10년은 중국의 시대였습니다. 한국도 코스피 500에서 2000까지 올라갔죠.

결국 미국은 정보의 신뢰도나 주주환원은 좋습니다. 하지만 지난 10년 동안은 미국이 좋았고, 이는 이미 많이 진행됐습니다. 앞으로는 시장이 다른 쪽으로 바뀔 수 있겠죠. 미국이 아니라면 초보투자자들이 투자할 시장으로는 베트남을 꼽을 수 있을 듯합니다.

Q. 주식투자 철칙이 있을까요? 혹은 2030이 꼭 알아야 하는 주식투자 철칙이 있다면?

A. 알려고 노력해야 합니다. 모르면 장기적으로 깨지는 게임이기 때문입니다. 또한 자신의 앎이 고정된 진리라고 생각하면 안 됩니다. 시간을 이길 수 있는 돈으로 나눠서 사고, 적립식으로 사고, 분산해야 합니다.

투자의 세계에 새로 들어온 사람들은 정말 좋은 선택을 하셨습니다. 하지만 직접 투자한다면 돈을 지킬 수 있는 지식이나 학습이 꼭 필요합니다.

밀레니얼을 위한 ONE POINT LESSON

투자는 시간을 사는 게임이다. 김학균 센터장은 시간에 대해 말한다. 싸게 사서 비싸게 판다는 것에는 시간의 의미가 들어가 있기 때문이다. 또한 장기적인 낙관론도 강조한다. 자본주의가 발전할 것이라고 믿는다면 시간을 이길 수 있는 긴 호흡의 자금으로 투자하라고. 많이 오른 상황에서는 회의주의를 가지고 엄격한 기준으로 주식시장을 보는 것도 중요한 포인트다.

대세가 된 ETF 투자의
주인공은 신재생·ESG

2021년에도 시장이나 지수를 따라가는 상장지수펀드(ETF) 투자가 인기를 끌 것이라는 게 증시 전문가들의 평가다. 특히 ETF를 통해 신재생에너지와 ESG(환경·사회·지배구조) 등 유망 테마에 분산투자하는 전략이 유효하다고 입을 모은다.

국내 증권가의 주요 리서치센터는 2021년 유망 ETF 상품으로 신재생에너지와 ESG 테마군을 추천했다. 국내에서는 삼성자산운용의 'KODEX 200ESG'와 KB자산운용의 'KBSTAR ESG사회책임투자' 등이 거론된다.

해외자산에 투자하는 상품으로는 블랙록의 ICLN, 인베스코의 TAN 등 신재생에너지 관련 상품이 추천받았다. 김후정 유안타증권 연구원은 "코로나19 이후 환경오염에 대한 경각심이 높아지면서 국내외에서 친환경 및 ESG 요소가 적용된 펀드로 투자자금이 몰리고 있다"고 설명했다.

지수를 단순 추종하는 기존 ETF와 달리 펀드매니저가 직접 포트폴리오를 구성하는 액티브 ETF도 2021년에 성장이 기대되는 상품이다. 삼성자산운용은 2020년 12월 24일 '코렉스 K-이노베이션 ETF'를 상장했다. 이 펀드는 국내에 상장된 세 번째 액티브 주식형 ETF다. 앞서 출시된 두 상품이 인공지능(AI)에 종목 선정을 맡긴 것과 달리 삼성액티브운용의 매니저들이 직접 주식을 고른다. 실질적인 의미의 액티브 주식형 ETF로는 국내 최초다.

주식이 늘 '투자의 정답'인 것은 아니다. 투자자는 지금이 리스크가 높은 자산 (주식)에 투자해도 되는 시기인가를 판단할 수 있어야 한다. 글로벌 거시경제의 흐름이 주식시장에 유리하게 돌아가고 있는지를 확인하는 것이 기본이다. 2020년 성장주 열풍은 저금리가 만들었고, 외국인 투자자의 귀환에는 '약달러'라는 전제조건이 필요하다. 거시경제의 흐름이 주식투자에 유리하게 돌아간다면, 이제 어떤 전략이 좋을지를 고민할 때다. 변동성을 줄이기 위해 지수를 통째로 사버리는 ETF 투자, 성장 가능성이 큰 기업을 미리 '찜' 하는 공모주 투자 등 다양한 투자전략에 대해 알아본다.

6장

밀레니얼,
주식투자의
실전 현장에서 배우다

이코노미스트 정용택
"금리와 환율을 알아야 투자가 보인다"

> "한국을 포함한 주요국 정책이 모아지는 교집합은 결국 ESG입니다. 한국 뉴딜 정책의 핵심도 그린뉴딜이고, 바이든도 환경을 강조합니다. 하다못해 중국도 환경 얘기를 꺼내들고 있고요."

리서치센터장은 중요한 자리다. 종목, 경기, 거시, 정치까지 모두 들여다봐야 세상을 볼 수 있었기 때문이다. 그래서 거시경제를 보는 이코노미스트 출신들이 리서치센터장을 하는 경우가 과거에는 많았다. 하지만 최근 들어 상황이 달라졌다. 증권사간 경쟁이 치열해짐에 따라 리서치센터의 미션이 세상을 보는 것에서 영업을 하는 것으로 바뀌어가고 있다.

이런 상황에도 정용택 IBK투자증권 리서치센터장은 이코노미스트로서 그 자리를 지키고 있다. 그는 1995년 한누리살로먼증권에서 이코노미스트로 입문한 이후 줄곧 그 일만 해온 증권업계의 드문 인물이다. 정 센터장으로부터 투자에 필요한 거시경제의 지식이 무엇인지 들어봤다.

Q. 센터장님께서는 증권가에서 손꼽히는 거시경제(매크로) 이코노미스트 이십니다. 증권업계에 투신하면서 이코노미스트로 방향을 정하신 이유 는 무엇인가요? 그동안 어떤 업무를 주로 하셨는지도 궁금합니다.

A. 증권사에 들어와서 주식투자전략을 시작으로 지금까지 계속 거시경제 분석을 해왔습니다. 거시경제 분석을 메인으로 주식 전략, 채권전략, 자산배분 등을 담당했어요.

사실 대학에서는 통계학을 전공했습니다. 학교에 다닐 땐 주로 수리분석만 했죠. 수학을 좋아했습니다. 증권사가 무슨 일을 하 는 곳인지는 잘 몰랐어요. 그래서 저는 신입직원을 채용할 때 학 부 전공을 특별히 눈여겨보지 않는 편이에요. 대학을 졸업하면 서 무엇을 평생의 업으로 삼을 것인지 정하지 못한 경우가 굉장 히 많잖아요. 학부에서 배우는 것과 현업은 전혀 다를 수 있고 요. 실제 현업에서 직접 부딪혀보면서 동기부여가 될 때 일에 대 한 이해도가 가장 빨리 상승한다고 봅니다.

대학을 마치고 1992년 1월 신한증권(현 신한금융투자)에 전산직 으로 입사했습니다. 당시 증권사들은 통계학과 출신을 전산직으 로 뽑았거든요. 신입사원 연수를 가서야 증권업에 대해 처음 배웠 어요.

거기서 신한증권 시황전략 담당 애널리스트셨던 정희석 부장의 강의를 들었는데 그때 '내가 가야 할 길이 바로 이거다'라고 느낌이 팍 다가왔어요. 경제분석을 통해 투자전략의 큰 줄기를 잡아간다는 점에 끌렸던 거죠. 리서치를 평생의 업으로 삼아야겠다고 느꼈습니다.

신입연수를 마친 뒤 부서배치를 앞두고 인사부장과 면담할 기회가 있었어요. 그때 투자분석부로 가고 싶다고 강하게 어필했죠. 만약 옮겨주지 않으면 퇴사하겠다며 배수진까지 쳤어요. 그랬더니 전산직에서 리서치로 전직을 허락받을 수 있었습니다.

투자분석부에 와서도 또 한 명의 좋은 선생님을 만났어요. 당시에 제 사수는 한국개발연구원(KDI) 출신인 김도수 과장(현 수협중앙회 CIO)이셨는데요, 그분에게서 일을 배우면서 실전적인 경제강의는 물론 관련 지식을 많이 들었어요.

일반적인 투자분석부 신입들은 첫해엔 시황부터 합니다. 이후 갈 길을 정하는데, 저는 처음부터 투자전략을 맡아 매크로 분석을 했어요. 그때부터 이코노미스트의 길을 걷게 된 거죠. 중간에 여러 차례 회사를 옮겨다녔지만 매크로 분석을 한 번도 벗어난 적이 없었어요.

Q. 주식투자를 잘 하기 위해서는 국내외 거시경제 흐름에 대한 이해가 중요하다고 하는데요, 거시경제를 잘 알아야 하는 이유는 무엇인가요?

A. 경제가 흘러가는 흐름을 이해한다는 점에서 중요하다고 봅니다. 대부분의 주식투자자는 종목에 매몰돼 매크로 분석을 소홀

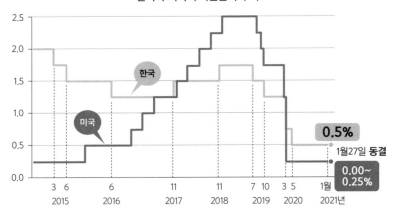

: : 한국과 미국의 기준금리 추이 : :

자료: 한국은행, 미국연방준비제도(Fed)

히 하는 경향이 있어요. 지금이 위험을 감수해도 되는 시기(Risk On)인지 아닌지(Risk Off) 판단하려면 매크로를 잘 알아야 하는데도 말이죠. 현재 상황이 어떤지 분별을 잘 할 수 있다면 종목선택에서 성공할 확률도 그만큼 높아집니다. 나의 투자 스탠스를 시장에 맞추는 확률을 높여주는 게 매크로분석이라고 보면 됩니다.

매크로변수 중에서 제가 가장 중요하게 생각하는 건 금리입니다. 금리분석을 하면 현 경제상황에서 할인율을 가늠해볼 수 있어요. 금리를 할인율로 삼아 기업의 모멘텀을 나타내주는 게 밸류에이션이에요. 그럼 내가 어떤 기업에 대한 밸류에이션을 얼마로 줄지, 목표 수익률은 얼마로 잡을지 등을 정할 수 있죠.

경제성장률과 인플레이션율에 대한 기댓값도 금리수준에서 출

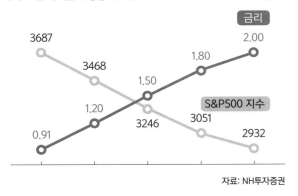

: : 미국 10년 국채금리 상승에 따른 S&P500 지수의 이론적인 적정가격 : :

금리

3687
3468
1.50
1.80
2.00

0.91
1.20
3246
S&P500 지수
3051
2932

자료: NH투자증권

발합니다. 그래서 저는 한국은행의 통화정책에 대한 분석을 특히 열심히 합니다. 중앙은행을 세밀하게 모니터링해야 매크로 분석이 가능하거든요. 증권사에 몸담고 있는 사람 중 채권 쪽을 제외하고 저처럼 한은을 깊게 분석하는 사람은 드문 편이에요. 금리 다음으로 중요한 매크로 변수는 역시 환율입니다. 그 다음으로는 금리를 결정하는 성장률과 인플레이션율이 있고, 다음으로는 성장률을 결정하는 소비와 생산, 투자가 있고, 다음으로는 소비를 결정하는 변수인 임금과 이전소득, 소비심리가 있죠. 투자를 결정하는 기업체감경기와 현금흐름도 마찬가지입니다. 국내외 비중은 매크로의 경우 국내를 30%, 해외를 70% 정도로 잡습니다. 한국은 소규모 개방경제이기 때문에 대외변수의 영향력이 훨씬 커요. 해외에서는 미국 중앙은행(Fed)이 압도적으로 중요합니다. 글로벌 통화정책에서 미국의 비중은 80% 이상입니다. 물론 성장 등 펀더멘털 지표로 가면 중국도 잘 살펴야 합니다. 이외에 눈여겨봐야 할 건 미국이나 중국 등 주요국의 제조업 구매관리자지수(PMI) 등 기업체감경기 관련 지표들입니다. 이런 지표들은 한국의 수출실적에 절대적 영향을 주기 때문이에요. 업종별, 지역별로도 나오기 때문에 우리 산업의 등락에 많은 영향을 주죠. 이외에 Fed에서 추적하는 고용과 인플레이션 관련 지표들도 중요합니다.

Q. 매크로 분석의 중요성을 깨달은 대표적인 사례가 있다면 소개 부탁드립니다.

A. 1996년에 신한증권에서 한누리살로몬증권(현 KB증권)으로 회사를 옮겼습니다. 여기서 지금까지 분석해온 시야가 '우물 안 개구리'였다는 걸 깨달았어요. 당시 한누리살로몬은 글로벌 금융회사와 합작사였는데요, 분위기가 이전 회사와 완전히 달랐습니다. 그 시절엔 인터넷도 거의 없었는데, 회사를 가보니 글로벌IB들이 생산한 리포트들이 다 들어오고 있었어요. 컨퍼런스나 인트라넷망을 통한 해외 투자자와 커뮤니케이션도 굉장히 활발했습니다.

그해는 1993~1994년 저점을 찍었던 국내경기가 상승하는 국면이었어요. 코스피지수가 머잖아 2000포인트를 돌파할 것이란 전망이 나올 정도로 낙관적 분위기가 팽배했죠. 그만큼 성장에 대한 기대도 높았어요. 물론 한보그룹 등 무너지는 기업들도 하나

둘 나왔지만 그저 부실기업 중 하나에 불과한 것으로 치부됐죠. 그러다 살로몬의 글로벌 네트워크를 통해 홍콩에 가서 현지 고객들과 만날 기회를 얻게 됐어요. 그들은 국내에서와 전혀 다른 관점의 질문을 하더군요. 당시 홍콩에선 한국과의 무역금융에 관련된 결재들이 많이 이뤄지고 있었는데요, 고객들은 관련 통계를 제시하면서 "한국인들은 경제상황을 왜 그렇게 낙관적으로 보느냐"고 물었어요. 그때 뭔가 분위기가 심상치 않다는 걸 처음 느꼈어요.

사실 국내에서는 1997년 6월까지도 낙관적 전망을 내놓는 증권사 리포트가 적지 않았어요. 하지만 홍콩이나 싱가포르에선 한국이 곧 국가부도를 맞을 수 있다는 분위기가 팽배했죠. '왜 이런 차이가 생겼을까?'

지금 와서 복기해보면 1997년 국제통화기금(IMF) 외환위기는 1992년 영국 파운드화 폭락에서 시작됐어요. 조지 소로스의 공격으로 영국과 스웨덴이 모라토리엄(지급유예)을 선언했죠. 그러자 1993년부터 미국달러가 강세로 돌아서면서 1996년경에는 남미경제에 위기가 찾아왔습니다. 그렇게 유럽과 남미 등이 차례로 무너졌고, 드디어 한국까지 다가온 것이죠. 글로벌 하우스들은 이처럼 1993년 강달러 전환 이후 매크로를 이런 흐름에 맞춰서 분석을 해왔던 겁니다.

반면 한국에서는 그런 분석의 틀이 제대로 갖춰지지 않았어요. 우리는 관행적으로 정부가 제시하는 수출입통계 등 몇 가지 지표에만 의지했죠. 만약 그때 한국이 지금 수준의 글로벌 매크로 분석역량을 갖췄다면 외환위기를 겪지 않았을 걸로 봅니다.

Q. 코로나19 사태를 계기로 주식시장에 뛰어든 밀레니얼 세대가 많아졌습니다. 어떻게 생각하시는지요?

A. 굉장히 긍정적인 현상으로 생각합니다. 그동안 한국의 교육은 경제와 투자에 대한 개념을 가르치는 일을 소홀히 했습니다. 이는 대학에서도 마찬가지예요. 그러다 보니 투자와 투기를 혼동하는 일이 벌어졌죠.

물론 과거엔 금리수준 자체가 높다 보니 열심히 아껴 저축하면 재산을 모아 얼마든지 노후를 대비할 수 있었습니다. 지금은 금리가 0%로 수렴하는 상황에서 과거처럼 단순히 돈을 아끼는 것만으로는 노후 보장이 안 돼요. 투자가 그만큼 중요해지는 것이죠. 이런 상황에서 젊은 세대가 부동산뿐 아니라 국내외 주식 등 투자상품에 관심을 갖고 진입하는 건 좋다고 봅니다.

Q. 밀레니얼 중 상당수는 유튜브 등 각종 투자정보로 무장한 '스마트개미'입니다. 하지만 테마주나 원유·레버리지 등 투기적 상품에 쏠리는 행태도 나타나고 있는데요, 어떻게 생각하는지요?

A. 저는 이런 것도 나쁘지 않다고 생각해요. 무엇보다 긍정적인 것은 본인들이 적극적으로 정보를 찾는다는 것입니다. 마침 정보를 찾아볼 수 있는 도구도 많고요. 지금 세대는 그런 일에 매우

익숙하죠. 본인들의 강점을 최대한 살리고 있다고 봅니다.

밀레니얼은 앞으로 경제활동을 할 시간도 많습니다. 레버리지를 일으키더라도 빚을 상환할 수 있는 시간이 길다는 것이죠. 그만큼 젊었을 때 위험을 충분히 감내할 수 있습니다. 반면 중장년층에겐 그들처럼 위험을 감내하라고 할 수 없는 것이고요. 앞으로 경제활동을 할 시간이 짧기 때문에 안전자산이나 현금흐름이 확실한 쪽으로 투자를 해야겠죠.

다만 정도(程度)와 정도(正度)의 문제는 여전히 남습니다. 이건 앞으로 무엇을 하든지 중요해요. 본인이 지금은 젊더라도 현재의 재무상태나 현금흐름을 계속 가지고 갈 수 있느냐, 만약 그렇지 않다면 그건 투자가 아닌 투기예요. 본인을 객관화시키는 작업이 반드시 필요합니다. 무분별하게 수많은 정보를 흡수하기보다는 얼마나 그런 작업들을 꼼꼼히 해왔는지가 투자의 성패를 결정할 겁니다.

Q. 현재 밀레니얼이나 국내 투자자들의 행태 중 우려되는 부분도 있나요?

A. 다소 조급한 것 아닌가 하는 느낌도 있습니다. 차분한 분석보단 자극적인 정보에 더 민감하게 반응하는 것 같고요. 기술적 분석에 지나치게 치우쳐 있는 느낌도 받습니다. 이는 유튜브의 속성 때문이에요. 무엇보다 재미있어야 하고, 자극적이어야 하고, 눈에 쉽게 띄어야 하죠. 이런 점들이 지속되면 투자행태가 굉장히 단기화하고 쏠림이 심화될 수 있어요.

물론 시간이 지날수록 정보전달이 소프트해져야 하는 건 맞습니다. 현재 증권사 리서치센터는 기관투자가 위주로 세팅이 되어 있어요. 정보전달도 규칙을 준수해야 하다 보니 일반인이 보기엔 좀 딱딱한 편이죠.

투자판단에 도움을 얻으려고 유튜브를 보시겠다면 '컴플라이언스 노티스'가 붙은 콘텐츠를 보시라고 권하고 싶어요. 컴플라이언스 노티스는 외부압력이나 제3자에 정보 사전제공, 관련 지분보유 등이 없다는 걸 알리는 면책조항입니다. 만약 투자정보에 이런 조항이 없다면 그건 앞으로 어떠한 법률적 책임도 지지 않겠다는 말과 똑같아요. 그래서 증권사 리서치센터가 제작하는 유튜브 콘텐츠는 실제 검증이 가능한 정보들로만 구성됩니다.

Q. 밀레니얼의 등장을 맞아 리서치센터 차원에서 어떻게 대응하고 계십니까?

A. 우선 전달방법을 어떻게든 좀 더 소프트하게 만들려고 노력하고 있어요. 하우스에서 발표하는 리포트들은 기본적으로 다 동영상으로도 올립니다. 애널리스트가 직접 자기가 낸 리포트를 10분 분량으로 요약한 발표자료와 목소리를 담아 설명하는 거죠. 모바일 환경에서도 리포트를 쉽게 살펴볼 수 있도록 정리하는 작업도 합니다.

리서치 분석도 획일적인 기업분석에서 벗어나 점차 넓히고 다양화하려고 해요. 지금은 투자의 범위가 확대되는 시기예요. 패시브자산도 엄청나게 다양해지고 환경·사회·지배구조(ESG) 등 투자테마도 확산하는 단계죠.

다만 저는 직원들에게 항상 "고객에 대한 밀착도를 높이되 반드시 본질은 지키자"고 부탁합니다. 가능하면 투자이론에 근거한 검증 가능한 정보를 제시하자는 거죠. 우리 리서치에 가장 중요한 건 공신력이라고 보기 때문입니다.

Q. 2021년 글로벌 경제를 좌우할 화두와 경제전망을 부탁드립니다.

A. 2021년도 코로나19와 각국 정부의 정책대응이 두 축을 이룰 것입니다. 백신의 보급 및 코로나 확산 속도가 경제정상화의 속도를 결정할 거고요.

기저효과가 크고 정책기조는 강하게 유지되는 만큼 경제지표는 2020년보다 확실히 개선될 것으로 봅니다. 다만 오히려 투자환경은 2020년보다 불안정해질 가능성이 있어요. 2021년 개선될 부분들이 이미 2020년 가격에 상당부분 반영됐기 때문이에요. 신흥시장 위험이나 신용 위험 등이 더욱 표면화될 가능성도 배제할 수 없고요.

성장률이 높아지는 것과 투자환경이 좋아지는 건 별개의 문제입니다. 2021년 글로벌 성장률이 큰 폭으로 높아지겠지만 이를 지나치게 낙관하기보단 불안요인들을 조금 더 점검해보는 게 필요해요.

그런 점에서 2021년 상반기는 심리적으로 당황스러울 수 있어요. 백신이 보급되기 시작했는데 코로나19 국면의 개선이 여전히 더디면 중간에 또다시 락다운이 찾아올 겁니다. 백신 보급률이 국가별로 차이가 나면서 신흥국 위기는 이런 박탈감을 통해 심화될 수도 있고요. Fed의 통화정책이 2020년 만큼 강력하지 않고 정상화 얘기까지 나오면 틀어막았던 한계기업들의 부도가 표면화될 수도 있습니다.

Q. 한국경제의 화두와 전망도 부탁드립니다.

A. 한국경제도 마찬가지에요. 역시 코로나19와 정책이죠. 백신보급과 함께 뉴딜 등 정부정책이 얼마나 원활하게 속도감 있게 추진되느냐가 관건입니다.

수출 의존도가 매우 높은 만큼 새로 출범한 미국 바이든 행정부의 정책기조 및 중국과의 관계, 미중 간 틈바구니에서 우리는 어떻게 대응하는지도 중요하고요.

2021년 상반기엔 한국이나 미국이나 금리인상 압력을 받을 겁니다. 일단 기저효과 때문에 경제지표들이 개선되는 점이 크게 작용하고요. 물가상승률도 예년보다 높게 나올 가능성이 있습니다. 각국의 강력한 재정정책 여파로 채권 발행물량도 매우 많아요. 그래서 채권시장 수급이 악화하면서 금리상승 압력이 그만큼 높아질 것이고요. 물론 이런 흐름이 2022년까지 장기화되진 않을 것입니다. 기저효과가 끝나면 금리는 이전 수준을 되찾을 가능성이 높아요. 코로나19 이전에도 이미 글로벌 경제는 저성장 국면이었으니까요.

Q. 현재의 경제흐름에서 어떠한 투자 아이디어나 방향성을 읽어낼 수 있을까요?

A. 한국을 포함한 주요국 정책이 모아지는 교집합은 결국 ESG입니다. 한국 뉴딜정책의 핵심도 그린뉴딜이고요.

바이든도 환경을 강조합니다. 하다못해 중국도 환경 얘기를 꺼내들고 있고요. 주요국 정책이 집약된 ESG가 장기적 투자테마를 형성할 것으로 봅니다. 개별종목 이외에 채권이나 펀드, 지수에 대한 투자에서도 ESG가 중요한 선택기준이 되고 있어요.

경기사이클로만 보면 성장률이 단기 급등하는 만큼 시클리컬 종목들이 좋아 보입니다. 하지만 저금리가 고착화되면서 일드가 낮아짐에 따라 역시 장기성과는 성장주가 뛰어날 것이고요. 그래서 단기적으로는 시클리컬이 각광을 받겠지만 장기적으로는 ESG나 성장주가 유망합니다. ESG와 성장주를 모두 다 포괄하는 2차전지주도 괜찮고요.

Q. 주식에 처음 입문하는 새내기 투자자에게 권하고 싶은 거시경제 관련 서적이나 정보가 있으신가요.

A. 벤저민 그레이엄의 『증권분석』 또는 『현명한 투자자』를 우선 권합니다. 요즘 밀레니얼이 유튜브를 통해 지나치게 자극적이고 쏠림이 심한 정보를 얻고 있는데요, 이럴 때일수록 기본적 분석에 충실한 투자이론서가 필요합니다. 장부를 어떻게 봐야 하는

지부터 꼼꼼히 살펴보는 게 좋습니다. 조금 더 전문적으로 들여다보려면 중급회계 등 회계를 알아야 합니다.

매크로분석에 대한 기본을 잡는 덴 한국은행에서 발간하는 경제지표 해설이 큰 도움이 됩니다. 물론 대학에서 경제학을 배우지만 그런 이론을 투자분석에 그대로 갖고 오긴 무리예요. 한은은 200명이 넘는 이코노미스트가 일하는 국내 최고의 경제연구소예요. 거기서 발간하는 책들은 우리가 접할 수 있는 모든 경제지표에 대한 해설이 다 들어가 있어요.

특히 한은이 VOD로 올리는 '금요강좌'를 추천합니다. 예전엔 미리 신청서를 내고 한은에 직접 가야 들을 수 있었는데요, 이제는 VOD로 인터넷에 다 띄워놓기 때문에 누구든지 쉽게 접할 수 있습니다. 한은에서 최신 보고서를 낸 실무 전문가가 직접 출연해 이론과 정책, 현상에 대한 깊이 있는 이야기를 실감나게 전달해줍니다.

밀레니얼을 위한 ONE POINT LESSON

주식투자에서 기본적인 것 중 하나가 지금 위험을 감수해야 하는 시기인지 아니면 위험을 피해야 하는 시기인지를 판단하는 것이다. 정용택 센터장은 그래서 거시경제를 공부해야 한다고 말한다. 구체적인 방법도 제시한다. 한국은행의 통화정책을 분석해 금리변화를 이해하고, 환율·인플레이션·임금 등도 공부해야 한다는 얘기다. 한국은행이란 정보의 보고를 활용하라는 게 정 센터장의 구체적 지침이다.

'**ETF 전문가**' **김남기**
"**단순한 투자전략이어야 승리한다**"

" "장기적으로 올라간다는 본인의 믿음이 있어야 합니다. 2030세대는 장기투자로
투자열매를 얻을 수 있는 가능성이 크죠. 성장한다는 확신을 주는 자산에 투자
하는 게 맞습니다." **"**

상장지수펀드(ETF)는 1993년 미국에서 처음 등장했다. 당시 생소했
던 ETF에 워런 버핏, 짐 로저스 등 투자 대가들이 큰 관심을 보였다.
적은 비용으로 장기투자가 가능하다는 장점 때문이다.

ETF로 본격적으로 자금이동이 시작된 건 2008년 글로벌 금융위
기 이후다. 서브프라임 사태를 겪었던 투자자들이 ETF로 갈아타기 시
작했다. 펀드매니저가 운용하는 액티브펀드가 높은 운용보수를 받으
면서 시장지수에도 미치지 못하는 성과를 냈기 때문이다.

2020년에 코로나19 위기를 겪으면서 ETF의 인기는 가히 폭발적으
로 올라갔다. 글로벌 ETF 운용자산(AUM)은 2020년 9월 말 기준 6조

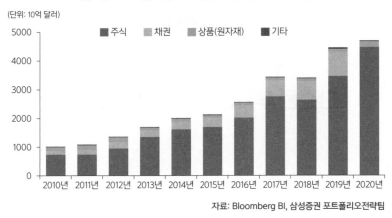

::글로벌 ETF 시장의 규모 추이(2010년 1월 ~2020년 7월)::

(단위: 10억 달러)

자료: Bloomberg BI, 삼성증권 포트폴리오전략팀

8,900억 달러(약 7,600조 원)에 이른다. 2020년에 8%가 늘었고, 5년 전과 비교하면 130% 폭증했다. 한국도 마찬가지다. 국내상장 ETF의 설정액은 약 44조 원이다. 2020년 12% 불어났다. 해외주식형 ETF는 36% 늘었다.

주가지수가 사상 최고 수준에서 ETF를 찾는 투자자는 계속 늘고 있다. 시장이나 테마를 사는 전략을 구사하는 이들이 많아졌기 때문이다.

ETF에 대한 얘기를 듣기 위해 김남기 미래에셋자산운용 ETF본부장을 만났다. 그는 10여 년 전인 실무자 시절부터 ETF 시장의 개척을 위해 노력했다. 기자들도 ETF 강의를 듣기 위해 김 본부장을 찾을 정도다.

Q. 현재 맡고 있는 담당 업무를 소개해주세요.

A. 일반 펀드는 운용만 하면 되는데 ETF는 운용도 하고 상품도 개발하고 시장에서 매매가 잘 되도록 해야 합니다. 액티브 펀드매니저들이 주식을 무엇을 살지 고민하는 사람이라면 ETF매니저는 그런 것(종목 고민)도 하지만, 사람들이 무엇을 원하는지, 어떤 테마를 원하는지 고민해서 상품을 만드는 것은 물론 거래가 되어야 하니까 어떻게 하면 원활하게 거래가 될 수 있을지를 고민하는 사람들입니다. 시장의 호가관리도 같이 하고요. 그러려면 기관투자자, 특히 외국인투자자를 많이 만나야 합니다. 해외마케팅 활동까지 직접 하고 있습니다. 전체 업무를 100이라고 치면 그중에서 운용이 20~30%를, 나머지가 아까 말한 마케팅 등과 같은 중요한 활동들로 구성됩니다.

Q. 종목 투자, 액티브 공모펀드 등 다른 투자상품에 비해 ETF가 갖고 있는 장점은 무엇인가요?

A. 몇 년 전까지만 해도 ETF라는 투자상품에 대해 잘 모르는 분들이 많아 투자자들에게 설명을 많이 했는데 지금은 워낙 잘들 아십니다. ETF는 펀드의 장점과 주식의 장점을 모아서 만든 상품입니다. 펀드의 분산투자, 주식의 실시간 매매 편리성을 합친 것입니다.

펀드의 경우, 예를 들어 지금 중국시장이 좋아 보인다고 해서 펀드에 가입했는데 펀드매니저가 언제 주식을 샀는지, 뭘 샀는지

깜깜이죠. ETF의 경우에는 투자자가 장중에도 낮에 살 수도 있고, 오후에 살 수도 있고, 낮에 샀다가 오후에 팔 수도 있다는 장점이 있습니다. 추가적으로는 보수가 저렴하니까 장기투자에 유리합니다.

일반펀드는 은행에서 팔아야 하니까 판매사들에게 높은 비용을 주고 '우리 것 좀 팔아줘'라는 거래구조가 있을 수밖에 없는데, ETF는 시장에서 투자자들이 직접 사는 것이니까 중간에 판매마진이 없어지는 겁니다. 그래서 보수가 낮아질 수밖에 없습니다.

Q. 투자자들이 ETF에 대해 갖고 있는 오해가 있다면 어떤 것일까요?

A. ETF에 대한 가장 큰 오해는 분배금 문제인데요, 굉장히 중요한 문제입니다. 투자자 게시판을 보면 잘 모르는 투자자들이 주식 배당금과 ETF분배금을 헷갈려서 "왜 ETF분배금을 많이 안 주냐"고 합니다. 하지만 주식의 배당과 ETF의 분배금은 완전히 다릅니다. 주식의 배당은 기업들이 영업을 잘해서 얻는 현금에서 주는 것인데 보통 높은 배당을 주면 좋다고 하죠. 경우에 따라서는 너무 높은 배당을 주면 '얘네는 있는 돈으로 할 게 없구나'라는 생각을 할 수 있어서 배당으로 인해서 주가가 오르거나 내리기도 합니다.

ETF분배금은 배당과는 완전히 다른 개념입니다. 펀드에서 배당을 받거나 이자를 받아서 갖고 있는 현금에서 떼어주는 것이죠.

분배금을 주는 만큼 그대로 순자산에서 차감이 됩니다. 기계적으로요. 이해하기 쉽게 예를 들어보겠습니다. 어떤 주식의 주가가 1만 원인데 500원을 줬다고(=배당) 하면 그 주식이 떨어질 수도 있고, 오를 수도 있고, 그대로 1만 원이 될 수도 있죠. 하지만 ETF가 순자산이 1만 원인데 분배금을 500원 줬다고 하면 순자산이 9,500원으로 감소해요. 어차피 (분배금도) 내 돈인데, 1만 원에서 떼어서 현금 500원을 받느냐, 아니면 1만 원으로 계속 갖고 있느냐, 이 차이인 것입니다.

문제는, ETF분배금을 줄 때 세금을 원천징수한다는 것입니다. 분배금이 그대로 내 계좌에 입금되면 좋겠지만 분배금 지급 시에는 배당소득세 15.4%가 원천징수된 후에 지급됩니다. 따라서 오래 투자했을 때 분배금으로 인해 내 투자원금이 계속 줄어드는 효과가 있습니다. 분배금을 안 받고 가만히 있었으면 1만 원에서 20% 상승했을 때 1만 2,000원이 됐을 텐데, 분배금을 받으면 순자산이 감소하니까 똑같이(20%) 상승하더라도 분배금을 안 받았을 경우보다 순자산이 줄어듭니다.

그래서 장기투자 상품의 경우에는 되도록이면 ETF분배금이 적은 것이 투자자에게 유리합니다. 2018년에 국내주식형 ETF에서 TR ETF(총수익지수 ETF)가 굉장히 인기였는데, 그 이유가 분배금을 주지 않았다는 데 있습니다. 중간에 현금이 필요하다면 그냥 ETF를 매도하면 됩니다.

또 한 가지 오해는 ETF 가격입니다. 만약 6만 원짜리와 1만 원짜리 ETF가 있다고 하면, 어느 곳에 투자하고 싶으신가요? 으레 1만 원짜리 선택하는 사람들이 많을 겁니다. 그 이유는 간단합니다. 싸니까요. 하지만 사실은 6만 원짜리가 훨씬 더 좋은 ETF입니다.

ETF는 가격에 상관없이 한 호가 단위가 무조건 5원입니다. 그래서 낮은 가격일수록 유동성이 좋아 보이는 착시효과가 발생하지만 사실은 그렇지 않습니다. 똑같이 5원이 움직였을 때 가격 변화율을 살펴보면 1만 원의 5원은 0.05%인 데 비해 6만 원의 5원은 약 0.01%입니다. 5배 차이가 나죠. 즉 ETF의 유동성공급자 입장에서 훨씬 더 촘촘한 가격제시가 가능하다는 것을 의미합니다.

거래량이 동일하다면 가격이 높은 게 훨씬 더 좋습니다. 그래서 QQQ라든지 S&P500을 추종하는 미국상장 ETF를 보면 하나당 200달러, 300달러 정도 해요. 가격을 낮출 수 있는 데 낮추지 않습니다. 더 촘촘하게 매매하기 위함입니다. 한국거래소에서 가격당 호가단위를 다르게 산정했으면 모르겠는데 똑같이 5원 단위로 했으니까 이렇게 가격에 따른 차이가 있습니다.

Q. ETF 투자 초보자들이 ETF 투자 시 유의할 점, 고려해야 할 점(총보수, 괴리율, 거래량 등) 등 따로 공부해야 하는 부분이 있는지요?

A. 앞에서 말씀드린 ETF의 장점을 살펴보면, ETF는 근시안적인 시장 방향성에 베팅하기보다는 장기적인 안목을 바탕으로 투자하

기에 최적화된 금융상품입니다. 이러한 ETF의 장점을 파악하고 ETF를 장기적 호흡으로 투자하는 것이 가장 효과적인 방법이라고 생각합니다. 투자할 ETF를 선택하기 위해 고려해야 할 핵심요소로는 수수료가 있습니다. 장기투자

> **☑ AUM**
> 총 운용자산(Asset Under Management). 운용사 등이 운용 중인 모든 펀드의 자산을 합산한 금액
>
> **☑ NAV**
> 순자산가치(Net Asset Value). 기업, 펀드 등이 보유한 각종 자산들의 가치에서 각종 비용을 뺀 순자산총액. 상장지수펀드(ETF)에서 NAV는 운용보수 등을 차감하고 1주가 보유한 본질적인 가격(가치)을 뜻함. ETF의 NAV는 1일 1회, 매일 저녁에 산출됨

를 한다고 가정했을 때, 수수료는 투자자들이 나중에 수취할 수익에 큰 영향을 줄 수도 있습니다. 만약 동일한 기초지수의 ETF가 상장되어 있다면 최우선적으로는 낮은 수수료의 ETF를 선택하는 것이 현명합니다.

총보수 이외에도 중요하게 여겨야 할 사항으로는 AUM과 거래량이 있습니다. 개별 주식이 상장폐지되는 것처럼 ETF도 일정한 기준을 충족하지 못할 경우 상장폐지 위험에 처할 수 있습니다. 50억 원 미만이면 상폐되는데요, 10년 투자하려고 들어갔는데 AUM이 작아서 상장폐지가 될 수 있는 것이죠.

상폐된다고 해서 투자자에게 개인적으로 휴대폰으로 연락이 가거나 그런 건 아니고 시장공시로만 나갑니다. 투자자들이 상폐 소식을 놓치면 투자금은 그냥 현금화돼 내 계좌로 현금이 꽂혀 있겠죠. 신경 안 쓰고 있다가 나중에 확인했는데, 벌써 상폐되어 있는 경우가 발생할 수 있는 것입니다.

순자산이 큰, 덩치가 큰 ETF에 투자하는 게 안전합니다. 덩치가 크다는 것은 순자산이 1,000억 원 이상이면 충분히 크다고 볼 수 있습니다.

거래량도 중요합니다. 거래량이 풍부한 ETF에 투자하는 게 매매 시 손해를 덜 보거든요. 거래량이 낮은 상품에 투자하게 되면 (호가가 촘촘하지 않아서) 현재 ETF의 가치를 보여주는 NAV 대비 높은 가격에 체결될 가능성이 있습니다. 원래 가격이 1만 원인데 1만 100원에 샀다가 팔 때에는 9,900원에 파는 걸 반복하다 보면 보수를 아꼈는데 사고팔 때 다 까먹을 수 있습니다. 수수료, AUM, 거래량을 중점적으로 확인하세요.

Q. 주변에서 확인한 ETF 투자 실패사례와 성공사례를 소개해주세요.

A. 2020년의 ETF 투자 실패사례는 명확합니다. 2020년 3월 시장이 엄청 빠진 뒤 그때 반등기에 투자자들이 'dead cat bounce(고양이가 죽기 전에 한 번 발작하고 죽는 것처럼 주식시장 역시 급락 이전에 한 번 잠깐의 반등이 있는 현상)'라고 생각하고 곱버스에 엄청 투자를 했습니다. 그런데 종합지수는 다시 안 떨어지고 쭉 올랐죠. 단기적으로 시장의 방향에 투자했던 사람들이 큰 손실을 본 케이스입니다.

반면 ETF 투자로 성공한 케이스는 변화된 라이프스타일 테마에 투자한 사람들입니다. '이젠 애프터 코로나 시대다, 생활방식을 비롯해 모든 게 달라질 거다, 코로나19 치료제가 나오더라도 쉽게 안 바뀔 생활양식이다'라는 판단 하에 2차전지, 바이오, 인터넷 등의 ETF에 투자한 사람들은 성공했죠. 장기적인 안목을 갖고 투자했으니까요. 굳이 2020년 3월에 투자하지 않았더라도 2020년 5, 6, 7월에 투자했더라도 성공했습니다. 단기적으로 들어갔던 분들은 아직까지 '비자발적 장기투자'를 하고 계신 것과 대조적이죠.

Q. 레버리지·인버스가 지수방향성을 맞추더라도 변동성에 따라 손해를 볼 수도 있다고 들었습니다.

A. 맞습니다. volatile decay라고 유동성으로 인해 펀드가 썩어간 다는 의미입니다. 시장이 오르락 내리락을 반복하며 횡보할 경우 인버스 상품이나 레버리지 상품은 점점 가격이 떨어집니다. 특히 레버리지·인버스는 ETF 중에서는 특이하게 보수가 굉장히 비쌉니다. 레버리지·인버스 운용을 위해 매일매일 펀드에서 매매를 해야 하기 때문에 비용 때문에라도 가격이 점점 떨어지는 것이죠. 대량매매에 대한 비용도 있어서 레버리지·인버스는 장기투자를 하면 안 됩니다. 아이러니하게 레버리지·인버스에 들어간 분들은 굉장히 많은 경우가 비자발적인 장기투자를 하게 되더라고요.

Q. 요즘은 좀 덜하지만, 2020년만 해도 레버리지·인버스 ETF에 개미들이 몰렸습니다. 젊은층의 성향 상 높은 변동성을 선호하는 경향이 있어서 각종 커뮤니티에서 해당 상품들이 많은 관심을 받았습니다. 레버리지·인버스 ETF에 투자 초보자들이 들어가도 되는지요? 진입 시 염두에 두어야 할 점은 무엇인가요?

A. 물론 초보자들이라고 해서 성공하지 말라는 법은 없거든요. 위험한 대신, 성공했을 경우엔 짜릿하죠. 대신 시간과 싸워야 합니다. 내가 예상한 지수방향과 다르게 가서 엄청난 손실을 보고 손절매도 못하는 상황을 맞닥뜨릴 수 있어요. 시장에 투자한다고 하면, 하락기가 있더라도 장기투자하면 어쨌든 고점을 회복하고 버틸 수가 있는데 레버리지·인버스는 버티지 못할 가능성이 있습니다. 특히 곱버스요. 그래서 열심히, 매일매일 시장을 보면서 고민하고 쳐다볼 수 있는 사람들은 레버리지·인버스 ETF에 투자해도 좋지만 그게 아니라 다른 사람의 말 듣고 일시적으로 투자하는 사람들은 실패할 가능성이 높습니다. 조심하는 게 좋을 것 같습니다.

또한 개인투자자들은 레버리지·인버스 상품에 대한 올바른 이해가 필요합니다. 레버리지·인버스 상품은 기초자산의 일간수익률의 특정 배수(2배, -1배, -2배 등)를 추종하는 상품입니다. 다시 말해서 하루를 초과하는 투자기간에 대한 누적 수익률은 장기적으로 기초지수 성과의 특정배수(2배, -1배, -2배 등)와 크게 다를 수 있다는 것입니다. 특히 투자기간이 길면 길수록, 그리고 추세가 없거나 횡보할수록 레버리지·인버스 ETF 수익률이 기초지수 수익률의 특정배수에 미치지 못할 가능성은 점점 높아져요. 그래서 기본적으로 레버리지·인버스 ETF 투자는 시장 방향성에 대한 투자이면서 단기적 관점에서 접근해야 하는 상품입니다.

물론 시장의 대세 상승기에 레버리지 ETF에 투자했다면 기초자산 수익률을 초과하는 높은 수익을 거둘 수 있습니다. 하지만 어디까지나 미래 방향성을 맞췄을 때의 얘기입니다. 시장 방향성을 맞추는 것은 사실 매우 어려운 일이고, 특히 초보투자자들에게는 더더욱 그렇습니다.

Q. 20300이 나머지 세대보다 유리한 점은 '시간'이라고 생각합니다. 30년간 함께할 ETF, 퇴직연금으로 굴릴 장기투자할만한 유망 ETF로는 무엇이 있는지요?

A. 이 질문을 받고 2030대 팀원들한테 물어보니 "존버가 승리한다"는 말이 유행이었다고 하더라고요. 2020년에는 주가가 빠졌을 때 처음에는 물타기를 하면서 마음 고생했지만 결국엔 버틴 사람이 승리했잖아요. 여전히 '존버는 승리한다'는 말이 들어맞고 있는 것 같습니다.

이번에는 맞긴 맞았는데 상황에 따라서는 그 회복시간이 굉장히 오래 걸릴 수도 있습니다. 1936년 대공황, 2000년 닷컴버블 때 결국 고점을 회복했지만 그 회복기간이 각각 12년, 13년으로 엄청나게 길었습니다. 혹시라도 이런 폭락장이 다시 올 때 버틸 수 있는 건 뭘까요? 자신의 믿음입니다. 장기적으로 올라간다는 본인의 믿음이 있어야 합니다. 특히나 2030세대는 투자기간이 기니까 장기투자로 투자열매를 얻을 수 있는 가능성이 크죠. 결국 성장한다는 확신을 주는 자산에 투자하는 게 맞는 것 같습니다.

그런 의미에서 나스닥 ETF를 추천합니다. 학문적으로 접근해보자면, 2018년 노벨경제학상을 받은 뉴욕대학교의 폴 로머(Paul Romer) 교수의 '내생적 성장 이론'을 통해 기술과 지식이 성장의 핵심이라는 사실이 입증됐습니다. 과거에는 많은 투자자들이 성장률이 높은 이머징 국가의 주식에 투자하는 것이 높은 수익을 가져다준다고 생각했습니다. '브라질에 투자하라, 베트남·중국에 투자하라, 개도국·이머징 등등에 투자하라'는 얘기를 많이 들어봤을 것입니다. 변동성이 크지만 선진국 투자대비 훨씬 높은 수익률을 가져다줄 거라고 생각해서 이머징국가에 투자했고 과거에 성공사례가 있었습니다.

지금 되돌아보면, 미국은 계속 고점을 돌파하고 있는데 이머징 국가는 계속 높은 변동성만 보이고 있습니다. 이것이 뜻하는 바는 무엇일까요? 예전에는 GDP성장률이 높은 국가에 투자하는 게 낫다고 봤는데, 폴로머 교수가 밝힌 것에 의하면 자본이나 인력을 때려 넣어서 투자하는 건 한계가 있고 결국엔 기술이 가장 중요한 겁니다. 기술과 지식이 가장 중요한 것이고, 그런 기술을 갖고 세상을 혁신하는 기업에 투자해야 한다는 것이 폴 로머의 주장입니다. 많은 개인투자자들도 이것에 대해서 인지하고 있습니다.

2020년 상황을 보면 베트남, 브라질 등은 아무도 안 봤습니다. 미국 나스닥을 봤어요. 미국 나스닥 기업들이 기술을 보유했고 빅테크 기업이고 전 세계의 혁신을 이끌 기업이기 때문에 얘네들이 계속 성장한다는 믿음을 보였죠. 앞으로도 계속 그럴 것 같고요.

지금 코로나19 치료제가 나온다고 했지만 그것은 속도만 약간 조절할 것 같습니다. 어차피 지금 언택트로 가는 추세는 바뀌지 않을 것입니다. 한 번 마켓컬리 새벽배송을 이용한 사람은 (코로나 상황이 나아지면) 백화점에 가겠지만 새벽배송 서비스도 계속 이용할 거예요. 기술을 가진 기업에 투자해야 합니다. 전 세계를 리딩할 기업에 투자해야 하는데, 가장 쉽게 접근할 수 있는 게 나스닥지수를 추종하는 ETF입니다.

실제로 2020년 QQQ라는, 미국상장 나스닥 ETF에도 국내 투자자들이 많이 투자했고 저희 TIGER미국나스닥100 ETF도 순자산 5,000억 원이 넘었습니다. 해외주식형 ETF 중에서는 순자산이 가장 큽니다. 2019년에는 778억 원밖에 안 됐는데 지금은 5,400억 원으로 커졌습니다. 2020년에 들어온 고객들은 엄청난 수익을 거뒀습니다. 2010년도에 1만 원에 상장했는데 지금 6만 원입니다. 폴 로머 교수에 의하면 나스닥 기업은 계속 성장할 것입니다. '얘네가 많이 올랐으니까 인도네시아에 투자할까?' 이런 논리는 적용될 수 없다는 것이죠.

Q. 최근 해외 ETF에 대해서도 관심이 많습니다. 국내상장 ETF와 해외상장 ETF 중 어떤 게 유리할지요? 1년 동안 매달 100만 원을 'QQQ'와 'TIGER미국나스닥100'에 투자한다면 세금, 환율, 총보수 등이 어떻게 달라질지 경우에 따라 설명해주신다면?

A. 일단 비용과 세금 측면이 가장 크니까 이 두 부분을 보겠습니다. 첫 번째로 환전비용이 있습니다. QQQ를 사려면 원화를 달러로 바꿔야 하죠. 적게는 5원 정도인데 퍼센트로 환산하면 0.4%, 사고 팔면 0.8%겠죠. 국내상장 해외 ETF는 환전비용이 들지 않습니다. 아예 없는 건 아녜요. 운용사가 원화를 받아서 달러로 바꿔서 투자합니다. 그런데 개인투자자가 환전하면 비싼데 운용사는 기관투자자니까 비용이 거의 없다고 봐도 됩니다. 소매와 도매의 차이죠.

두 번째는 증권사 거래수수료입니다. 당연히 해외에 직접 투자하는 게 비싸겠죠.

세 번째로는 펀드 보수예요. QQQ는 0.2%, TIGER는 0.07%로 세계최저보수입니다. 최근에는 ETF보수 경쟁이 심해요. 펀드 보수가 연간이니까 1년으로 산정해서 QQQ와 TIGER를 1년 보유했다가 팔았다고 가정해봅시다. 그러면 무려 비용이 1% 이상이나 차이가 납니다.

세금 측면에서 살펴보면 배당소득과 매매차익이 있습니다. 배당소득은 펀드에서 받는 배당에 대해서 어떻게 세금을 부과하느냐의 문제입니다. 그건 15.4%로 동일해요. 그러면 내가 이걸 매도했을 때 세금은 어떻게 될까요? 국내상장 ETF는 배당소득세 15.4%만 떼고, QQQ는 매매차익에 대해 22% 양도소득세를 매깁니다.

다만 매매차익 250만 원까지는 비과세 처리됩니다. 따라서 매매차익이 833만 원이 남는다고 하면 250만 원이 공제되는 QQQ가 유리하고, 833만~2,000만 원은 TIGER가 유리하고 2,000만 원이 넘어가면 TIGER에는 종합소득과세가 부과되기 때문에 다시 QQQ가 유리해져요.

이런 논리를 몰라도 되는 가장 쉬운 방법이 있습니다. 퇴직연금이나 개인연금에서 국내상장 ETF에 투자하는 게 가장 좋습니다. 연금계좌에서 해외상장 ETF인 QQQ는 투자할 수 없으니 논외로 하겠습니다. 연금계좌로 TIGER미국나스닥을 매매하면 매매차익, 배당에 대해 세금이 아무것도 없습니다. 추후 연금을 수령할 때 과세됩니다. 즉 매매차익에 대한 과세를 이연시키는 효과죠. 심지어 연금을 수령할 때에는 15.4%가 아니라 나이에 따라서 3.3%~5.5%의 연금소득세만 부과됩니다. 현재 굉장히 많은 분들이 연금계좌로 투자하고 계십니다.

앞에서 TIGER나스닥 ETF 순자산이 700억 원대에서 5,000억 원대로 늘었다고 말씀드렸는데, 상당히 많은 부분이 연금계좌를 통해 투자된 금액입니다. 매매차익이 당장 과세대상도 아니어서 매년 정산하는 종합과세 대상에서도 자동적으로 제외됩니다. 종합과세는 종합소득 구간에 따라 최대 38%의 세율이 적용될 수 있기 때문에 이를 피할 수 있는 것은 상당한 이점이죠. 해외 ETF 투자의 끝판왕이라고 볼 수 있습니다.

일반계좌로 투자하면 내 투자금액에 따라서 세금계산을 해야하는데, 연금계좌는 그런 작업이 필요 없고 세금을 내는 게 거의 없습니다. 다만 연금계좌에 투자하면 중간에 뺄 수가 없으니까 끝까지 연금으로 가져갈 자산에만 투자해야겠죠. 여윳돈을 투자하고 싶다면 연금계좌가 최고입니다.

Q. 농산물, 원유, 금 등 원자재 ETF 투자 시 유의점은 무엇인가요?

A. 투자자들이 오해하는 부분이, 원자재 ETF는 원자재 현물에 투자하는 게 아니라 원자재 '선물'에 투자한다는 겁니다. 금, WTI 모두 마찬가지죠. 그런데 그게 이미 다 아시겠지만 상당한 괴리가 생길 수 있습니다. 최근 포털사이트에서 "유가가 23달러일 때에 들어갔는데 유가가 40달러까지 오른 지금 내 수익률은 마이너스다"라는 글을 봤습니다. 내가 투자하는 게 현물이 아니라 선물이라는 것을 알아야 합니다.

ETF에 투자 시 유튜브를 활용하세요. 선물가격을 볼 수 있는 사이트 등 여러 정보가 나와 있으니 그런 것들을 참고하면 좋을 것 같습니다.

Q. 세계적으로 테마형 ETF가 부상하고 있습니다. 특히 밀레니얼들이 테마형 ETF에 열광하고 있다고 하는데요, 한국에서는 테마형 ETF 시장현황이 어떤가요? 국내외 테마형 ETF 시장을 어떻게 보시는지요?

[미국에서는 2020년 17개 테마형 ETF가 상장돼 테마형 ETF는 총 135개가 되었다. 미국 내 테마형 ETF의 총 AUM은 2020년 10월 말 기준 636억 달러로 2019년 말 대비 2.3배 정도로 규모가 커졌다. 한국에서도 국내주식형 테마 ETF로 많은 자금이 들어왔다. 가장 관심이 컸던 2차전지 테마를 살펴보면 TIGER의 경우 2020년 10월 말 기준 약 3,900억 원 AUM이 증가했다. 특히 2020년 10월 7일에 상장된 TIGER BBIG ETF 시리즈 5종은 한 달도 안 돼 10월 말까지 약 4,400억 원의 자금이 들어왔다.]

A. ETF 투자 양상을 보면, 초기에는 단순히 지수만 추종하는 것에서 그쳤죠. 2020년 연초에는 레버리지/인버스 등 방향성 투자가 떴고요, 하반기엔 바뀐 세상에 어떻게 투자할지를 고민하다가 투자자들이 테마형 ETF로 몰리고 있습니다. 앞으로는 친환경, 이커머스, 2차전지, 핀테크, 5G 등으로 계속 관심이 증가할 것 같습니다. 사실 직접 주식투자를 하는 사람도 많지만 일일이 종목을 찾는 것보다 ETF 잘 고르는 게 유리할 수도 있거든요. '요즘 수소차가 좋다는데 수소차와 관련된 무슨 종목을 사지?'에 대한 고민하는 게 아니라 수소차 ETF를 매수하는 식이죠. 그러면 훨

씬 더 편하게 투자할 수 있습니다. 그래서 테마 ETF 시장은 앞으로 계속 더 좋아질 것 같아요.

Q. 특이한 테마형 ETF가 있다면 소개해주실 수 있으신지요? 미래에셋자산운용에서 유심히 보는 테마가 있나요?

A. 미래에셋자산운용이 글로벌 ETF를 많이 하고 있는데, 특히 테마형 ETF에 강점을 갖고 있습니다. 미국과 홍콩에서 사업하고 있는 글로벌X는 미래에셋 ETF의 플랫폼인데 거기도 테마형으로 유명해요. 글로벌 클라우딩 컴퓨팅 CLOU, 게임주를 담은 HERO, 원격의료 EDOC 등도 한국 투자자가 많이 관심을 갖고 있는 분야입니다. 미국 원격의료 시장은 전체 의료 수요의 0.2%에 불과했으나, 코로나19 이후에는 20%까지 성장할 것으로 전망되면서 이런 산업의 경우 ETF 투자를 통해 사전에 미리 투자하는 게 좋아 보입니다.

예전에 피터 린치가 한 얘기 중에 "코카콜라를 사먹지 말고 그 돈으로 코카콜라 주식을 사면 나중에 코카콜라 100개를 살 수 있다"는 말이 있습니다. 테슬라 전기차를 사는 대신 테슬라 주식을 샀으면 테슬라 10대 이상을 살 수 있었을 거고요. 이런 것처럼 세상 변화에 미리 투자하면 투자자는 상당한 이득을 볼 수 있습니다.

단, '무늬만 테마'인 것들이 많다는 것을 알아야 합니다. ETF운용역이 상품을 개발하는 데 얼마나 고민했는지, 상품포트폴리오를 잘 확인하셔야 합니다. 이름만 그럴싸한 테마가 있을 수 있거든요. 편입비중 등을 잘 따져보고 장기적으로 진짜 메가트렌드인지 확인하는 작업이 필요합니다. 그냥 '어, 이거 수소경제네. 사자!' 같은 태도는 지양해야 합니다.

2020년 5G 관련 ETF가 2개 상장됐는데, 내부에서는 두 ETF에 대한 평가가 갈렸습니다. 하나는 '뭘 이런 걸 담았어'였고, 하나는 '잘 만들었다'는 평가가 나왔죠. 아나나 다를까 상장되고 나니까 자금유입에 차이가 있더라고요. 같은 5G라 해도 한 상품은 통신사 비중이 높았습니다. 5G ETF투자자들은 '성장하는 테마에 투자하고 싶은 사람들인데 통신주를 넣어두니 자금이 잘 안 들어오죠. 물론 통신주도 5G랑 상관이 있긴 있지만 투자자들이 투자하고 싶었던 5G ETF는 아닐 가능성이 높습니다. 제대로된 5G ETF에는 돈이 들어갔고 통신주를 담았던 ETF는 투자자들이 외면하는 모습을 확인했습니다.

Q. 본부장님께서 갖고 계시는 ETF 투자 철칙이 있다면 무엇인가요?

A. 2가지로 정리하겠습니다.

첫째, 단순한 전략이 승리한다는 것입니다. '오컴의 면도날'이라는 경제학 원칙이 있습니다. 똑같은 결과를 낳는 2개의 이론이 있다면 단순한 게 사실일 가능성이 높다는, 단순성의 원칙입니다. 투자에서도 단순성의 원칙이 맞다고 생각합니다. Head&shoulder 등 복잡한 투자법칙 말고 말씀드린 단순한 철칙, 즉 저비용 상품에 장기투자하는 전략이 가장 높은 수익을 줄 것으로 생각합니다.

둘째, 시간이 내 편이 되는 투자를 하라는 겁니다. 장기적으로 성장하는 분야에 장기투자를 한다면 시간은 내 편이 됩니다. 가끔 하락장은 있겠지만 꾸준히 우상향할 것입니다. 반대로 레버리지·인버스 등 단기적으로 접근해서 단기에 시장방향을 맞춰야 하는 투자상품은 단기에 맞추지 못하면 계속 손실이 발생합니다. 시간과 싸워야 하는 투자죠.

Q. "ETF란 OOO다"에 들어갈 말을 정리해주시기 바랍니다.

A. "ETF는 학교수업과 교과서다"라고 말하고 싶네요. 서울대에 수석으로 입학한 사람들의 공부비법을 물어보면 학교수업과 교과서 위주로 공부했다는 후기가 많죠. 이와 마찬가지로 ETF도 비슷하다고 생각합니다. 최근 논란이 된 사모펀드를 포함해서 복잡한 상품에 투자하거나 복잡한 투자이론을 활용해 투자하지 않고, 오직 ETF만으로도 투자 전국 1등이 가능합니다. ETF는 모든 상품을 다루고 앞으로도 좋은 상품들이 많이 나올 것이기 때문이죠.

재테크에서도 마찬가지입니다. 최근에 부동산 가격이 급등하면서 특히 2030들은 그런 허탈감을 커버할 방법으로 주식투자를 선택했습니다. 간절한 마음으로 투자하고 있어요. 4050세대들도 재테크를 여가활동이나 가욋일이 아니라 나와 가족을 지키는 활동이라고 생각하기 시작했습니다. ETF만으로도 모든 투자가 가능하고 저렴하게 투자할 수 있다고 생각합니다.

Q. 2030에게 ETF를 추천해주신다면? 투자성향별, 회사별로 추천 부탁드립니다.

A. ETF의 최고 장점 중 하나는 상품의 다양성입니다. 투자자들의 위험 선호도에 따라 ETF 중에서도 다양한 선택지가 있어요. 우선 국내상장 ETF의 경우 위험투자자라면, TIGER나스닥100을 추천합니다. S&P500지수를 제치고 미국 주식시장의 대표지수로 부상하고 있는 나스닥100은 IT기업의 상대적 강세가 지속될수록 가장 양호한 수익률을 창출할 것으로 예상합니다. 타사 상품에서는 KOSEF인도 Nifty50을 권합니다.

여전히 이머징에 투자하고 싶다면 인도가 유망하다고 판단합니다. '제2의 중국'이라고 불리는 인도는 GDP에서 제조업을 활성화시켜 내수비중을 늘리고 IT인프라 구축도 활발해질 것으로 기대되면서 높은 잠재력을 보유하고 있습니다. 꾸준한 인컴을 원하는 안정적 투자자라면 TIGER부동산인프라고배당을 추천합니다. 국내상장 리츠와 인프라 종목에 주로 투자해 연 5% 내외의 배당을 받을 수 있는 상품입니다. 타사 상품으로는 ARIRANG고배당 ETF가 적합하겠습니다. 고배당 전략은 기초지수의 흐름을 떠나서 확실한 인컴이 분배되기 때문에 장기적 안정성에 유효합니다. ETF 규모도 크고요.

미국상장 ETF로 가볼게요. 위험투자자라면 미래에셋자산운용 상품 중 게임산업에 투자하는 HERO를 추천합니다. 타사 상품으로는 나스닥 상장 바이오 기업을 모아둔 아이셰어즈의 IBB가 좋다고 봅니다. 이 ETF는 변동성이 높은 대신 수익률도 높거든요. 위험감수도가 낮은 투자자라면 리츠로 시선을 돌려보세요. 미래에셋자산운용이 상장한 상품 중 데이터센터 및 인프라 리츠를 담는 글로벌X의 VPN이라는 ETF가 있습니다. 장기적으로 안정적인 현금흐름과 기초자산 수익률을 동시에 추구할 수 있는 상품이라고 생각합니다. 리츠는 '어떤 리츠자산에 투자하느냐'가 관건인데, 데이터센터는 언택트 시대에 꾸준한 수요가 발생하는 곳입니다. 타사 제품으로는 미국 리츠시장 전반에 투자하는 뱅가드의 VNQ를 추천합니다.

밀레니얼을 위한 ONE POINT LESSON

2020년 증권시장에 나타난 큰 변화 한 가지는 펀드의 추락이었다. 사모펀드는 각종 환매중단 사태로 타격을 받았다. 공모펀드는 일반 투자자보다 못한 수익률로 큰돈이 빠져나가는 수모를 겪었다. 이런 상황에서 더 성장한 시장은 ETF 시장이다. 김남기 본부장은 자신이 원하는 업종이나 산업에 장기적으로 투자하라고 권한다. 공모펀드·인덱스펀드보다 수수료도 싸고, 주식처럼 거래할 수 있어 환금성도 높다. 다만 "확신이 있을 때 장기투자하라"는 게 김 본부장의 또 다른 권고다.

'공모주 전문가' 양승후
"나만의 공모주를 찾아라"

"지난 5년간의 공모주 시장을 분석해보면, 매년 약 70건 안팎의 공모건수가 있었으며, 이들의 평균 수익률(공모 후 연말까지 보유했을 때의 수익률을 단순 평균한 값)은 10~40%였습니다."

2020년 주식시장의 주요 화두를 꼽으라면 '공모주 투자'를 빼놓을 수 없다. 2020년 4월 이후 글로벌 주식시장이 극적인 반등장을 맞이하면서 2020년 국내주식시장에도 개인투자자 순매수 자금 57조 3,254억 원이 유입되었다. 규제로 묶여버린 부동산 시장과, 초유의 '제로금리'에 은행상품들이 매력을 상실하면서 갈 곳 잃은 돈은 빠르게 수익처를 찾아 나섰다.

이 자금은 공모주 시장을 놓치지 않았다. 수조 원대 시가총액으로 시장에 입성하는 빅히트, SK바이오팜, 카카오게임즈 등 '공모주 빅3' 주식을 청약 받기만 하면 상장 첫날부터 따상(공모가의 2배에서 시초가

☑️ **증거금**

증권시장에서 주식 또는 파생상품거래를 위해 필요한 보증금. 주식투자의 경우 보유금액보다 몇 배 많은 금액을 주문하는 신용거래를 할 때 쓰임. 미래 결제에 대한 약속인 선물 거래를 할 때도 계약 이행을 보증하는 증거금 필요

☑️ **하이일드**

높은 수익률이라는 뜻으로 통상 하이일드펀드를 의미함. 하이일드펀드는 신용등급이 낮은 채권을 담은 고수익·고위험 펀드로, 주로 신용등급이 BB+ 이하인 투기등급 채권에 투자

형성 이후 상한가)을 통해 160%의 수익률은 보장되었다는 말이 투자자들 사이에서 돌았다. 이 세 종목의 주식을 조금이라도 많이 배정받기 위해 신용대출이나 마이너스 통장을 활용하는 투자자들도 속출했다. 역대 대한민국 공모주 청약 증거금 상위 1, 2, 3위 기록을 각각 카카오게임즈(58조 5,542억 원), 빅히트(58조 4,236억 원), SK바이오팜(30조 9,889억 원)이 차지할 정도였다.

그러나 화려한 상한가 행진에도 투자자들 사이에서는 "공모주 투자는 생각보다 먹을 것이 없다"는 말이 나온다. 카카오게임즈가 사상 최대 청약경쟁률(1525.5 대 1)를 기록하는 등 대형 공모주들 청약 경쟁이 과열된 탓이다. 카카오게임즈에 증거금 1억 원을 예치한 투자자는 단 5주(공모가 기준 12만 원)를 배정받았는데, 상장일 당시 카카오게임즈의 종가는 31만 2,000원이었다. 증거금 대비 수익률이 0.19%에 불과했다.

전문가들 사이에서는 공모주 투자의 시선을 넓힐 필요가 있다는 조언이 나온다. 오히려 상대적으로 기업규모가 작고, 일반 투자자들의 관심이 덜한 공모주 가운데서 진정 높은 수익을 기대할 수 있는 종목들이 나온다는 설명이다.

2030 투자자들에게 필요한 공모주 투자 조언을 얻기 위해 양승후 KTB자산운용 주식운용본부 리서치팀장을 만났다. 양 팀장은 국내

최대 규모의 공모주 펀드 자금을 집행하는 펀드매니저다. 그가 공모주 전략을 맡은 KTB코넥스하이일드펀드의 설정액은 2,060억 원, KTB공모주하이일드펀드의 설정액은 1,715억 원으로, 각각 국내 공모주 펀드 가운데 1위와 2위의 규모다. 한마디로 국내에서 가장 큰 공모주 펀드를 굴리는 매니저라고 할 수 있다.

양 팀장은 알리안츠자산운용에서 10년 동안 공모주 전략 운용 및 리서치를 담당하다가 지난 2018년 김태우 KTB자산운용 대표에게 발탁돼 KTB자산운용으로 자리를 옮겼다. 커리어 내내 공모주 리서치를 담당해온 '공모주 전략 전문가'라는 평가다.

공모주펀드 매니저들은 "일반적으로 펀드 덩치가 클수록 오히려 수익률을 올리기가 어렵다"는 평가가 존재한다. 공모주를 배정하는 주관사들이 일반적으로 수요예측 참여 기관들에게 절대적인 매수 희망 규모보다는 균등한 분배에 중점을 두기 때문이다. 그럼에도 양 팀장이

:: 2020년 공모주 기록 ::

신규 상장 기업 (스팩 제외)	76곳	수요예측 경쟁률 역대 1위	카카오게임즈 (1,479 대 1)
총 공모금액	5조 7,889억 원	일반청약 경쟁률 역대 1위	이루다 (3,040 대 1)
'따상'을 기록한 기업	엘이티, SK바이오팜, 에이프로, 카카오게임즈, 소룩스, 하나기술, 명신산업, 알체라, 프리시젼바이오, 석경에이티	청약 증거금 역대 1위	카카오게임즈 (58조 5,543억 원)
		평균 수익률	67%
		최고 수익률	633%(박셀바이오)

※수익률은 2020년 12월 24일 종가 기준

자료: IR큐더스, 금융감독원 전자공시시스템

운용하는 KTB코넥스하이일드펀드는 2020년 8.52%의 수익률로 채권 혼합형 공모주펀드 가운데 최상위권의 수익을 올렸다.

그는 공모주 투자전략의 핵심이 '시장과 거리두기'라고 강조했다. 큰 수익이 기대되지 않는 인기 공모주에 지나친 관심을 쏟기보다는 시장의 분위기와 약간의 거리를 두고, 자신만의 공모주 평가방법을 개발해야 한다는 조언이다.

Q. 빅히트와 카카오게임즈, SK바이오팜을 거치며 일반 투자자들 사이에서 공모주 투자에 대한 관심이 그 어느 때보다도 높습니다. 하지만 사실 공모주 투자전략을 이해하는 투자자들보다는 단편적으로 청약에 참여하는 투자자들이 대부분인 상황입니다. 공모주 투자전략은 어떻게 어느 정도의 수익을 추구하는 전략이고, 변동성 측면에서는 어떤 장단점이 존재하는지 궁금합니다.

A. 명쾌하게 말씀드릴 수 있으면 좋겠지만 사실 공모주 투자의 수익률은 시장상황, 그리고 종목별로 큰 차이가 존재합니다. 다만 지난 5년간의 공모주 시장을 분석해보면, 매년 약 70건 안팎의 공모건수가 있었으며, 이들의 평균 수익률(공모 후 연말까지 보유했을 때의 수익률을 단순 평균한 값)은 10~40% 사이로 형성됐습니다.

Q. 매년 수익이 났다는 것인가요?

A. 네, 그렇습니다. 공모주들이 이렇게 매년 수익률이 플러스를 기록하는 이유는 주식시장이 좋을 때는 시황이 좋기 때문에 공모

주 주가 역시 같이 올라가고, 주식시장이 안 좋을 때는 안 좋은 시황을 반영해서 공모가가 낮게 결정돼 거래가 시작되기 때문입니다. 그리고 상장 이후에는 이미 상장된 유사 기업들이 받고 있는 수준의 밸류에이션까지 주가가 상승하면서 수익이 발생하는 경우가 많습니다.

결과적으로 공모주 투자는 수익이 날 확률이 높은 투자인 것은 맞습니다. 하지만 모든 공모주가 플러스 수익률을 기록하는 것은 아닙니다. 또한 상장 며칠 후 고점을 형성하고 빠지는 주식들도 많기 때문에 특히 매도 의사결정을 잘하는 것이 공모주 투자의 핵심이라고 볼 수 있습니다.

Q. 그렇다면 개인투자자들이 공모주 청약 참여 결정을 내릴 때 어떤 데이터들을 참고해야 하는지 궁금합니다. 재무상태나 회사가 제출한 희망가격 선정과정, 향후 전망 등을 판단할 때 현업에서는 어떤 점들을 가장 중요하게 고려하나요?

A. 무엇보다 회사에 대한 이해가 중요합니다. 무엇을 하는 회사인지, 회사의 성장성은 어디서 나오는지, 경쟁력은 무엇인지를 알아야 합니다. 이 기업이 상장하는 이유도 파악할 필요가 있습니다. 기존 주주가 구주 매출을 통해 본인 지분에 대한 차익실현에 나서는 건지, 회사가 투자를 위해 신주발행을 하는 것인지에 따라 주가의 향방은 갈릴 수 있습니다. 마지막으로 실적대비 주가수준, 즉 밸류에이션이 중요합니다. 아무리 좋은 회사여도 밸

류에이션이 너무 높으면 회사의 가치는 이미 주가에 반영되어
있는 것입니다.

다소 잔인한 말일 수 있지만, 빅히트가 상장 첫날 고점을 기록
하고 주가가 빠진 이유도 바로 이것입니다. BTS라는 세계 정상
급 아이돌을 보유하고, 꾸준한 성장을 거듭하는 빅히트가 좋은
회사라는 점은 누구도 부정하기 어려울 정도입니다. 그러나 주
가의 부진에는 주요 주주들의 대거 매도가 있었죠. 좋은 회사와
좋은 주식은 다르다는 것을 명심해야 합니다.

Q. 2020년처럼 공모주 청약이 과열되면 투자자들 입장에서는 1억을 넣어
도 생각보다 많은 금액을 배정받지 못하는 사태가 발생합니다. 이런 경
우에 어떤 대책을 취해야 하는지, 그리고 시장의 관심이 상대적으로 덜
한 공모주들을 투자대상으로 삼을 때는 어떤 전략으로 접근해야 하는
지 궁금합니다.

A. 일반적으로 공모가는 IPO 흥행을 위해서 의도적으로 낮은 가
격에 결정되는 경우가 많습니다. 모두가 이런 사실을 알기 때문
에, 인기종목에 대한 경쟁률은 수백 대 일까지 올라가서 몇 주
배정받지 못하는 일이 흔히 발생합니다. 이는 어쩔 수 없는 현실
입니다. 개인투자자의 배정 비중을 확대하는 방안을 금융당국
이 거론하고 있지만, 그렇게 되더라도 사실 경쟁률은 높게 형성
될 것이 분명합니다.

대안으로 상장 당시 비인기 공모주들을 공부해보는 것도 좋은

전략이라고 말씀드리고 싶습니다. 인기 공모주들은 높은 경쟁률로 인해 수량을 얼마 받지도 못하고 공모가도 천정부지로 치솟아, 상장 직후 고점을 형성하고 주가가 하락하는 경우가 많습니다. 반대로 상장 당시 비인기 종목들 가운데 일부는 낮은 가격에 공모가가 형성된 이후 긍정적인 뉴스가 나오면서 높은 수익률을 기록하는 경우도 있습니다. 이것이 바로 KTB자산운용의 공모주 투자전략이기도 합니다.

Q. 대형 공모주보다 상대적으로 인기가 덜한 공모주에 투자하는 것도 안정적으로 수익을 올릴 수 있나요? 투자자들 사이에서는 대형주가 아무래도 인지도가 높고, 기업규모도 크기 때문에 안정성이 높다는 이유로 선호되고 있습니다.

A. 주식에 관심이 있는 개인들에게는 충분히 매력적인 선택지가 될 수 있습니다. 과거에는 정보가 제한적이었지만 코로나 이후 기업들이 유튜브를 통해서 방송을 하고 애널리스트들도 해당 종목에 대한 입장을 유튜브로 올리고 있습니다. 개인투자자 분들은 이견을 가질 수 있겠지만, 정말 현 시대에서는 기관투자자들과 개인투자자들 사이에 정보획득의 차이가 거의 없다고 볼 수 있습니다. 경험이 충분히 쌓인 개인투자자라면 공부를 이어나가 본인만의 어떤 투자원칙을 바탕으로 충분히 수익을 올릴 수 있습니다.

Q. 그렇다면 이제 투자자들이 가장 궁금할 질문인데요, 실제로 하이일드 및 코스닥벤처 펀드의 공모주 전략을 운용하는 입장에서 2020년 어떤 공모주에 주로 참가했고, 가장 긍정적으로 본 공모주들은 어떤 기업들이 있는지 궁금합니다.

A. 기본적으로 저희는 상장되는 모든 공모주들을 항상 면밀히 분석한 후 참여여부를 결정합니다. 2020년에는 60여 개의 IPO 중 40건 정도 참여했습니다.

사실 인기 공모주는 개인투자자들과 마찬가지로 저희 기관투자자들 역시 물량을 얼마 배정받지 못합니다. 그렇기 때문에 상장 후 아무리 주가가 급등해도 펀드 수익률에는 크게 도움을 주지 못하는 경우가 많습니다. 물론 인기를 끄는 공모주에도 적극 참여해서 수익을 올리지만, 펀드 수익률을 더욱 향상시키기 위해서는 비인기 종목을 심도 있게 분석해야 하는 것이죠. 비인기 종목들이 시장에서 소외당하는 이유를 파악하고, 주가를 끌어올릴 수 있는 요인을 찾아 분석하는 것이 핵심이라고 볼 수 있습니다.

2020년 크게 성공한 대표적 사례는 메드팩토와 박셀바이오, 이 두 종목이 있습니다. 메드팩토는 2019년 말 상장 이후 주가가 5배 이상 오르며 2020년 공모주 펀드 수익률 향상에 크게 기여한 종목입니다. 요즘 글로벌 항암제 시장의 한 가지 트렌드가 기존에 쓰이던 항암제에 다른 신약을 병용해 반응율을 높이는 칵테일 요법인데요, 메드팩토의 벡토서팁이라는 신약후보물질은 암이 항암제에 대한 내성을 키우지 못하도록 환경을 만들어주는 기능을 합니다.

벡토서팁의 긍정적인 임상 데이터에도 불구하고, 매드팩토는 수요예측 당시 시장의 관심을 받지 못했습니다. 인기가 없다 보니 KTB운용은 많은 수량을 배정받을 수 있었고, 결과적으로 SK바이오팜, 카카오게임즈, 빅히트 등 그 어떤 공모주보다도 펀드 수익에 많은 기여를 했습니다.

또 한 가지 예로 박셀바이오가 있습니다. NK세포치료제(자연살해세포, 바이러스에 감염된 세포나 암세포를 직접 파괴하는 면역세포)를 개발하는 기업입니다. 바이오 기업의 성공여부는 판단하기가 매우 어려우나, 이미 시장에서 거래되고 있는 비교 가능한 유사 기업(엔케이맥스, 녹십자랩셀)들 대비 너무 저평가되어 있다고 판단돼 수요예측에 적극 참여했습니다. 이 종목 역시 비인기 종목이어서 많은 수량을 배정받았고, 상장 2개월 후 주가는 고점 기준 3배 상승했습니다. (이후에도 박셀바이오 주가는 급등했다. 2020년 10월 2만 원대에서 한때 30만 원에 육박하는 수준까지 치솟았다.)

Q. 바이오 기업들이 많은데, 특별한 이유가 있나요?

A. 개인적인 의견입니다만, 대한민국 주식시장은 항상 새로운 산업을 육성해야 한다는 고민을 하고 있다고 생각합니다. 과거의 대한민국은 자동차나 철강, 화학 등 소위 중후장대 기업이 '먹여 살렸던' 국가입니다. 그런데 이런 굴뚝 산업들이 한계에 달하면

서 국가적으로 벤처투자에 대한 풍부한 지원이 이뤄졌습니다. 국내에 집행된 벤처캐피탈(VC) 자금의 규모를 보면 2015년경부터 1조 원대였던 VC투자가 2016년에는 2조 원, 2020년에는 4조 원까지 급증합니다. 이 자금이 바이오 산업 육성을 도왔고, 그래서 높은 평가를 받는 바이오 기업들이 다수 출현했다고 보고 있습니다.

바이오 기업들에 우호적인 상장 요건도 바이오 공모주 투자에 기여하고 있습니다. 과거에는 이익이 나지 않으면 상장을 하지 못하게 했습니다. 그 대안으로 기술특례 상장, 이른바 '테슬라 상장'이라는 것이 등장합니다. 이후 현업에서 의대 교수들이 치료에서 벗어나 바이오 벤처들을 많이 차렸습니다. 과거에는 의사들 사이에 "창업 절대 하지 말라"는 말이 있었죠. 힘들게 창업해서 임상 1, 2, 3상을 마쳐서 기적적으로 약을 팔게 되더라도 창업자의 나이는 60~70대가 돼 결국 자식들 좋은 일만 하게 된다는 농담마저 나왔죠. 하지만 바이오 기업의 창업이 수월해지면서 창업자들도 노력의 대가를 보다 일찍 받을 수 있게 됩니다. 이는 결국 창업의 열기가 더욱 늘어나는 결과로 이어지죠. 10년 넘게 공모주 투자를 이어온 입장에서 오늘날 기술력을 가진 좋은 회사들이 많다는 것을 실감합니다. 2021년 상장하는 바이오회사들 중에도 알짜회사들도 다수 있다고 보고 있습니다.

Q. 좋은 사례들을 말씀해주셨는데, 그렇다면 가장 조심해야 하는 공모주들은 어떤 기업들일까요?

A. 기본적으로 공모주들은 대부분이 중소형주입니다. 이들은 코스닥시장의 투자심리에 주가가 큰 영향을 받습니다. 2020년 같은 경우만 하더라도 상반기에 코오롱 인보사 사태가 있었고, 결과적으로 바이오주에 대한 투자심리가 안 좋았습니다. 코스닥 지수도 빠지고 전반적으로 2차전지 소재주나 이런 퍼포먼스가 좋았던 새내기 공모주들이 주가가 많이 빠졌습니다. 2020년 하반기에 다양한 기업의 IPO가 있었는데, 전반적으로 성적이 좋지 않았습니다.

그런데 역설적으로 IPO주의 투자심리가 안좋을 때 공모가가 할인율이 높다는 것을 기억할 필요가 있습니다. 이는 기업의 공모가가 산출되는 과정 때문입니다.

일반적으로 IPO를 진행하는 기업은 이미 상장되어 있는 유사기업의 밸류에이션 멀티플에 할인율을 적용해 상장합니다. 시장 상황이 안 좋다면, 평소라면 주가수익비율(PER) 11배 정도에 상장할 기업이 8~9배에 상장하게 되죠. 이런 기업들은 몇 개월 들고 있으면 반드시 오르기 때문에 너무 공모주 투자심리를 의식할 필요는 없습니다.

Q. 2019년 청약에 참여한 종목들을 여전히 보유하고 있는지. 구체적으로 말씀해주시기 어렵다면 평균적으로 업종 및 기업의 특성에 따라 어느 정도의 보유기간을 바탕으로 운용하는지 궁금합니다.

A. 기본적으로 손에 넣은 공모주들은 자체 리서치를 통해 내부적으로 산정한 목표주가에 도달할 때까지 보유하는 것이 원칙입니다. 주식시장 환경과 청약 당시 약속한 의무보유 기간에 따라 시기는 바뀔 수 있으나 일반적으로 3~6개월 이내에 매도하는 것이 일반적입니다.

Q. 어렵게 상장에 참여해 주식을 청약 받고 나면 투자자들은 매도 타이밍을 고민해야 하는데요, 펀드운용 입장에서 어떤 매도 전략을 추천하는지 궁금합니다.

A. 공모주 투자는 적정 시점에 높은 가격에 파는 것이 정말 중요합니다. 배정받은 종목에 대해 본인의 뚜렷한 의견이 없으면 상장 당일 매도하는 것도 한 방법입니다. 반대로 본인이 리서치를 통해서 정한 목표주가가 있으면 그 주가에 도달할 때까지 보유하는 방법도 좋습니다.

결국 중요한 핵심은 본인이 정한 원칙에 따라 매도하는 것입니다. 아무런 원칙 없이 주가의 급등락에 따라 감정에 휘둘려 매도하는 것은 올바른 투자가 아닐 뿐더러 높은 수익을 올리기도 어렵습니다.

Q. 2030 투자자들은 공모주 투자전략에서 마이너스 대출 등 레버리지 전략을 활용하고 있습니다. 이런 전략의 리스크는 어떻게 보는지 궁금합니다.

A. 전 세계 중앙은행들의 역대급 유동성 공급으로 인해 주식, 부동산 등 대부분의 투자자산 가격이 급등하는 상황입니다. 이러한 상황에서 가용 자금이 많지 않은 젊은 세대들이 레버리지를 이용해 투자하려는 것은 당연한 현상이라고 볼 수 있죠. 다만 투자라는 것은 수익이 날 수도 있지만 손실이 날 수도 있다는 점을 명심해야 합니다.

공모주 투자도 마찬가지입니다. 예를 들어 빅히트를 공모가에 받았으면 수익이 났겠지만, 상장 첫날 시장가에 샀다면 큰 손실이 났을 것입니다. 그렇기 때문에 레버리지 전략을 쓰더라도, 손실이 발생할 경우를 대비해 본인이 감당할 수 있는 수준에서 쓰기를 강력하게 권고 드립니다.

Q. 일반 기업 외에도 부동산투자전문회사(RIETs·리츠)의 상장이 활발합니다. 일반 기업과는 사뭇 다른 방식으로 접근해야 할 것 같은데, KTB운용 공모주 펀드들은 리츠 등 인컴자산 청약에 참여하는지 궁금합니다. 개인투자자들 입장에서 이런 자산은 어떻게 봐야 할까요?

A. 국내에 상장되는 리츠의 상당수는 재간접형(건물 등 해당 자산을 보유한 펀드의 일부에 투자하는 방식)인데, 이 경우 운용수수료 중복 발생 등의 이슈가 있어 자본시장법에서는 공모주 펀드를 포

함한 대부분 펀드들의 리츠 투자가 불가합니다. 다만 참여가 가능한 리츠에 대해서는 관심 있게 보고 있습니다. 참여 시에는, 리츠가 보유한 투자 자산의 가치 하락 가능성과 배당 수익률을 중점적으로

☑ 인컴자산

이자나 배당, 임대료 등 정기적인 소득이나 수입(income)을 창출하는 자산. 각종 채권, 고배당 주식, 부동산투자신탁(리츠) 등이 대표적인 인컴형 자산임. 이들은 은행금리보다 조금 더 높은 연 3~5%의 수익률을 추구

보고 있습니다. 인컴자산으로서 현재의 높은 배당 수익률도 중요하지만, 투자한 자산의 가치 하락 가능성에 대한 분석도 매우 중요합니다. 투자 자산으로부터 나오는 현금흐름이 감소하고 가치가 하락하면 배당도 줄어들 수밖에 없기 때문이죠.

개인투자자들에게는 리츠 투자 시 분리과세 혜택도 있습니다. 5,000만 원 한도에서 3년 이상 보유 시 배당소득 분리과세를 인정해주고 있죠. 2030 젊은 투자자들도 단기 시세차익보다 안정적인 배당소득이 필요하다면 충분히 리츠 청약에 참가할 매력이 존재합니다.

Q. 2021년 공모주 시장에 대한 전망은 어떤지 궁금합니다. 카카오뱅크 등 대어들과 저금리로 2021년에도 공모주 시장이 활발할 것으로 예상되는데, 업계에서 전망하는 주요 상장 대상 및 업종에는 어떤 곳들이 존재합니까?

A. 2021년에도 공모주 시장은 2020년보다 더 활기를 띨 것으로 전망합니다. 우선 경기회복이 본격화되고 기업이익이 반등할 것으로

:: 2021년 상장예정 기업 ::

	기업명	업종	예상기업가치(원)
상반기	프레스티지바이오파마	바이오시밀러	2조
	SKIET	2차전지	5조
	SK바이오사이언스	백신	2조 이상
	HK이노엔	제약바이오	2조
	카카오뱅크	금융	최대 20조
	크래프톤	게임	최대 30조
	SD바이오센서	진단기기	2조 이상
SKIET	LG에너지솔루션	2차전지	50조 이상
	카카오페이	전자결제	10조
	카카오페이지	모바일콘텐츠	6조 이상
	한화종합화학	화학	5조
	야놀자	종합레저플랫폼	1조 이상
	원스토어	앱스토어	1조
	쏘카	카셰어링	1조 이상

예상되기 때문에 주식시장이 더 활기를 띨 가능성이 높아 보입니다. 그리고 2021년에도 조 단위의 시가총액을 기록할 대형 IPO가 다수 대기중입니다. LG에너지솔루션, 카카오뱅크, HK이노엔(구 CJ헬스케어), 카카오페이, SK바이오사이언스, 크래프톤, 카카오페이지, 현대카드 등이 상장 준비중인 것으로 파악되고 있습니다.

수년 전부터 정부에서는 신산업 육성을 위해 벤처 캐피탈을 지원해왔으며, 매년 2조 원 이상의 벤처자금이 투입됐고, 2018년에는 3.4조 원, 2019년에는 4.3조 원의 벤처투자가 이루어졌습니다. 투자를 받은 수많은 기업들 가운데 실패하는 벤처기업도 있겠지만, 또 많은 기업들은 살아남고 성공할 것이며, 이중 제2의 네이버, 카카오, 셀트리온과 같은 기업들이 생겨날 것입니다. 이 때문에 2021년뿐만 아니라 중장기적으로도 우리나라의 공모주 시장 전망은 밝다고 생각합니다.

Q. 중소형 공모주의 상황은 어떨까요?

A. 사실 조 단위 기업들은 기사화가 되니까 투자자들이 일찍 알 수 있습니다만 중소형 기업들은 상장심사청구를 해야 비로소 알게 되는 경우가 대부분입니다. 다만 앞서 말씀드렸다시피 2019년에만 집행된 VC자금이 4.3조 원이고, VC투자는 일반적으로 상장의 선행지표로 볼 수 있습니다. 이런 맥락에서 보면 2021년에는 2020년보다 더 많은 공모주들이 바이오나 반도체, 2차전지 등 신사업에서 많이 나올 것으로 볼 수 있습니다.

Q. 높은 경쟁률로 개인들의 공모주 투자가 제한적인 상황에서 공모주 펀드에 투자하는 것이 대안으로 거론되는데요. 공모주 펀드투자에는 어떤 장단점이 존재하는지 궁금합니다. 그 외에도 다른 선택지가 있다면 어떤 것들이 있을까요?

A. 제가 직접 운용하는 펀드 중심으로 말씀드려야 할 것 같습니다.

우선 KTB공모주10펀드는 채권과 공모주만을 투자 대상으로 하며, 주식 비중을 10% 미만으로 가져가는 펀드입니다. 그렇기 때문에 일반 주식형 펀드, 주식혼합형 펀드보다 훨씬 낮은 변동성을 보입니다. 원금 손실을 꺼리는 보수적 투자자들에게 적합한 상품입니다. 동 펀드가 목표로 하는 수익률은 채권 수익률보다 1~2% 높은 수준, 즉 연 3~4% 정도입니다. 실제 수익률은 그보다 훨씬 좋았습니다.

기본적으로 높은 수익률을 추구하는 공격적인 투자자보다는, 중장기적으로 안정적인 수익을 추구하는 보수적인 투자자에게 적합한 상품입니다. 안정적인 수익률을 추구하기보다 조금 더 공격적인 투자를 희망하는 투자자들에게는 ESG나 개별 테마 펀드가 보다 적합하다고 볼 수 있습니다.

 밀레니얼을 위한 ONE POINT LESSON

공모주는 2020년 시장을 뜨겁게 달궜다. 빅히트엔터테인먼트, SK바이오팜 등이 그 열풍을 이끌었다. '따상'이란 말도 유행했다. 하루에 수조 원을 움직이게 만들기도 했다. 2021년에도 공모주 열풍은 이어질 예정이다. 공모주는 매년 두 자릿수 수익률을 기록했다. 주식시장이 좋을 때는 시황이 좋기 때문에 공모주 주가가 같이 올라가고, 주식시장이 안 좋을 때는 안 좋은 시황을 반영해서 공모가가 낮게 결정되기 때문에 일정한 기간만 보유해도 수익을 올린다. 공모주에 투자자들이 몰리는 이유다.

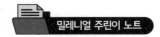

주식초보자가
꼭 알아야 할 모든 것

"주식투자를 시작하면 평생 한다"는 말이 있다. 재테크 수단으로 그만큼 매력이 있다는 뜻이다. 소액으로 투자할 수 있고, 환금성이 높다. 하지만 시작이 어렵다는 단점도 있다. 계좌개설이 복잡하고, 증권사별로 수수료도 다르다. 주식 투자의 'A to Z'를 정리했다.

시작은 계좌개설이다. 은행이나 증권사 창구를 방문해야 했던 과거와 달라졌다. 요즘은 비대면 가입이 대세가 되었다. 신분증, 본인명의 휴대폰, 은행계좌만 있으면 1시간 안에 증권계좌의 주인이 될 수 있다. 증권사 주식거래 앱을 내려받은 다음 '휴대폰→신분증→은행계좌'를 차례로 인증하면 된다. NH나무 등 인터넷전문 증권사로 가면 증권사 직원과 통화할 필요도 없다.

다음은 어떤 증권사 회원이 될 것인지 선택할 차례다. 수수료가 싼 '영웅문(키움증권)'으로만 주식하는 시대는 끝났다. 증권사들이 쏠쏠한 혜택을 앞세워 회원을 유치하고 있기 때문이다. 증권사별 혜택은 천차만별이다.

키움증권은 거래 수수료가 0.015%다. 주요 증권사 가운데 가장 높다. 하지만 신규 가입자에게 최대 4만 원의 투자 지원금을 제공한다. NH투자증권, 미래에셋, 삼성증권은 수수료가 0.004% 안팎이다. 가입하면 평생 수수료를 우대한다. 한국투자증권은 수수료가 100만 원당 36원으로 사실상 없는 수준이고, 신규 가입자에게 코스피200 종목 중 1주를 준다.

여기서 중요한 사실 하나. 이 모든 혜택을 받으려면 비대면으로 가입해야 한다.

계좌를 개설했으면 주식을 사야 한다. 그런데 어떤 기업에 투자해야 할까? 한국에 상장된 기업만 2,400여 개에 달한다. 이럴 땐 주변부터 둘러보자. 투자의 대가 워런 버핏은 "잘 아는 기업에 투자하라"고 조언했다. 일상생활에서 먹고 마시고 사고 즐기는 것에서부터 출발하라는 의미다. 2020년 카카오, 네이버가 급등한 것도 비슷한 맥락이다.

주식투자의 기본은 정보 습득이다. 신문, 주식 동호회, 카페 등을 통해 A라는 기업에 관심을 두게 되었다고 치자. 가장 먼저 할 일은 공시를 보는 것이다. 기업들은 공시를 통해 실적, 경영상황, 투자 유치 등의 소식을 알린다. 공시는 금융감독원 전자공시시스템을 통해 올라온다. 웹사이트와 앱이 있다. 앱에서는 '관심기업'을 추가하면 실시간으로 공시를 받아볼 수 있다. 상세한 분석을 보려면 증권사 리포트를 참고하면 된다. 네이버와 한경컨센서스에서 무료로 열람할 수 있다. 인터넷

종목 게시판에서 다른 주주들과 소통하는 것도 한 방법이다.

다음은 매도다. 주식이 제법 올라 팔기로 했다고 가정하자. 주식은 매도한다고 바로 현금화가 되진 않는다. 2거래일이 지나야 출금할 수 있다. 금요일에 주식을 팔았다면 그 다음 주 화요일 오전 9시부터 돈을 찾을 수 있다. 매도 주문이 체결되더라도 이틀이 지나야 결제가 이뤄지기 때문이다. 돈을 쓸 일이 있으면 여유를 두고 주식을 매도해야 한다.

해외주식도 간단하다. 국내주식 계좌가 있으면 간단한 절차를 통해 해외주식 거래가 가능하다. 만약 계좌가 없으면 비대면 계좌 개설부터 시작해야 한다. 절차는 국내주식 계좌개설 방법과 같다.

해외주식 계좌를 개설할 때는 증권사 혜택이 더 중요하다. 증권사들의 치열한 경쟁은 투자자 부담 감소로 이어지고 있다. 수수료가 제일 저렴한 곳은 미래에셋대우다. 2021년 6월까지 가입자에 한해 0.07%의 수수료를 제공한다. 비대면 계좌를 개설하면 10달러의 지원금이 나오고, 1주 이상 거래 시 40달러가 추가로 입금된다. 환전혜택은 없다. 삼성증권은 수수료가 0.09%이고 환전 시 환율우대 95%를 받을 수 있으면서 최대 100달러의 지원금도 제공한다.

계좌를 개설한 후에는 투자국을 골라야 한다. 증권사 앱을 통해 환전한 다음 원하는 종목을 매수하면 된다. 유의할 점은 미국 장을 앞두고 밤에 환전할 경우 고지환율보다 높은 '가환율'로 환전된다는 것이다. 키움증권이 그렇다. 하지만 당황할 필요는 없다. 공식환율보다 높게 환전됐던 차액은 다시 계좌로 입금된다.

국가별 개장 시간도 다르다. 미국은 한국시간으로 밤 11시 30분부터 다음날 오전 6시까지 열린다. 중국, 홍콩, 일본은 오전과 오후의 2부로 나눠서 열린다.

국가별로 유의해야 할 점이 있다. 중국과 홍콩 주식은 100주 단위로 매수가 가능하다. 소액투자가 어렵다. 예컨대 알리바바 1주를 매수하려면 2만 2,200홍콩달러가 필요하다고 가정해보자. 한국 돈으로 300만 원이 넘는다. 이럴 땐 미국에 상장된 중국 종목을 사도 된다. 알리바바는 미국 뉴욕증권거래소(NYSE)에 알리바바그룹홀딩스라는 명칭으로 동시에 상장되어 있다. 미국에는 200여 개의 중국 기업이 상장되어 있다.

해외주식에 유용한 사이트는 인베스팅닷컴(investing.com)이 있다. 국가별 지수, 선물 등의 움직임을 실시간으로 확인할 수 있다. 앱 중에는 위불(Webull)이 좋은 평가를 받고 있다. 종목 시세뿐 아니라 증권사 의견까지 조회할 수 있다. 배당주에 투자했다면 디비던드트레커(Dividend Tracker)에 관심을 가져볼 만하다. 배당 금액, 일정 등 정보를 확인할 수 있다. 국내 애널리스트들의 텔레그램 채널을 통해서는 시황과 종목에 대한 코멘트를 받을 수 있다.

코스피지수는 '10년 박스피'에 갇혀 있었다. 2000~2600을 오갔다. 지친 개인
투자자들은 시장을 떠났고, 펀드는 환매가 이어졌다. 시장을 떠난 돈이 부동산
에 몰리며 '부동산 불패' 신화를 만들었다. 반면 미국에서는 '10년 강세장'이 지
속되었다. 2009년 글로벌 금융위기 이후 유동성 공급이 이어졌고, FAANG(페
이스북, 아마존, 애플, 넷플릭스, 구글)으로 대표되는 혁신기업들이 성장하며
주가가 급등했다. 한국에선 '부동산 불패' 신화가 만들어질 때 미국에선 '주식
불패' 신화가 만들어진 것이다. 해외여행과 직구에 익숙한 밀레니얼은 일찌감
치 서학개미가 되어 영토확장에 나섰다. 7장에선 해외주식투자를 할 때 알아
야 할 모든 것들을 다룬다.

7장

해외주식에
반드시
투자해야 하는 이유

절대 망하지 않을 시장,
미국 주식시장으로!

> 월가에선 반드시 알아둬야 할 투자 격언이 있다. 가장 유명한 건 'Fed에 맞서지 말라'라는 것이다. Fed의 중요성은 수십 번을 얘기해도 모자라지 않을 정도다.

위기가 찾아오면 피난처를 찾는다. 시장도 마찬가지다. 금융위기나 코로나19 같은 패닉의 상황에서 돈은 안전한 곳으로 흘러들어간다. 위기가 오면 금과 달러에 돈이 몰린다. 주식시장에서도 비슷한 일이 일어난다. '망하지 않을 회사'를 찾는 것은 본능과 같다.

2030세대가 해외주식, 특히 미국주식으로 눈을 돌린 것은 그런 면에서 당연하다. 영어를 할 줄 아는 세대에게 미국시장은 '망하지 않고, 성장할 회사가 모여 있는 곳'으로 여겨졌다.

그냥 감각적으로 그런 게 아니다. 과거의 역사도 "위기에는 가장 강력한 기업이 있는 곳을 봐야 한다"고 말하고 있다.

풀어보면 이렇다. 2020년 코로나19로 주가가 급락한 후 반등을 시작했다. 기회가 왔지만 뭔가 불안하다. 국내에서 망하지 않을 회사를 찾았다. 삼성전자는 그 대표주자였다. 42층부터 52층(4만 2,000원과 5만 2,000원 사이에 삼성전자 주식을 산) 주민들이 생겨난 배경이다. 다른 회사는 불안했다.

미국으로 눈을 돌려 10년 전과 지금(2020년 봄)을 비교해봤다. 2010년 한국의 시가총액 10개 종목에 투자했을 때와 미국의 시가총액 상위 10개 종목에 투자했을 때를 가정해보자. 한국기업에 투자한 사람들은 손실을 감수해야 했다. 주가가 회복되었다는 것을 전제로 하더라도 마찬가지다. 당시 시총 10위 안에 있던 포스코, 한전 등은 그 이름을 찾아볼 수 없다. 하지만 미국은 달랐다. 시총 10위 종목들이 지금도 미국시장을 주도하고 있다. 2030에게 해외주식이 빼놓을 수 없는 포트폴리오가 된 배경이다.

테슬라와 아마존, 애플, 마이크로소프트 투자의 맛을 본 이들은 앞으로도 미국주식을 국내주식에 투자하듯 할 수밖에 없을 것이다. 그들의 얘기를 직접 들어봤다.

해외여행 세대, 주식도 직구로

"성장성 있는 미국기업에 500만 원 넣어놨는데 대학 등록금이 없네요. 졸업 뒤 종잣돈이 될 것이라고 생각하면 돈 빼기 싫은데 대출

받을까요?"

몇 달 전 인터넷 커뮤니티에 올라온 글이다. 등록금으로 투자할 만큼 젊은이들이 미국 우량주를 신뢰하고 있다는 것을 보여주는 글이다. 이 글은 커뮤니티에서 많은 반응을 이끌어냈다. 다른 20대 투자자는 "국내에는 장기투자할 주식이 마땅치 않아 미국 애플 주식을 샀다"는 글을 남겼다.

20~30대 밀레니얼 세대는 2020년 '동학개미'의 해외원정을 주도했다. NH투자증권이 2020년 3~8월 해외주식을 산 투자자 연령대를 조사해봤다. 미국 반도체 설계기업 AMD를 매수한 사람의 71.5%는 20~30대였다. 애플(67.6%), 테슬라(63.7%), 마이크로소프트(63.1%), 엔비디아(61.1%), 넷플릭스(60.8%) 등 다른 기술주도 신규 투자자의 60% 이상이 2030세대였다.

니콜라(59.4%), 구글(53.8%), 페이스북(52.7%), 아마존(48.5%) 등 최근 주목받은 다른 기술주도 청년층 신규 투자자의 비중이 높다. 20~30대가 전체 인구에서 차지하는 비중이 26.3%(통계청, 2019년 기준)라는 점을 고려하면 이들의 해외투자 적극성은 더 두드러진다.

젊은층의 해외투자는 개별 종목에 그치지 않는다. 이 기간 NH투자증권을 통해 TVIX 상장지수증권(ETN)을 순매수한 사람 가운데 73.7%는 2030세대다. 이 ETN은 미국 주식시장 변동성지수(VIX)의 2배를 추종하는 상품이다. 같은 기간 나스닥지수 등락을 각각 반대방향, 정방향으로 3배씩 추종하는 '프로셰어즈 울트라쇼트 QQQ' 상장지수펀드(ETF)와 '프로셰어즈 울트라프로 QQQ' ETF를 순매수한 사람도 각각 72.2%, 67.5%가 청년층이었다.

다른 증권사도 상황은 비슷하다. 같은 기간 KB증권을 통해 애플을 순매수한 사람의 60.4%는 이들 연령대다. 니콜라(57.7%), 마이크로소프트(56.1%), 테슬라(55.5%), 엔비디아(52.1%) 등에서도 2030세대 투자자가 절반 이상을 차지했다.

영어와 기술주에 익숙한 밀레니얼들은 자연스럽게 '원정 개미군단'의 맨 앞자리로 나섰다. 편득현 NH투자증권 자산관리전략부 부부장은 "젊은층은 어릴 때부터 외국문화를 가까이에서 접해 해외투자를 어렵게 느끼지 않는다"며 "코로나19는 이들이 갖고 있던 해외투자에 대한 관심을 실행에 옮기는 계기가 되었다"고 해석했다.

서울 성현동에 사는 우지원 씨(33)는 2020년 3월 해외주식투자 금액을 1,000만 원에서 4,000만 원으로 늘렸다. 그 돈으로 애플, 구글, 스타벅스 등을 샀다. 성과는 좋았다. 애플 등 기술주 수익률은 30%를 넘었다. 우씨는 "당시 코로나19 사태가 더 악화될 수 있다는 우려도 있었지만 선진국 우량기업은 망할 가능성이 낮다고 생각했다"고 말했다.

이처럼 해외주식에 밀레니얼이 적극적인 또 다른 이유는 기술에 대한 이해다. 4차 산업혁명 시대에는 극소수 우량기업이 세계시장을 독과점하는 경향이 있다. 해당분야의 글로벌 생태계가 하나로 연결되고, 세계적 차원에서 그 기업을 겨냥한 규제를 만들기는 어렵기 때문이다. 젊은이들의 해외투자 확대 이면에는 이런 변화에 대한 이해가 깔려 있다. 미국 우량주가 대표적인 수혜주고, 젊은이들이 가장 선호하는 주식이기도 하다.

하지만 우량주에만 투자할 이들이 아니다. 그들은 위험도 과감하게 무릅쓴다. 2030세대의 해외투자를 분석해보면 세대적 특징인 '고위험 고수익' 추구 성향도 강하게 나타난다. 2020년 NH투자증권을 통해 미국 크루즈업체 카니발을 순매수한 사람의 73.8%는 이들 연령층이었다. 항공사인 델타항공(70.5%)과 보잉(67.8%)도 마찬가지다. 여행 및 항공은 코로나19 사태로 큰 타격을 받은 업종이다. 젊은층이 많이 사들인 TVIX ETN, 프로셰어즈 울트라쇼트·프로 QQQ ETF도 고위험 상품이다.

인원수에 비해 금액은 적은 편이다. 페이스북, 마이크로소프트, 구글 등은 20%대에 그쳤다. 투자자 수 기준으로 40~70% 안팎인 것과 비교하면 낮다. 엔비디아(35.4%), 애플(40.2%), 테슬라(41.7%), 니콜라(47.9%) 등 다른 미국 주식시장의 주도주도 투자금액에서 청년층이 차지하는 비중은 절반 이하다. 기성세대보다 주머니 사정이 여유롭지 못하기 때문으로 풀이된다.

시간이 지나 이들이 경제활동의 주축으로 부상하면 해외투자 금액도 크게 늘어날 가능성이 높다. 이창목 NH투자증권 리서치본부장은 "종목이 상장된 국가가 어디인지는 전혀 개의치 않는 시대가 올 것"이라며 "지금은 청년층의 해외투자 대부분이 미국으로 쏠렸지만 중국, 일본 등 다른 시장이 부각되면 자금이 더 들어가면서 이런 흐름이 가속화할 것"이라고 말했다.

대학에도 해외투자 붐이 불었다. 대학 때부터 해외투자를 체계적으로 공부하는 사람도 많다. 여경탁 전국대학생투자동아리연합회 회장(명지대 경제학과)은 "2020년 이전까지만 해도 대학 내 투자 동아리에서 해외투자에 관심을 두는 사람은 10명 중 한 명 정도에 불과했다"며 "2020년 들어서는 4~5명 정도가 해외투자에 관심을 보인다"고 말했다. 이들은 체계적으로 해외주식을 공부하기 시작했다.

증권사들도 미래의 큰손이 될 밀레니얼 세대를 향한 마케팅에 나서고 있다. 현기성 KB증권 글로벌BK솔루션부 차장은 "2000년대까지는 해외투자를 중개하는 증권사가 거의 없었지만 지금은 대부분의 대형 증권사가 관련 서비스를 제공한다"며 "해외종목에 대한 투자자의 접근이 한층 쉬워진 것도 젊은이들의 해외투자에 도움이 되었다"고 설명했다. 한국투자증권은 2020년 열린 '제2회 뱅키스 대학생 모의투자대회'에서 해외투자 부문을 신설했다. 해외주식투자에 대한 젊은이들의 관심을 반영한 결과다.

테슬라 9대 주주가 된 서학개미

밀레니얼이 이끈 해외투자 붐이 어느 정도였는지를 보여주는 지표는 테슬라다. 2020년 한국 투자자가 보유한 테슬라 주식규모가 이 회사 9대 주주보다 큰 수준으로 불어난 사건(?)이 발생했다.

2020년 말 기준 국내 투자자의 테슬라 주식 보유 잔액은 78억 달러로 집계되었다. 테슬라 시가총액(8,341억 달러)의 0.93%에 해당하는 규모다. 테슬라 9대 주주인 JP모간(0.92%)보다도 많다. 2019년 말까지만 해도 국내 투자자의 테슬라 주식 보유 잔액은 1억 4,000만 달러에 불과했다. 2020년 한 해 동안 국내 투자자들은 테슬라를 30억 달러어치 순매수했다. 애플(18억 달러), 아마존(8억 달러), 엔비디아(6억 달러), 마이크로소프트(4억 달러) 등이 뒤를 이었다.

해외주식 투자열풍은 테슬라에 국한된 얘기가 아니다. 2020년 말 기준 국내 투자자의 미국주식 보유잔액은 370억 달러에 달했다. 2019년 (84억 달러)의 4배에 달하는 수치다. 조익재 하이투자증권 전문위원은 "미래 먹거리 관련 산업에서 미국기업의 독주체제가 굳어져 해외주식 투자는 앞으로도 늘어날 수밖에 없을 것"이라고 말했다.

물론 직접투자를 중심으로 한 해외주식 열풍에 대한 우려의 시선도 있다. 미국 월가에서도 테슬라를 비롯한 미국 대형 기술주 거품론이 끊이지 않고 있다. 이병태 KAIST 경영대학원 교수는 "미국시장은 소수 기술주를 중심으로 상승장이 이어지면서 그 어느 때보다 주식시장 내 양극화가 심해진 상황"이라며 "국내 개인들이 자산배분을 다양화한다는 건 좋은 현상이지만 거품에 대한 우려나 환율 등 리스크를 과소평가해선 안 된다"고 조언했다.

해외주식 정보, 이렇게 얻는다

2030세대를 필두로 한 개인투자자들의 해외주식 순매수가 급증하면서 해외주식 관련 정보에 대한 수요 역시 크게 늘었다.

해외주식투자 전문가들은 증권사의 분석 보고서나 자료를 일차적으로 활용하되 최종적으로 투자결정을 내릴 때는 직접 재무정보와 공시를 확인하는 근면함이 필요하다고 조언했다. 또한 저평가된 가치주보다는 꾸준한 상승이 기대되는 성장주를 추천했다.

국내에서도 증권사 리포트와 유튜브, 각종 서적을 통해 해외주식 관련 정보를 쉽게 습득할 수 있게 됐지만, 결국 투자 판단을 내리기 위해서는 직접 재무정보 및 공시 등을 확인하는 능력이 필수다.

김형태 디앤에이치투자자문 대표는 "국내에서만 투자하던 투자자는 해외기업의 익숙하지 않은 공시 방법이나 재무제표 표기방법 등으로 기본적인 재무분석에서부터 어려움을 겪을 수 있다"며 "재무정보를 제공하는 S&P캐피털IQ 플랫폼이나 투자하고 있는 기업 관련 공시와 뉴스를 실시간으로 받아볼 수 있는 구글 얼러츠, 대가들의 최근 거래동향을 소개하는 구루포커스 등을 적극적으로 활용하면 외국투자자들과의 정보 격차를 축소할 수 있다"고 말했다.

기업의 재무제표 및 공시를 확인할 수만 있다면 분석방법은 기존의 국내 종목 분석과 크게 다르지 않다. 이는 기업의 가치분석 및 적정주가 평가에 활용되는 대부분의 지표가 미국에서 유래했기 때문이다.

주식투자자들에게 친숙한 주가수익비율(PER)과 주가순자산비율(PBR)은 '가치투자의 아버지' 벤저민 그레이엄이 최초로 사용했다. 주가변동 등 기술적 분석을 중시하는 모멘텀 투자자들이 적극적으로 활용하는 상대강도지수(RSI) 역시 미국의 애널리스트 겸 트레이더 J 웰스 와일더 주니어가 고안한 개념이다.

전문가들은 국내 투자자들이 선호하는 미국주식을 선별할 때는 잉여현금흐름(FCF) 증가율이나 영업이익률 개선 등 성장성 지표를 주목할 것을 권고한다. 홍

성철 마이다스에셋자산운용 주식운용4본부장은 "미국시장의 성장주들은 지난 10년 동안 꾸준히 가치주 대비 우월한 성과를 보였다"며 "전 세계적인 저성장 현상이 단기간에 해소되지 않는 이상, 높은 성장성을 갖춘 비싼 주식이 더욱 비싸지는 성장주 선호 현상이 당분간 지속될 것"이라고 말했다.

환율변동에 따라 투자 수익률이 좌지우지되는 해외주식의 특성상 환변동성을 낮추는 분산투자는 필수다. 홍 본부장은 "어느 국가에 투자하더라도 인플레이션 및 환율 변동 리스크를 축소할 수 있는 금 및 금 산업 상장지수펀드(ETF) 투자나 장기적인 현금 흐름을 보장하는 리츠 등 인컴투자를 병행할 필요가 있다"고 조언했다.

서학개미가 기억해야 할 것, 세금

높은 수익률을 노리고 해외주식을 찾는 투자자들이 늘고 있지만 세금 등 각종 비용을 생각하지 않는 경우가 적지 않다. 이에 전문가들은 해외주식투자 시 세금, 매매시간, 환율 등 다양한 요소를 고려해야 한다고 지적하고 있다.

해외주식 거래를 통해 돈을 벌었으면 그해 발생한 이익에 대해 양도소득세를 내야 한다. 1월 1일부터 12월 31일까지 발생한 이익과 손실을 합산한 금액이 과세표준이 된다. 과세표준에서 증권사 매매수수료 등을 제외하고 남은 금액에 양도소득세 22%가 붙는다. 이듬해 5월 자진 신고하고 납부해야 한다. 거래를 통한 이익이 250만 원을 넘는 경우에만 낸다.

예를 들어 1년 동안 투자자 김모 씨가 아마존에 투자해 500만 원의 이익을 봤고 매매수수료가 50만 원이었다면, 450만 원에서 250만 원을 제한 200만 원에 양도소득세 22%가 붙는다. 44만 원의 세금을 내야 한다.

여러 종목을 사고판 B씨의 경우에는 손익을 합산해야 한다. 델타항공 주식을 사서 100만 원 손실을 보고 팔고, 테슬라로 500만 원을 벌었다면 400만 원에서 250만 원을 뺀 150만 원에 대한 세금만 내면 된다.

현금배당과 주식배당에 대한 배당소득세도 있다. 국내주식에서 배당을 받았다면 배당소득세 14%에 지방소득세 1.4%를 더한 15.4%가 징수된다. 국내 증권사를 통해 해외주식을 매수했다면 해외주식에 대한 배당금은 현지에서 배당소득세를 원천징수한 뒤 배당금이 국내투자자에게 지급된다. 국내 배당소득세율보다 해외 배당소득세율이 낮은 경우에는 추가징수한다. 예를 들어 중국은 배당소득세율이 10%이기 때문에 국내에서 나머지 소득세 4%와 지방소득세 0.4%(소득세의 10%)가 추가로 부과된다. 미국의 경우 배당소득세율이 15%이기 때문에 추가

징수를 하지 않는다.

해외주식 거래비용도 만만찮다. 국내주식거래 수수료는 무료화하는 추세지만 해외주식을 거래할 때에는 0.2%~0.5% 정도의 수수료가 붙는다.

환율도 염두에 둬야 한다. 원화가 약세일 때 매수해서 원화가 강세일 때 매도하면 수익에 악영향을 미친다. 증권사의 환전 서비스는 오전 9시부터 오후 4시까지 제공되기 때문에 증권사들은 원화로 매수증거금을 내고 거래 시 자동으로 외화로 환전되는 서비스를 하고 있어 환전수수료도 0.2~1% 부담해야 한다.

최소 거래단위도 다르다. 한국과 미국은 1주씩 거래하지만 중국본토에서는 매수 시 100주 단위, 매도 시에는 1주 단위로 거래할 수 있다. 일본과 홍콩은 종목마다 거래단위가 다르다.

해외주식에 대한 과세가 결제일 기준이기 때문에 매도시점에도 주의를 기울일 필요가 있다는 게 전문가들의 조언이다. 우리나라는 주문 후 2영업일 이후에 결제되지만 미국은 3영업일 뒤, 중국은 1영업일 뒤에 결제가 이뤄진다.

국내에서는 소액주주가 장내에서 매도한 경우에는 세금을 내지 않는다. 다만 폐장일 기준으로 대주주 요건에 해당하면 다음해 해당종목을 매매할 때마다 양도차익이 발생한 부분에 대해 양도세가 매겨진다. 대주주 요건은 시가기준으로 10억 원 이상의 주식을 갖고 있는 경우다. 이듬해 주식을 팔아 수익을 냈다면 보유기간과 종목에 따라 20~25%의 양도세를 내야 한다.

미국주식 공부법

미국증권시장에는 5,000개 가까운 상장기업이 존재한다. 그것도 상당히 줄어든 것이다. 지난 1998년에는 7,000여 개가 넘었었다.

시장도 뉴욕증권거래소(NYSE)와 나스닥(NASDAQ)만 있는 게 아니다. 보스턴증권거래소(BSE), 시카고증권거래소(CHX), 국제증권거래소(ISE), 마이애미증권거래소(MS4X), 전미증권거래소(NSX) 등 중소규모 시장까지 포함하면 80여 개에 달한다. 이 중 월가 투자은행(IB)들이 거래하는 시장만 해도 수십여 개다. 기본적으로 미국 금융시장은 크고 복잡하다는 얘기다.

이런 미국 주식시장에 투자해야 할 이유는 뭘까? 크게 2가지다.

첫째, 기본적으로 미국의 상장 기업들은 전 세계적으로 수익성이 뛰어나다. 워낙 큰 소비시장을 끼고 있어 '규모의 경제' 효과를 누리는데다, 중간재 중심인 한국 기업들과는 달리 자기 브랜드를 갖고 최종 소비자들을 상대하는 기업이 많기 때문이다. 글로벌 브랜드 컨설팅 전문업체 인터브랜드가 발표한 '글로벌 100대 브랜드'를 보면 톱 10에 삼성전자 외에는 모두 미국기업들이 차지하고 있다.

둘째, 미국기업들은 확실한 주주중시 경영을 한다. 남는 돈이 있으면 유보해 회사에 쌓아놓기보다 즉시 자사주 매입, 배당 등에 쓴다. 2018년 법인세율이 낮아지자 기업들은 그 돈은 자사주 매입으로 돌렸다. 월스트리트저널(WSJ)에 따르면 2018년 자사주매입 액수는 8,060억 달러에 달했고, 2019년에도 7,290억 달러 규모가 자사주를 사는 데

쓰였다. 2020년 코로나19 팬데믹이 터지면
서 배당을 잠시 줄였지만 3분기부터 형편이
조금 나아지자 다시 배당을 시작하려는 기
업들이 늘어나고 있다. 제너럴모터스(GM)는

2020년 11월 "2021년 중반에는 배당금을 다시 지급하는 것을 목표로
하고 있다"고 밝혔으며, 갭(GAP)도 10월 컨퍼런스 콜에서 "내년 초에는
배당금 지급을 재개할 수 있을 것"이라고 발표했다.

　이런 미국시장에는 투자자들도 다양하다. 블랙록 뱅가드 피델리피
등 수조 달러의 자산을 굴리는 거대 자산운용사부터 캘리포니아공무
원연금(캘퍼스) 등 미국 내 수백여 개 연기금과 노르웨이연기금, 한국투
자공사(KIC) 등 해외 국부펀드, 그리고 블랙스톤 등 사모펀드와 브릿
지워터 등 헤지펀드, 시타델 등 퀀트펀드들이 붐빈다. 최근엔 로빈후드
등 무료 주식거래앱의 등장으로 개인투자자들이 급증했다.

　미국 주식시장에 투자하려면 가장 먼저 알아둬야 할 것이 미 중앙
은행(Fed)이다. 뉴욕 주식시장이 코로나 팬데믹 와중에도 2020년 폭등
한 건 Fed의 완화적 통화정책 덕분이라는 평가가 나올 정도다. 실제
Fed는 2020년 3월 말 제로금리와 함께 무제한 양적완화(QE)를 선언했
고, 9개에 달하는 긴급대출 프로그램을 만들어 시장에 유동성을 공급
했다.

　Fed 의장은 '세계 경제대통령'으로 불리운다. 미국 통화정책을 좌지
우지하는 Fed는 미국 경제뿐 아니라 세계경제에 큰 영향을 미치기 때
문이다.

Fed는 특이한 구조로 이뤄져 있다. 단일한 국립중앙은행이 존재하는 세계 여러 나라와 달리 Fed는 수천여 개 민간은행이 출자한 12개 지역연방은행과 이를 총괄하는 Fed 이사회, 그리고 통화정책을 결정하는 연방공개시장위원회(FOMC) 등 3개의 핵심 주체로 구성되어 있다.

Fed의 역할은 '통화정책, 금융 안정성 확보, 금융 감독, 지급결제시스템 조성, 금융소비자 보호' 등 5가지다. Fed는 3개의 핵심기구(12개 지역연방은행, Fed 이사회, FOMC)를 통해 이런 일을 하고 있다. Fed는 홈페이지에서 이런 구조가 화폐 권력의 중앙집중을 피하기 위해 고안된 것이라고 밝히고 있다.

Fed의 최고의사결정 기구인 이사회는 7명으로 구성된다. 모두 대통령이 지명하며 이를 상원이 인준한다. 임기는 14년으로 연임할 수 없다. 2년에 한 명씩 임기가 만료되는 구조여서 대통령은 4년 임기 중 2명을 새로 임명할 수 있다. 또한 이사 중 의장, 부의장도 임명한다. 임기는 4년이며 연임이 가능하다. 이사회는 금융 감독과 규제, 소비자 보호, 국가 지불 시스템 감독을 총괄한다. 또한 각 지역연방은행을 감독하고 일부 이사를 지명한다.

이사들의 가장 중요한 업무 중 하나는 FOMC에 참여하는 것이다. 공개시장 조작, 할인율, 지급준비율 등 Fed가 사용하는 3가지 통화정책 수단 가운데 공개시장 조작을 담당하는 회의체다. FOMC는 총 12명으로 구성된다. 이 중 7명이 Fed 이사이며, 5명은 지역연방은행 총재들이다. 가장 영향력이 큰 뉴욕연방은행 총재는 당연직이며, 나머지 네 자리를 11명의 다른 총재가 3년에 한 번씩 돌아가며 임기 1년을 책임진다. FOMC의 정족수는 7명이며, 적어도 1명은 지역연방은행 총재가 반드시 참석해야 한다. 과반수로 표결한다는 점을 감안하면 7명의 이사가 사실상 결정권을 쥐고 있다고 볼 수 있다.

FOMC는 매년 여덟 번 정례회의를 열어 연방 기준금리를 결정한다. 기준금리는 Fed에 법적 지급준비금 이상을 예치한 금융사가 다른 금융사에 그 돈을 빌려줄 때 받는 이자율이다. 이 금리가 미국의 시중금리와 주식 등 자산가격, 환율 등에 영향을 미치고 세계경제에도 영향을 준다. FOMC가 열릴 때마다 세계가 주목하는 이유다.

미국의 거시경제 상태를 판단하기 위해선 끊임없이 쏟아져 나오는 경제지표들도 주시해야한다.

크게 경제 참여자들의 심리를 반영하는 소프트데이터와 실물경제 동향을 나타내는 하드데이터로 나뉜다. 미시간대 소비자심리지수, 공급관리협회의 구매관리자지수(PMI) 등이 대표적인 소프트데이터다. 반면 주로 Fed와 노동부, 상무부 등이 발표하는 경제성장률과 실업률, 실업급여 청구자수, 개인소득, 개인소비지출, 생산자물가와 소비자물가 등은 하드데이터로 분류된다. 이들 중요한 지표는 월 초에 발표가 집중되는 경향이 있으며 인베스팅닷컴, 브리핑닷컴 등에서 발표 일정을 확인할 수 있다.

Fed와 경제지표를 알면 미국 경제의 절반은 아는 것이다. 다음에는 투자할 기업을 골라야 한다. 애플, 아마존, 마이크로소프트, 페이스북, 알파벳, 넷플릭스, 테슬라, 엔비디아 등은 한국 투자자들도 잘 알고 있는 기술주다. 이들 기술주는 주가수익비율(PER)이 워낙 높지만 미래

성장성이 탄탄해 매수세가 꾸준히 몰리고 있다. 이런 초대형 기술주 외에 새롭게 뜨는 기술주로는 줌, 비욘드미트, 펠로톤 등이 꼽힌다.

전통적 주식으로는 IBM, 제너럴모터스와 포드, 보잉, 엑손모빌, 캐터필러, 3M 등이 꼽힌다.

미국기업들은 분기에 한 번씩 실적을 발표한다. 12월 결산법인이 대부분인 한국과 달리 미국 상장기업들은 결산 시점이 다양하다. 애플의 경우 2020회계년도가 2019년 9월 27일부터 2020년 9월 26일까지였다.

통상 1월, 4월, 7월, 10월에 진행되는 어닝시즌은 금융주로부터 시작해 유통주로 끝난다. 한 달 가량 기업들의 실적 발표가 이어지는 것이다. 기업들은 분기실적을 발표할 때 대부분 웹캐스트 등을 통해 공개하며, 직접 최고경영자(CEO)와 최고재무책임자(CFO)가 나와 투자자와 애널리스트들의 질문을 받는다. 그만큼 실적에 있어 투명성이 확보되어 있다.

상장기업이 공개하는 재무정보 외에 주식 정보는 월가 금융사들의 분석 보고서와 외신을 통해 알 수 있다. 월가 보고서는 유료로 각 사의 고객에게만 판매되기 때문에 접하기 힘들 수 있다. 다만 골드만삭스와 모건스탠리, JP모간, 뱅크오브아메리카, 블랙록 등 대부분의 금융사는 일부 보고서를 홈페이지를 통해 주기적으로 공개한다. 종목보다는 시황, 경제흐름 등을 분석하는 보고서들이다.

한국 투자자라면 종목에 대한 소식은 주요 외신을 통해 접하는 게 가장 보편적일 것이다. 월가의 소식을 빠르게 전하는 매체로는 월스트리트저널과 CNBC, 블룸버그, 마켓워치 등이 꼽힌다. 대부분 유료 매체지만 증권전문방송인 CNBC의 경우 대부분의 기사를 무료로 볼 수 있다.

현재 월가를 이끄는 인물들의 말도 투자에 참고할 만하다. 이들이 가장 많은 정보를 갖고 있기 때문이다.

JP모간의 CEO인 제이미 다이먼, 블랙스톤의 스티브 슈워츠먼 회장, 블랙록의 래리 핑크 회장, 헤지펀드 브릿지워터의 레이 달리오 CEO, 유명 헤지펀드 투자자인 스티븐 드러캔밀러와 데이비드 테퍼, 하워드 막스 등이 대표적이다. 채권 분야에서는 빌그로스와 제프리 건들락 등이 꼽힌다.

월가에선 반드시 알아둬야 할 투자 격언이 있다. 가장 유명한 건 'Fed에 맞서지 말라'라는 것이다. Fed의 중요성은 수십 번을 얘기해도 모자라지 않을 정도다.

또한 '5월에 팔고 10월에 사라'는 격언도 잘 알려져 있다. 5월은 펀드매니저들이 상반기 결실을 수확하고 여름휴가에 대비해 주식 포지션을 정리하는 기간이다. 통상 휴가기간의 주식시장은 휴지기를 보이고, 이들 매니저들이 본격적으로 활동하는 11월부터 다음해 4월까지 활황장을 보인다.

이는 수치로 확인된다. 1957년부터 2018년까지 S&P500 지수를 기준으로 5~10월과 11~4월 수익률을 비교해보면 11~4월이 연율 16.3%로 5~10월의 연율 4.9%에 비해 압도적으로 높다. 월평균 수익률을 따지면 11~4월은 1.3%, 5~10월은 0.4%이다.

'이번만은 다르다'라는 격언도 있다. 2000년 닷컴버블 붕괴 직전, 꼭지론이 퍼지자 낙관론자들은 "이번만은 다르다"고 말했다. 정보기술에 의한 신경제가 펼쳐질 것이란 얘기였다. 하지만 닷컴호황은 결국 붕괴로 이어졌다. 글로벌 금융위기 직전도 마찬가지였다. "이번만은 다르다"는 말이 나올 때는 주가가 정점에 있을 때라고 보면 된다

밀레니얼을 위한 ONE POINT LESSON

미국주식을 사야 하는 이유는 어렵지 않다. 망하지 않을 회사들이, 성장하는 회사들이 그곳에 모여 있기 때문이다. 미국인들은 수십년간 "미국은 뒤처지고 있다"고 말했지만 패러다임이 변화하는 시기의 주역들은 항상 미국기업들이었다. 애플, 테슬라, 아마존이 현재의 주역이다. 그만큼 파괴적 혁신이 자유롭게 일어나는 문화를 갖고 있기 때문이다. 이런 미국을 이해하는 첫걸음은 미국 중앙은행(Fed)을 이해하는 것이다. 미국 주식시장에 가장 유명한 격언이 오죽하면 'Fed에 맞서지 말라'이겠는가.

유튜버 소수몽키
잠든 사이 월급 버는 미국 배당주 투자

"배당주에 투자하는 건 우량주에 투자하는 것과 마찬가지입니다. 미국 우량주 500개 중 80%는 배당을 줍니다. 눈감고 아무거나 찍어도 배당을 줘요."

저축만으로는 안 된다는 걸 깨달았다. 스무 살 대학 신입생 때였다. 전재산 100만 원, 무턱대고 주식투자를 시작했다. 31살이 된 2020년, 투자금은 2억 원으로 불어났다. 유튜버 '소수몽키(본명 홍승초)' 씨의 이야기다. 미국 배당주로 현금흐름을 만드는 법, 초보자를 위한 깔끔한 데이터 정리로 2020년 12월 기준 구독자 21만 명을 넘어섰다.

그가 운영하는 블로그의 이름은 '소수몽키의 분신술'. 자신이 쉬는 동안에 열심히 일해줄 '분신 몽키'를 여러 마리 만들겠다는 것이다. "돈이 또 다른 돈을 불러오는 환경을 만들고 유유자적하는 삶을 살고 싶다"는 그를 만났다. 제2의 월급을 만드는 배당주 투자법부터 한국주식 대신 미국주식을 해야 하는 이유, 미국주식투자에 쓸 수 있는 팁을 그에게 물었다.

Q. 언제 처음 주식투자를 시작하셨습니까?

A. 대학교에 입학하자마자 시작했습니다. 생활비를 마련해야 했기 때문입니다. 가난했습니다. 부모님께서 지원해줄 수 있는 게 아무것도 없다는 걸 대학교 가서 알았습니다. 돈에 대해 빨리 깨달으면서 예적금으로는 안 된다는 사실도 알았죠. 대학에 입학하자마자 전 재산 100만~200만 원으로 한국주식을 시작했어요. 큰돈을 가지고 투자한 건 취업 이후였습니다. 그때도 자본금이 별로 없어서 마이너스 통장을 뚫어 투자했어요.

돈에 대한 열망이 강했습니다. 빨리 돈을 벌고 싶어 대학교도 조기졸업을 했으니까요. 학교 생활은 딱 학점 딸 정도만 했습니다. 돈이 되는 대외활동, 과외, 부업, 창업을 주로 했어요.

Q. 지금 소수몽키님의 총 투자금과 월배당금은 어느 정도 규모입니까?

A. 2020년 12월 기준으로 투자금은 2억 원, 배당금은 월 500~600달러입니다. 배당률 3% 수준입니다. 더 배당률이 높은 배당주에 투자해 700~800달러까지 만들 수 있는 구조입니다. 2020년에는 배터리, 반도체 종목을 많이 담아 비중조절을 했습니다. 자산을 더 불린 후 나중에는 배당률 4~5%로 맞춰 일종의 '월세'를 받는 게 목표입니다.

Q. 유튜브에서 미국주식에 투자하라고 조언하셨습니다. 투자자들이 익숙한 한국주식을 놔두고 미국주식을 해야 하는 이유가 있습니까?

A. 우선, 익숙한 기업이 미국에 많기 때문입니다. 특히 2030세대는 더 그렇습니다. 처음 제가 한국주식을 할 때는 전자공시사이트에서 재무제표를 보거나 뉴스를 검색해서 기업을 공부했습니다. 숫자로만 접근한 거죠. 반면 미국에는 이름만 들으면 아는 기업이 많습니다. 테슬라, 애플, 비자, 보잉처럼요. 스타벅스 커피도 매일 마시잖아요. 미국이기 때문에 미국주식을 하는 게 아닙니다. 익숙한 기업이 미국기업이니까 하는 거죠.

둘째, 정보가 투명합니다. 미국기업은 3개월마다 실적발표 때 컨퍼런스 콜의 스크립트를 전부 공개합니다. 일반 투자자도 CEO나 CFO 같은 고위담당자들이 기관투자자들과 어떤 질의 응답을 했는지 다 볼 수 있습니다. 워런 버핏의 주주총회는 세계적인 행사죠. 찰리 멍거와 함께 앉아서 5시간 동안 화장실도 안 가고 모든 질문에 답해줍니다. 어린이가 질문해도 받아줘요.

반면 한국은 직접 주주총회에 참석해야 이런 내용을 알 수 있습니다. 또한 제가 한국 주주총회를 갔을 때는 실망스러운 적도 많았어요. 주주들에게 속 시원하게 정보를 말해주지 않습니다. 미국기업의 문화는 주주들에게 믿음을 줍니다. 똑같은 돈을 투자한다면 내 돈을 소중히 생각해주는 기업이 더 좋겠죠.

또한 미국시장에 더 많은 투자 기회가 있습니다. 한국은 유가증권시장, 코스닥 시장을 다 합쳐도 상장 기업이 2,800개 수준입니다. 미국은 상장사와 ETF까지 합치면 7,000개가 넘습니다. 선택지가 훨씬 많은 거죠. 전 세계 유망한 기업도 모두 미국시장으로 몰립니다. 요즘에 떠오르는 중국 전기차 기업도 미국시장에 상장되어 있죠. 신생 트렌드 기업도 미국에서 먼저 나옵니다. 기업들도 미국에 가야 거래가 활발해지고, 달러를 기반으로 접근성이 좋아지니까요. 투자자 입장에서는 미국에서 달러만 깔고 앉아 있으면 유망한 기업들이 알아서 찾아오는 셈입니다.

한국주식만 해도 미국시장을 살펴야 합니다. 미국 금융시장이 한국주식에 미치는 영향이 크기 때문입니다. 당장 전날에 테슬라가 올라야 다음날 한국 전기차 관련주가 오르지 않습니까?

Q. 2020년 들어 약달러 시대가 찾아왔습니다. 미국주식에 투자하는 게 망설여지는데요.

A. 약달러 시대에도 미국주식에 투자해야 합니다. 우선 개인이 약달러와 강달러 사이클을 정확히 맞출 수 없기 때문입니다. 투자의 대가도 맞추기 힘들죠. 약달러일 때 미국주식을 안 하다가 달러가 오르는 시점을 정확히 알고 시장에 진입하는 건 불가능합니다.

예를 들어 2018년 초에 달러약세가 왔습니다. 당시 대다수 전문가들이 '달러가 1,000원 밑으로 깨진다' '약세가 본격적이다'라는 의견을 냈습니다. 코스피지수는 3000을 가고 '미국주식 끝물'이라는 얘기도 나왔죠. 하지만 5월에 처음으로 미국과 중국의 무역분쟁이 터지자 바로 달러가 반등했습니다. 순식간에 분위기가 뒤집힌 거죠. 예상치 못한 위기가 닥치면 안전자산인 달러는 오를 수밖에 없습니다. 달러 가격이 평균보다 낮을 때 미리 나눠서 매수하고 알 수 없는 위기를 대비해야 합니다.

약달러 시대에 좋은 미국주식도 있습니다. 한국에서도 원화가 약세면 수출주가 유리하죠. 애플, 구글, 마이크로소프트 같은 글로벌 기업은 내수 이상으로 해외판매 비중이 높습니다. 달러 약세에서 유리한 거죠.

Q. 미국주식에 투자할 때 유용한 어플이나 사이트가 있을까요?

A. 위불(Webull)이라는 어플을 가장 추천합니다. 미국주식투자에 필요한 모든 게 다 있습니다. 어떤 종목과 지수가 오르고 내리는지를 한눈에 파악할 수 있습니다. 관심종목도 깔끔히 분류할 수 있고요.

뉴스 어플로는 CNBC를 자주 씁니다. 정치성향과 무관하게 사실 위주의 속보를 확인할 수 있습니다. 저는 장 전후에 여기서 꼭 뉴스를 정리합니다.

마지막으로 시킹알파(Seeking Alpha)에서는 투자자들의 주관적인 의견을 확인할 수 있습니다. 일종의 커뮤니티입니다. 프로에 준하는 개인투자자들이 주식시장에 대한 생각을 기고합니다. 실력이 떨어지는 사람은 커뮤니티에서 내부적으로 걸러지기 때문에 잡다한 토론방 수준은 아니죠. 참고할 만한 참신한 아이디어가 있습니다. CNBC가 팩트 위주의 뉴스를 검색하는 곳이라면 시킹알파는 미국 현지 투자자들의 주관적인 의견을 알 수 있는 곳입니다.

Q. 미국은 한국 시각으로 밤에 장이 열립니다. 일상생활과 미국주식을 병행하는 팁이 있습니까?

A. 오히려 미국은 밤에 장이 열리기 때문에 본업과 병행하기 좋다고 생각합니다. 한국주식을 하면 회사에 출근한 후 아침 9시에 몰래 주식거래를 하기도 하잖아요. 내 주식이 오르고 떨어지니 업무 집중도 안 되고요. 미국주식은 퇴근하고 자기 전에 확인하면 됩니다.

:: 25년 이상 배당을 늘려온 미국 '배당 귀족주' ::

(단위: %)

기업	배당 수익률	기업	배당 수익률
엑슨모빌	10.5	앰코	4.2
AT&T	7.3	카디널헬스	4.2
셰브런	7.0	에섹스프로퍼티트러스트	3.9
피플스유나이티드파이낸셜	7.0	레깃앤플랫	3.8
페더럴리얼티인베스트먼트	5.5	콘솔리데이티드에디슨	3.8
프랭클린리소시스	5.4	3M	3.7
애브비	5.3	뉴코	3.6
월그린스부츠얼라이언스	5.1	코카콜라	3.3
레이시온테크놀로지스	4.7	제뉴인파츠	3.3
리얼티인컴	4.4	에머슨일렉트릭	3.1

※2020년 10월 1일 배당 수익률 기준. S&P 소속 기업

자료: 디비던드닷컴

저는 퇴근 후 장이 열리기 전에 뭘 사고팔지 차분히 정리합니다. 종이나 컴퓨터에 적습니다. 장이 열린 후에는 고민하지 않고 1시간 이내에 매매를 끝냅니다. 미국도 한국처럼 장 초반에 활발한 거래는 다 끝납니다. 꼭 싸게 사고 싶은 건 예약매수를 걸어놓습니다. 장이 열리고 고민하려면 모니터 보다가 잠도 못 잡니다.

Q. 미국 배당주 투자를 특히 추천하셨습니다.

A. 배당금은 하락장에서 시간을 이길 힘을 줍니다. 2020년에 주식을 시작한 투자자는 강세장만 겪었습니다. 강세장에서는 자만하게 됩니다. 하지만 주식은 떨어지기도 하죠. 이때 버티는 게 쉽지 않습니다. 아무리 장기투자를 결심하고 샀더라도 대개의 개미는 못 버티고 손절합니다. 배당이라는 현금흐름이 버티기를 도와줍니다. 주가가 떨어지더라도 배당을 받으면서 버틸 수 있는 거죠. 월세처럼 꼬박꼬박 리턴이 돌아오니까요. 하락장에서도 방어가 됩니다.

둘째로, 배당주에 투자하는 건 우량주에 투자하는 것과 마찬가지입니다. 미국 우량주 500개 중 80%는 배당을 줍니다. 눈을 감고 아무거나 찍어도 배당을 줘요. 한국 배당주는 성장성이 낮고 올드한 느낌이 있는 것과 개념이 좀 다르죠.

마지막으로, 배당금은 주식을 오래 들고 있을 이유가 됩니다. 저는 처음 한국주식을 할 때 무조건 주식을 팔아야 수익이라고 생각했습니다. TV에서 유명한 사람들이 아무리 "장기투자해라.

들고 있으면 부자 된다"고 말해도 그렇게 하기 어렵죠. 현금화하지 않으면 주식이 아무리 올라도 그저 사이버머니처럼 느껴지니까요. 하지만 미국은 배당을 자주 줍니다. 3개월마다 꼬박꼬박 현금이 나와요. 저도 배당이 없었다면 애플이 30% 오른 시점에 무조건 팔았을 겁니다. 배당이 있으니 장기적으로 투자할 수 있는 거죠.

Q. 배당락 직전에 사면 주식을 비싸게 사게 되는 건 아닐지 걱정됩니다. 한국 은행주 같은 대표적 배당주는 연말 배당락이 가까워질수록 가격이 많이 오르지 않습니까?

A. 미국주식에서는 이게 오해입니다. 배당이 특별한 이벤트가 아니라 3개월마다 찾아오는 일상입니다. 연배당률이 4%면 1%씩 쪼개서 4번 줍니다. 한국주식은 배당을 1년에 한 번 하니 가을부터 배당주가 급격히 오릅니다. 배당만 받고 팔거나 배당락일 전까지 몰리는 매수세를 이용해 시세차익을 내려는 사람이 많으니까요.

또한 미국은 반복적인 단기 투자에 경고를 줍니다. 반대로 3~6개월 주식을 길게 들고 있으면 세금을 감면해줍니다.

> ☑ **배당락**
>
> 주식회사는 이익이 발생하면 이를 주주들에게 배당하는데, 배당을 지급하기 위해 기업이 특정 날짜를 기준으로 주주명부를 확정지으면 이를 '배당기준일'이라고 함. 배당기준일이 지나면 해당 배당을 수령할 권리가 소멸하기 때문에 배당금에 해당하는 금액만큼 주가가치가 떨어지는 이른바 '배당락'이 발생

Q. 컨퍼런스 콜이나 배당을 고려하면 미국은 주주환원이 활발한 것 같습니다.

A. 미국기업들은 실적발표 때마다 주주환원책도 밝힙니다. 다음 분기 배당은 얼마 하겠다고 금액으로 알려주고, 얼마나 자사주를 매입할지도 말합니다. 그래서 미국 우량주는 유통주식수가 계속 줄어듭니다. 내가 들고 있는 한 주의 가치가 더 커지는 거죠. 주주환원책을 내놓으라고 모건 스탠리나 블랙록 등의 투자 회사가 압박하기도 합니다.

미국기업은 CEO가 계약직인 것도 이유입니다. 한국처럼 재벌 가족이 경영하지 않고 월급을 받는 CEO가 경영하죠. CEO도 연봉을 많이 받고 자신을 증명하려면 주가를 부양해야 하니 주주환원에 적극적입니다. 기업이 주주를 대하는 태도는 좋은 기업을 판단하는 단서이기도 합니다.

Q. 2020년에는 코로나19 때문에 시장이 '성장주' 위주로 돌아갔습니다. 배당을 주는 '가치주'에 투자하는 게 손해라고 생각하는 투자자도 있는데요.

A. 성향의 차이라고 생각합니다. 시장상황에 맞춰 적극적으로 포트폴리오를 조정하는 사람도 있는가 하면, 진득하게 포트폴리오를 유지하는 사람도 있습니다. 경험과 시간여유가 많으면 포트폴리오를 자주 조정할 수 있겠지만 초보 투자자에게는 쉽지 않은 일이죠. 장기적인 배당주 투자는 초보자가 쉽게 할 수 있는 방법입니다.

또한 주식시장 사이클은 돌고 돕니다. 예를 들어 2020년 초 폭락했던 에너지주와 항공주는 연말에 크게 반등했습니다. 제가 2016년에 처음 미국주식에 투자할 때는 배당주에만 투자해도 30~40%씩 오르더군요. 중국발 위기 이후 주식시장이 폭락하고 회복하던 시기를 우연히 잘 탔습니다. 당시 배당을 4~5%씩 주던 정유사, 철강사, 통신사가 성장주보다도 많이 올랐습니다. 그 다음해에는 안 오르더라고요. 사이클이 바뀐 겁니다.

그래서 무조건 가치주나 성장주만 택해 올인하는 건 좋지 않습니다. 섹터, 스타일, 업종을 분산해야 합니다.

Q. 유튜브에서 시가총액 순위 변화를 근거로 향후 유망한 산업군을 추려 주셨습니다. 반도체/게임, 전기차/배터리 등 이때 언급해주신 분야가 2020년 하반기에 많이 올랐습니다.

A. 시가총액이 크게 변하는 건 의미 있는 현상입니다. 테슬라가 이미 전통산업을 뛰어 넘었습니다. 버크셔헤서웨이를 제치고 6위에 안착했죠. 미국 주식시장에서 빅테크가 상위 6위를 모두 점유하고 있습니다. 국내에서도 LG화학, 삼성SDI 등 배터리 기업이 시총 10위에 진입했습니다.

2020년이 구조적인 변화의 시발점이라고 생각합니다. 이렇게 전통산업을 제치고 구조를 바꾼 기업은 장기적으로 보고 적극적으로 매수해야 한다고 생각합니다.

Q. 초보투자자가 기업을 공부할 때 꼭 확인해야 할 게 있습니까?

A. 주가흐름이 아니라 기업실적을 확인해야 합니다. '주가는 실적에 수렴한다'는 말이 있죠. 돈을 잘 버는 기업의 주가가 장기적으로 오르는 게 당연합니다. '주식이 최근 얼마나 올랐다, 떨어졌다'보다도 매출과 영업이익이 중요합니다.

요새는 한글로 네이버에 '애플 실적'이라고만 검색해도 분석 글이나 기사가 많이 나옵니다. 언어의 부담을 느낄 필요도 없습니다. 직접 두 눈으로 확인하고 싶으면 구글에 '종목명+어닝(earning)'을 검색하면 됩니다. 해당 기업 IR 홈페이지의 실적자료가 금방 나옵니다. 확인할 점은 이번 분기 실적이 직전 분기, 전년 동기에 비해 성장했는지 입니다. 또는 최근 3년 실적이 성장하고 있는지, 코로나19 이후 얼마나 회복하고 있는지 확인하면 좋습니다.

Q. 배당주에 장기투자를 하더라도 매도는 해야 할 텐데요, 매도하는 시점을 어떻게 잡아야 할까요?

A. 자기만의 기준을 세워야 합니다. 정답은 없어요. 정말 왕초보라면 '깔끔하게 수익률 20% 되면 판다'는 기준을 세워도 됩니다. 또는 주가가 10%만 빠져도 무섭게 느끼는 분도 있어요. 그런 투자자는 '10%만 오르면 팔래. 장기투자 하다가 오히려 떨어지길 원치 않아'라고 정하면 됩니다. 자신이 원하는 이익과 손실에 대한 기준을 만드는 겁니다.

'갈아타기 전략'을 쓸 수도 있습니다. 기회비용을 고려하는 거예요. 세상의 모든 좋은 주식을 계속 살 수 있다면 좋겠지만, 우리 월급은 한정적입니다. 더 좋은 투자처가 생기면 갈아타는 겁니다. 어떤 종목이 갑자기 하락해 매수하기 좋은 시점이 찾아오거나, 이전에는 몰랐던 좋은 종목을 알게 되는 경우가 있겠죠.

Q. 2030만의 강점을 살려 투자할 수 있는 분야가 있을까요?

A. 2030이 잘 아는 분야에 투자해야 합니다. 밀레니얼 세대는 게임, 미디어와 함께 성장했습니다. 시장 경쟁자인 40~50대보다 이 분야를 잘 이해합니다. 게임 개발사뿐만 아니라 스트리밍 기업, 고사양 게임과 관계 있는 반도체 기업에도 투자할 수 있습니다. 저는 '유니티'라는 기업을 꼽고 싶습니다. 월 구독료를 지불하면 게임 개발에 필요한 소프트웨어를 제공하는 기업입니다.

Q. 직접 게임을 만드는 기업이 아니라 게임 관련 기업을 추천하시는 이유가 있나요?

A. '뒤에서 웃는 기업 전략'입니다. 전기차 산업이 성장할 것 같은데 수많은 전기차 기업 중 어떤 기업이 성공할지 알 수 없습니다. 전기차 기업에 직접 투자는 적게 하고, 전기차 산업이 발전하면 무조건 돈을 벌 기업을 찾는 겁니다. 이 경우에는 인프라를 제공하는 충전소 기업이 있겠죠. 미디어 부문에서도 어떤 제작사의 드라마가 대박날 지는 알 수가 없죠. 미디어 컨텐츠를

유통하는 플랫폼 기업에 투자하는 겁니다.

유니티는 게임을 개발할 때 무조건 써야 되는 프로그램입니다. 시장 점유율이 압도적 1등입니다. 게임 산업과 함께 반드시 성장하는 기업이죠.

Q. 마지막으로 자신만의 투자 철칙이 있다면 소개해주세요.

A. '와이프를 설득할 수 없으면 투자하지 않는다'가 철칙입니다. 내가 이 주식이 좋다고 생각하는 이유를 명확히 설명할 수 있어야 합니다. 지나가는 초등학생에게 이 주식이 어떤 주식인지 설명하지 못하면 본인은 그 종목을 모르는 셈입니다. 숫자로 도배한다고 설득이 되는 것도 아닙니다. 종목을 한두 줄로 정의할 수 있어야 하고, 왜 사는지 기준을 제시해야 합니다. 남이 만들어준 기준, 남이 추천해준 종목은 필요 없습니다.

 밀레니얼을 위한 ONE POINT LESSON

주가의 급등과 급락에 중독되면 배당의 중요성을 망각하기 십상이다. 하지만 배당은 중요하다. 하락장에서도 현금이 들어오기 때문에 시간을 이길 힘을 준다. 분기·월 배당을 하는 미국주식에 투자해야 하는 이유다. 또한 미국 배당주 투자는 우량주에 투자하는 것이다. 500개 우량주 가운데 80%는 어김없이 배당을 할 정도로 우량하다는 것의 다른 표현이다. 젊은 투자자는 경쟁자인 40~50대와 겨뤄 이길 수 있는 업종, 예를 들면 게임이나 미디어에 투자하는 전략이 필요하다.

프라이빗 뱅커 선우성국
해외주식 제대로 고르는 법

> "금융투자는 이제 선택이 아닌 필수가 됐습니다. 서두르지 마십시오. 단기적으로 수익을 내려고 모험적 투자를 하다 보면 결국 제대로 된 수익을 내기 어렵습니다."

삼성증권은 고액자산가들이 선호하는 증권사로 알려져 있다. 자산 관리 분야에서 독보적인 역량을 갖췄다는 게 증권업계 중론이다. 특히 SNI삼성타운금융센터는 예탁자산 30억 원 이상의 초고액자산가를 전담하는 지점이다. 2020년부터 해외주식투자가 급증하면서 고액자산가들 사이에서 해외주식투자 열풍이 불었다.

부자들의 투자법은 2030세대에게 앞으로 나아가야 할 지침이 될 수 있다. 이곳에서 3년째 PB(프라이빗뱅커)팀장을 맡고 있는 선우성국 PB에게 그 비결을 물었다.

Q. 부자들의 해외주식 투자전략은 어떻게 바뀌고 있습니까?

A. 코로나19 직후였던 2020년 2~3분기에는 세계 각국 중앙은행의 통화정책에 기반한 유동성을 미국 빅테크 기업들이 받아내면서 급격히 상승했습니다. 국내 해외주식투자자 역시 이 같은 흐름에 맞춰 나스닥 기술주와 테슬라 같은 혁신기업에 대한 투자를 집중적으로 늘렸습니다.

하지만 최근에는 조 바이든 행정부의 등장 이후 빅테크 기업들에 대한 독과점 규제, 그리고 향후 코로나19 백신 기대감 등으로 인해 투자전략이 바뀌고 있습니다. 그렇다고 빅테크 기업에 대한 투자를 멈출 순 없습니다. 실적이 뒷받침되는 빅테크 기업은 꾸준히 사면서 경기회복을 고려해 대면(컨택)주 비중을 조금씩 다시 늘리는 전략을 취해야 할 때입니다.

Q. 해외주식투자자들이 기대하는 수익률은 어느 정도입니까?

A. 해외주식투자자들은 해당 국가의 통화가치에 민감하게 반응합니다. 특히 최근처럼 달러약세 국면에서 환손실이 확대되는 국면에서는 환전의 시점을 잘 포착하는 것이 매우 중요합니다. 오히려 약달러를 매수기회로 삼을 수도 있기 때문입니다. 해외주식투자자들은 연간 약 15%의 수익률을 기대합니다. 양도소득세를 감안하더라도 13% 정도가 되니 결코 낮지 않은 수익률입니다.

Q. 해외주식을 계속 늘려야 합니까?

A. 주식투자는 결국 좋은 기업을 찾아 좋은 가격에 매수하는 것이 핵심입니다. 좋은 기업을 찾기 위한 과정이 무엇보다도 중요한데, 문제는 국내에서 좋은 기업을 찾기가 더 어려워지고 있다는 사실입니다. 이미 전 세계를 상대로 매출을 만들고, 시장의 패러다임 자체를 바꾸는 초대형 플랫폼 기업들의 대다수가 해외기업입니다.

이제 해외주식은 투자의 시점 자체를 논하는 것이 의미가 없어졌습니다. 누가 먼저 해외주식에 투자하는지만 중요해졌습니다. 해외주식투자의 비중도 늘리고, 시기도 앞당겨야 합니다.

Q. 해외주식투자자 중 2030세대의 비중은 어떻습니까?

A. 국내주식투자자들과 비교한다면 해외주식투자자들은 2030세대의 비중이 상대적으로 높은 편입니다. 우선 정보의 흡수량이 다르고 해외주식투자에 대한 부담을 덜 느끼기 때문입니다. 최근 유튜브 등에서 해외주식을 다루는 콘텐츠가 많아졌고, 테슬라의 기록적인 상승률 등이 2030세대를 해외주식투자로 끌어들인 영향이 있습니다.

Q. 2030세대가 해외주식에 투자할 때 중요한 포인트는 무엇입니까?

A. 해외주식도 국내주식과 크게 다르지 않습니다. 결국 상승요인은 실적과 성장성이라는 두 축을 기반으로 합니다. 장기투자를

하는 2030이라면 영업이익의 상
승보다는 매출액의 상승 등 성장
성에 대한 지표를 중점적으로 고
려하는 게 좋습니다. 단순히 유
행에 편승해서 투자하지 말고 해
외주식 역시 기업들의 실적에 대

> **☑ 파운드리**
> 반도체 제조를 전담하는 생산 전
> 문 기업. 반도체의 설계 디자인
> 을 전문으로 하는 기업(팹리스 ·
> Fabless)로부터 제조를 위탁받아
> 반도체를 생산하는 기업을 의미
> 함. 글로벌 1위 파운드리는 대만
> TSMC, 2위는 삼성전자

한 재무적인 분석이 필수적으로 따라야 합니다. 기업들을 공부
하는 습관을 길러야 한다는 이야기입니다.

Q. 2030 투자자가 10년 장기투자를 한다면 어떤 업종이 유망하겠습니까?

A. 여전히 대형 플랫폼, 비대면으로 대변되는 기업들에 장기투자하
   는 것이 좋다고 봅니다. 향후에는 플랫폼의 의미가 더욱 광범위
   하게 적용될 것입니다. 현재 미국과 중국의 대표적인 기술주들
   이 향후에도 주도권을 이어갈 것으로 예상하고 있습니다. 해당
   기업들이 자신들의 비즈니스모델과 플랫폼을 구축하려면 반도
   체가 필수입니다. 반도체 설계회사, 파운드리 회사 역시 주목할
   필요가 있습니다.

Q. 2030 투자자가 명심해야 할 투자자로서의 자세는 무엇입니까?

A. 극단적인 저금리가 이어지고 있습니다. 부동산 가격은 이미 치
   솟아버렸습니다. 2030세대들은 희망이 없다고들 말합니다. 금융
   투자는 이제 선택이 아닌 필수가 됐습니다. 서두르지 마십시오.

단기적으로 수익을 내려고 모험적 투자를 하다 보면 결국 제대로 된 수익을 내기 어렵습니다. 장기적인 안목과 계획을 갖고 좋은 기업의 주주가 되겠다는 생각을 해야 합니다. 좋은 기업을 선택하고 매월 꾸준히 매수해나가는 것이 중요합니다. '그 기업의 성장이 곧 내 금융자산의 성장'이라는 확신을 갖고 투자하는 게 좋습니다.

Q. PB로서 2021년 상반기 미국시장 전망을 어떻게 보고 있는지요?

A. 2021년 상반기까지는 미국 나스닥의 대형 기술주들이 다소 주춤할 수 있다고 생각합니다. 바이든이 본격 집권한 후 초대형 플랫폼 기업들의 독과점 이슈가 다시 불거질 수 있을 것으로 봅니다.

물론 나스닥 기술주는 실적 성장을 동반해 주가가 오른 것이기 때문에 펀더멘탈 자체엔 문제가 없습니다. 정치적 규제와 금리 상승에 대한 우려 등이 종합적으로 기술주를 억누르는 요인으로 작용할 수 있다는 얘깁니다.

Q. 미국시장 외에 중국 등 신흥국 시장 투자는 어떨까요?

A. 중국 등 신흥국에 대한 비중은 2021년에 오히려 확대해야 합니다. 코로나19로부터 회복하는 속도가 더 빠르기 때문입니다. 트럼프 대통령 재임 당시 발생한 미중 무역분쟁이 완전히 없어지진 않더라도 약화할 것으로 전망합니다. 특히 중국 역시 아시아

지역을 석권하는 알리바바와 텐센트같은 대형 플랫폼 기업들을 갖고 있습니다. 중국의 플랫폼 기업들 역시 시장의 판도를 바꾸는 역할을 하게 될 것입니다.

 밀레니얼을 위한 ONE POINT LESSON

젊은이들은 장기투자를 위해 수익성보다 매출 증가율 등 성장성을 더 유심히 보려고 노력해야 한다. 시간은 젊은이들의 편이기 때문이다. 2020년 많이 올랐지만 빅테크 기업에 대한 지속적 관심이 필요하다. 실적이 뒷받침되는 빅테크 기업은 꾸준히 매수해야 하고, 경기회복을 고려해 대면(컨택)주 비중을 조금씩 늘리는 전략도 필요하다. 코로나19에서 벗어날 것을 감안해 중국 등 신흥국 투자도 적극적으로 고려해야 한다.

YoY, QoQ 등 암호 같은 주식용어 읽는 법

주식투자를 시작하면 증권회사 리서치 보고서를 참고하는 경우가 많다. 애널리스트들이 자주 쓰는 용어를 온전히 이해하기 어려울 때가 많다. YoY, EPS, PER 등이 대표적으로 반복되는 용어들이다. 주식 초보자들이 참고할 만한 용어를 정리했다.

YoY는 기업 실적을 읽는 데 중요한 용어다. 보고서에 흔히 영업이익 100억 원(YoY 50%) 등으로 표기된다. 이는 영업이익이 전년 동기 대비 50% 증가했다는 의미다. 같은 맥락에서 QoQ는 직전 분기 대비 증감률을 뜻한다. YoY는 기업 실적을 공시할 때 공식처럼 통용된다. 계절에 따라 기업의 실적도 경향성을 보이기 때문이다. 예컨대 에어컨 수요가 급증하는 여름은 가전제품업체의 성수기다. 이런 경우 YoY로 비교해야 성과를 왜곡 없이 파악할 수 있다.

밸류에이션이라는 용어도 자주 등장한다. 사전적인 의미는 '가치평가'지만 증권맨들이 생각하는 밸류에이션은 실적 대비 주가 수준이다. 이는 주가수익비율(PER) 등으로 측정한다. PER이란 주당 가격을 주당순이익(EPS)으로 나눈 값이다. 예컨대 A기업 주가가 2만 원, 주당순이익이 2,000원이면 PER은 10배다. B기업의 주가가 1만원, 주당순이익이 5,000원이면 PER은 2배다. 대충 봐도 B기업이 저평가되었다는 것을 알 수 있다.

주가순자산비율(PBR)도 밸류에이션을 측정할 때 사용된다. PBR이란 주당 가격을 주당순자산가치로 나눈 값이다. 만약 한 기업의 주가가 1만 원, 주당순자산이 5만 원이면 PBR은 0.2배가 된다. 낮을수록 저평가되었다는 뜻이다. 최근에는 PER, PBR 대신 주가꿈비율(PDR)로 밸류에이션을 측정하기도 한다.

목표주가도 개념이 헷갈리기 쉽다. 증권사들의 목표주가에는 '최대치'와 '12개월 선행'이라는 말이 생략되어 있다. 목표주가는 한 종목이 12개월 안에 도달할 것으로 예상되는 가장 높은 주가다. 그래서 단기간에 도달하지 못할 가능성이 높다. 목표주가만 보고 투자를 결정해서는 안 된다는 얘기다.

목표주가뿐 아니라 PER, PBR 등을 측정할 때도 12개월 선행 지표를 사용한다. 이는 주가가 실물지표를 선행하기 때문이다. 주식시장에서는 미래의 가치가 가장 중요하다.

개인투자자와 기관투자자 사이의 가장 큰 장벽은 '정보격차' 다. 이 격차를 줄일 수 있는 방법이 있다. 공시를 읽을 줄 아는 능력을 키우는 것이다. 공시는 개인과 기관에게 공평하게 공개된 기업정보다. 공시를 읽지 못하는 투자자가 자본 전쟁터에서 이기기는 쉽지 않다. 전쟁터에서 중무장한 군인과 새총을 가지고 싸우는 격이기 때문이다. 이밖에도 환율변화에 따른 투자전략부터 이름도 생소한 투자상품 ELS까지, 본문에서 다루지 못했지만 꼭 알아야 할 투자지식을 부록에 담았다.

밀레니얼이 꼭 알아야 할
주식투자 지식 3가지

공시를 읽어야 하는 이유
호재와 악재를 해석하는 법

> 그 주식을 왜 사야 하는지, 계속 보유해야 하는지, 언제 팔아야 하는지 냉정하고도 유연하게 시시각각 판단할 수 있는 준비가 되어 있어야 한다. 그러려면 반드시 공시를 알아야 한다.

    미국의 전설적인 펀드매니저인 피터 린치가 남긴 유명한 투자조언들이 많다. 가장 대표적인 게 "알고 있는 것에 투자하라"는 말이다. 그는 사람들이 주식을 사놓고, 그 기업에 대해 아무것도 모른다고 말한다면 그건 '투자'가 아니라 '도박'이라고 했다.

    아는 것에 투자하라는 건 그렇게 단순한 얘기가 아니다. 지수나 시장이 아니라 개별 주식을 산다는 것은 전문가조차 쉬운 일이 아니라는 의미가 녹아있다. 어떤 주식을 보유한다는 건 그 기업의 경쟁력은 물론 대차대조표에 담긴 숫자까지 이해할 수 있어야 한다는 뜻이다.

    그런데 기업을 제대로 알고 투자하는 이가 많지 않다. 밀레니얼 세대처럼 주식에 처음 입문한 투자자일수록 그런 경향이 짙다. 사업의 핵심 경쟁력이나 전방산업의 트렌드는 둘째 치고, 실적추이나 경영진 면면도 잘 모른다. 주가에만 관심 있을 뿐이지, 정작 투자할 기업에는 관심이 없다.

개별주식에 금쪽 같은 돈을 넣으려면 기업을 제대로 알아야 한다. 주식시장은 항상 승패가 갈리는 전쟁터와 같다. 깊게 알고 변화를 빨리 포착해 전투에 나서는 사람이 이길 수밖에 없는 게임이다.

시장은 공평하다. 누구나 상장기업의 과거와 현재를 쉽게 파악할 수 있다. '공시(公示, disclosure)'가 있어서 가능한 일이다. 상장기업은 주가에 영향을 미칠 수 있는 사안이 생기면 즉각 공표해야 한다. 기업이 중요한 내부정보를 발생 시점에 다수의 투자자에게 공개하는 게 자본시장의 기본 룰이다. 이를 토대로 기업가치는 적정하게 평가받고 증권시장은 효율성을 높일 수 있다.

상장기업은 증권사 애널리스트나 펀드매니저 등 특정 집단에게만 회사정보를 제공하지 못한다. 투자자를 보호하고 주식시장의 불공정거래를 막겠다는 취지다. 이런 공정공시 제도가 자본시장에 정착된 건 오래 되지 않았다. 미국에서 2000년 처음 도입된 데 이어 한국에선 2002년 11월 의무화되었다.

주식투자의 기본은 투자자의 판단 능력이다. 그 주식을 왜 사야 하는지, 계속 보유해야 하는지, 언제 팔아야 하는지 냉정하고도 유연하게 시시각각 판단할 수 있는 준비가 되어 있어야 한다. 그러려면 반드시 공시를 알아야 한다.

공시가 도대체 뭐길래?

공시에는 규칙이 있다. 자본시장법과 그 하위 규정에선 상장기업의 실적이나 재무 상태, 경영 활동 등 중요 정보를 정기 또는 수시로 공개하도록 하고 있다.

공시는 크게 발행시장 공시와 유통시장 공시로 나뉜다. 발행시장 공시는 기업이 자금을 조달할 때 제출하는 증권신고서 등을 말한다. 기업공개(IPO)를 하거나 다수의 투자자를 대상으로 주식을 발행하는 유상증자를 할 때 회사 상황을 명확하게 알리기 위해서다. 회사는 당면한 문제와 리스크 요인을 적나라하게 고백해야 한다. 이 회사에 투자하려는 다수의 투자자를 보호하기 위한 장치다.

나머지는 유통시장 공시라고 보면 된다. 유통시장 공시는 '정기공시(사업보고서, 반기보고서, 분기보고서), 수시공시(단일판매·공급계약, 증자 및 감자 결정, 최대주주 변경 등 주요 경영사항), 공정공시(장래 사업계획, 실적 전망 등), 주요사항보고서(자산 양수도, 부도 발생 등)' 등으로 나뉜다.

기본적인 공시절차부터 짚고 가자. 상장기업은 공시내용에 따라 금융감독원 또는 한국거래소에 서류를 제출해야 한다. 금감원은 발행공시와 정기공시를, 거래소는 수시공시를 주로 다룬다. 투자자들은 금감원과 거래소 각각의 공시 사이트에서 실시간으로 내용을 확인할 수 있다. 금감원은 전자공시시스템 '다트(dart.fss.or.kr)'를, 거래소는 기업공시채널 '카인드(kind.krx.co.kr)'를 운영한다. 요즘엔 모바일에서도 다트와 카인드 애플리케이션을 통해 손쉽게 공시를 볼 수 있다.

두 공시 채널의 내용은 거의 비슷하다. 주변을 보면 다트를 애용하는 사람들이 더 많다. 하지만 '투자유의종목 등 시장조치, 전환사채권 행사에 따른 추가 상장, 공매도 과열종목 지정' 등 시장성 공시는 카인드에서만 나온다는 점도 알아둬야 한다.

사업보고서의 달인이 되자

공시의 종류만 수십 가지다. 하지만 복잡하게 생각할 필요는 없다. 투자자 눈높이에서 접근하면 된다. 회사 전반을 파악하는 데 도움을 주는 기본 공시는 무엇이고, 주가에 영향을 미치는 핵심공시는 무엇인지 알면 된다.

우선 상장기업 전반을 파악할 수 있는 정기보고서를 알아야 한다. 정기보고서는 사업보고서와 반기보고서, 분기보고서를 말한다. 3개월 단위로 시기에 맞춰 이름만 바뀔 뿐 사실상 같은 보고서다. 투자자는 최근 버전으로 정기보고서를 확인하면 된다. 이 보고서 하나가 책 한 권 분량이다. 기업의 세세한 정보를 한눈에 파악할 수 있다.

카카오 임직원은 스톡옵션을 얼마나 받았을까? 회사에 물어볼 필요가 없다. 정기보고서를 보면 자세히 나와 있다. 카카오는 8년 여 동안 임직원 1,010명에게 스톡옵션 439만 1,357주를 부여(2020년 9월 말 기준)했다. 행사가는 시기에 따라 1만 원대에서 37만 원대로 다양하다.

정기보고서의 '회사의 개요'에선 기업 설립과 연혁, 자본금 변동 이력과 주식 수, 배당 이력 등을 확인할 수 있다. '재무에 관한 사항'에선 최근 3년 동안의 실적과 재무제표, 회계감사인 주석 등을 알 수 있다. '사업의 내용'에선 사업부문별로 산업특성과 시장여건, 영업상황이 구체적으로 기술되어 있다. 분기별 시장 점유율 추이와 경쟁사 현황까지 나온다. 이 밖에도 주요 경영진의 경력과 보수, 이사회 구성과 운영 방식, 지배구조, 주주 현황, 이해관계자와의 거래, 계열사 채무보증 내역, 제재 및 소송 현황, 스톡옵션(주식매수선택권) 부여현황 등도 쉽게 알 수 있다.

전환사채(CB) 같은 자금조달 이력도 정기보고서의 '자본금 변동사항'에서 한눈에 알 수 있다. CB는 채권의 한 종류지만 주식으로 전환할 수 있어 발행 시점과 주식전환가격 등을 자세히 알아야 한다. 투자한 기업의 CB 전환물량이 쏟아져 주가급락을 초래할 수 있기 때문이다.

투자하고 싶은 기업이 아니라도 정기보고서를 보는 습관을 들여야 한다. 호기심을 가지고 기업들의 정기보고서를 보다 보면 내공이 점점 쌓이기 마련이다. 누군가 어떤 주식을 추천하면 빠르게 점검하고 판단할 수 있는 무기가 된다.

주가를 좌지우지하는 수시공시

주식은 아는 게 힘이다. 제대로 알아야 투자 기회를 포착할 수 있고, 악재가 터지면 손실을 빠르게 회피해야 한다. 그게 투자의 내공이자 실력이다. 시장 눈높이를 느끼고 이해하는 상식과 순발력, 실행력이 모두 요구된다.

초보 투자자들이 처음 공시를 접하면 상당히 낯설고 어렵기만 하다. 수많은 유형의 공시제목만 봐도 지레 주눅이 들기도 한다. 누구나 처음에는 다 그렇다. 증권부 기자들도 모두 마찬가지다. 익숙해지면 공시가 왜 중요한지 쉽게 알 수 있다. 증권부 기자에게도 공시는 기사의 중요한 '소스'가 된다.

전업투자자들은 실시간으로 공시를 모니터링한다. 하루에 쏟아지는 수백 개 공시를 보면서 시장 트렌드를 읽고, 때때로 악재가 터지면 남들보다 빠르게 정리하고, 호재가 나오면 빠르게 사들여 수익을 올린다. 버릴 건 빠르게 버리고, 중요한 공시만 골라 습득한다. 투자자를 요리사라고 빗대자면, 공시는 식재료인 셈이다.

주식투자자라면 주가에 직접적인 영향을 미치는 수시공시를 반드시 알아야 한다. 증자와 감자, 자사주 매입, 최대주주 변경, 단일판매·공급계약 등이 대표적이다.

공시는 결국 기업활동이다. 공사수주나 제품수출 같은 내용을 알리는 단일판매·공급계약은 영업 관련 공시다. 반면 증자와 감자, 자사주 매입 등 상당수는 재무 관련 공시다.

증자와 감자는 기본적으로 회사의 자본금을 늘리고 줄이는 행위다. 증자와 감자 모두 유상·무상 방식이 있다. 유상은 대가가 있는 행위고, 무상은 대가가 없는 행위를 말한다.

호재 vs. 악재, 그 미묘한 경계

자본금을 늘린다는 건 주식을 새로 발행한다는 얘기다. 유상증자와 무상증자로 나뉜다. 유상증자는 투자자에게 일정한 대가를 받고 신주를 발행해준다는 의미다. 무상증자는 공짜로 신주를 준다는 얘기다. 그래서 무상증자는 시장에 '호재'로 받아들여지는 게 보통이다.

유상증자는 대표적인 자금조달 수단이다. 주식을 새로 발행해서 주고 돈을 받는데 그 방식이 다양하다. 우선 기존 주주를 대상으로 신주를 발행하는 주주배정 방식 유상증자와 모든 투자자를 대상으로 하는 일반공모 방식 유상증자가 있다. 또한 사모 방식으로 특정 투자자를 대상으로 하는 제3자배정 방식의 증자도 있다.

기본적으로 주주배정이나 일반공모 방식의 유상증자는 악재로 여겨진다. 과거 사례를 보면 상당수가 회사가 어려워져서 주주나 일반 투자자에게 손을 벌리는 일이 많았기 때문이다. 시장에선 '아, 이 기업이 이 정도로 어렵구나'라는 인식을 주게 된다. 코스닥 바이오기업 헬릭스미스 사례가 여기에 해당된다. 헬릭스미스는 2020년 9월 1,000억 원대 주주배정 방식의 유상증자를 이사회에서 결의했다. 시장은 크게 실망했다. 당시 5만 원 안팎이던 주가는 10월 1만 8,000원대까지 폭락했다.

헬릭스미스는 2019년에도 주주배정 방식의 유상증자로 약 1,500억 원을 조달했었다. 당시 수년간 증자가 없을 것이라고 하면서 갑작스럽게 증자를 재추진한 것이다. 이렇게 무리하게 증자에 다시 나서게 된 속사정이 있었다. 시장에서 조달한 자금으로 위험한 펀드에 투자해 손실이 커졌고, 증자를 하지 않으면 관리종목으로 지정될 수 있는 위기에 놓여 있었다. 유상증자 발표를 계기로 이런 악재가 한꺼번에 도출된 셈이다.

하지만 모든 주주배정 방식의 유상증자가 악재가 되는 건 아니다. 기업과 주주의 '윈윈' 사례로 평가받는 증자 사례도 있다. 유가증권시장의 풍력 타워 제조업체 씨에스윈드도 2020년 11월 주주배정 방식의 유상증자로 약 3,500억 원을 조달하기로 했다. 그린뉴딜 대표주로 주목받던 이 회사가 증자에 나선 건 미국에 풍력타워 공장 두 곳을 짓기 위해서였다. 시장에선 호평이 쏟아졌다. 애널리스트들은 "미국 풍력 투자를 위한 증자는 더 큰 성장을 위한 긍정적인 결정"이라고 평가했다. 씨에스윈드 주가는 저점 대비 6배 올라와있는 상태였음에도 증자 발표 이후 되려 오름세를 탔다. 포스코케미칼, 두산퓨얼셀 등도 대규모 주주배정 증자를 단행했지만 시장에선 오히려 성장 기대감을 높이는 자금조달로 받아들여졌다.

제3자 배정방식의 유상증자에선 특정 투자자가 누군지, 왜 투자하는지가 중요하다. 이 방식으로 신주를 받은 '큰손' 투자자는 1년 동안 보호예수에 묶여 팔지 못한다. 마찬가지로 회사가 돈이 바닥나서 증자를 하는지, 아니면 회사 발전에 도움이 되는 투자자와 협력을 위해 증자를 하는지, 회사 매각 과정에서 신주를 발행하는지 등등을 살펴야 한다.

공시는 결국 그 맥락을 알아야 한다. 어떤 공시가 호재, 악재라고 기계적으로 말하기 어렵다. 그 회사의 히스토리나 미래 성장성은 물론

312°

이고, 주가흐름도 중요하다. 아무리 호재성 공시라고 해도, 발표 직전에 주가가 급등했으면 오히려 주가급락의 빌미가 되기도 한다.

주식시장은 누군가 이득을 보면, 누군가 손해를 보는 제로섬 게임 이다. 공시를 알지 못하는 투자자는 자본 전쟁터에서 이기기 쉽지 않 다. 전쟁터에서 중무장한 군인과 새총을 가지고 싸우는 격이다.

 밀레니얼을 위한 ONE POINT LESSON

"주주배정 방식의 유상증자를 한다고 하는데, 악재인가요?" 특정 기업의 유상 증자 결정 공시가 나올 때마다 주주 토론게시판에 올라오는 글이다. 과거에는 '무상증자=호재' '유상증자=악재'라는 '기계적 공식'이 어느 정도 통했다. 최근 에는 분위기가 달라졌다. 2020년 주주배정 방식의 유상증자를 발표한 씨에스 윈드, 포스코케미칼, 두산퓨얼셀 등은 오히려 발표 후 주가가 올랐다. 이들의 결정이 시장에선 "더 큰 성장을 위한 투자"라고 받아들여진 것이다. 공시의 맥 락을 이해해야 호재와 악재를 제대로 구분할 수 있다.

약달러 시대의 투자법
신흥국으로 몰리는 돈

> 최근 달러가치가 떨어지고 있다. 미국 대선이라는 불안요소가 사라지고, 조 바이든이 대통령으로서 경기부양책을 쓸 것으로 예상하기 때문이다. 그렇다면 약달러 시대에 어떻게 투자해야 하는가?

2020년 미국 대통령선거 이후 '약(弱)달러'라는 단어가 자주 등장한다. 달러가치가 떨어진다는 뜻이다. 이를 지수화한 게 달러화지수다. 코로나19 두려움이 극에 달한 2020년 3월 102.99로 가장 높았다. 2020년 11월 미국 대선 직후 이 지수가 92까지 하락했다.

달러가치가 떨어지자 돈이 움직이기 시작했다. 어디로? 신흥국이다. 2020년 연말 신흥국 주가가 연중 최고치를 기록한 이유다. 약달러 시대 투자에 필요한 내용을 5가지로 정리했다.

달러는 왜 떨어지나?

달러는 대표적인 '안전 자산'이다. 코로나19나 금융위기 같은 상황이 오면 시장은 패닉에 빠진다. 그러면 돈은 가장 안전한 곳으로 피신한다. 그 피신처 중 하나가 마음대로 돈을 찍어낼 수 있는 미국화폐인 달러다. 금도 그렇고, 엔화도 비슷한 자산이다. 그런데 최근 달러가치가 떨어지고 있다. 미국 대선이라는 불안 요소가 사라지고, 조 바이든이 대통령으로서 경기부양책을 쓸 것으로 예상하기 때문이다.

경기를 살리려면 돈(달러)을 왕창 풀 것이고, 흔해지면 그만큼 달러가치는 떨어지게 된다. 코로나19가 여전히 불안하긴 하지만 한발 먼저 움직이는 시장은 '정상화'에 무게를 두는 분위기다. 미국 대선 직후 미국 제약 바이오 기업들은 코로나19 백신개발에 한걸음 더 다가갔다고 발표했다.

왜 신흥국으로 돈이 몰릴까?

안도감은 커지고, 달러가치가 떨어지자 세계의 돈은 수익률이 더 높은 곳으로 향하고 있다. 위험자산이 그 목적지다. 위험자산의 대표선수는 주식이다. 대선 이후 미국 주가가 오른 이유다. 또 하나, 신흥국이다. 미국에 상장된 신흥국(EM·emerging market) 상장지수펀드(ETF)

라는 게 있다. 신흥국 주식을 기계적으로 사는 펀드라고 보면 된다.

이 펀드에 2020년 11월 첫째주 한 주 동안 23억 6,000만 달러가 들어왔다. 코로나19 사태 이전이던 2020년 1월 셋째주 이후 최대규모다. 세계가 불안에 떨던 2020년 2월 초부터 5월 말까지는 계속 돈이 빠져나가기만 했던 ETF다.

한국은 어떤 평가를 받을까?

신흥국으로 분류되는 한국도 마찬가지였다. 2020년 10월 말까지 외국인투자자는 유가증권시장에서 27조 8,000억 원어치 주식을 순매도했다. 하지만 한 달 후인 11월 드디어 그들이 돌아왔다. 11월 한 달간 외국인은 한국 시장에서 4조 8,600억 원어치 주식을 순매수했다. 한국뿐 아니라 외국인은 2020년 11월 첫째주 대만(21억 7,800만 달러), 인도(17억 3,200만 달러) 등에서도 주식을 샀다. 그중 한국주식을 사라는 외국계 증권사도 있었다.

골드만삭스는 "한국과 대만 모두 다 좋지만 수요가 크게 늘어나는 반도체산업 비중이 큰 한국이 대만보다 더 유망하다"고 했다. 정명지 삼성증권 투자정보팀장은 외국인들이 한국주식을 허겁지겁 사고 있다고 전했다. 그는 "바이든 시대에 미중 무역분쟁으로 그간 위축됐던 무역이 활발해지면 피해를 봤던 한국의 수출이 다시 늘어날 것"이라고 분석했다.

외국인은 역사적으로 뭘 샀나?

투자 아이디어를 얻기 위해 과거를 돌아봤다. 먼저 환율과 주가의 관계다. 달러와 코스피지수는 대체로 반대로 움직였다. 달러가치가 하락하면 코스피지수는 올랐다. 외국인이 한국주식을 사려면 달러화를 원화로 바꿔 사야 하기 때문에 원화 수요가 늘고 가치가 올라간다. 외국인은 이 투자에서 2가지 이득을 얻는다. 주가가 올라 이익이고, 나중에 주식을 팔고 가격이 떨어진 달러를 사면 환차익까지 먹을 수 있다.

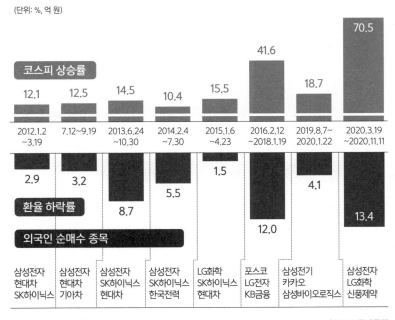

: : 코스피지수와 환율의 상관관계 : :

(단위: %, 억 원)

코스피 상승률

2012.1.2 ~3.19	7.12~9.19	2013.6.24 ~10.30	2014.2.4 ~7.30	2015.1.6 ~4.23	2016.2.12 ~2018.1.19	2019.8.7~ 2020.1.22	2020.3.19 ~2020.11.11
12.1	12.5	14.5	10.4	15.5	41.6	18.7	70.5

환율 하락률

| 2.9 | 3.2 | 8.7 | 5.5 | 1.5 | 12.0 | 4.1 | 13.4 |

외국인 순매수 종목

| 삼성전자 현대차 SK하이닉스 | 삼성전자 현대차 기아차 | 삼성전자 SK하이닉스 현대차 | 삼성전자 SK하이닉스 한국전력 | LG화학 SK하이닉스 현대차 | 포스코 LG전자 KB금융 | 삼성전기 카카오 삼성바이오로직스 | 삼성전자 LG화학 신풍제약 |

※외국인 순매수는 하루평균 기준

자료: NH투자증권

NH투자증권이 지난 10년간 코스피지수가 10% 이상 상승한 시기 여덟 번을 분석해보니 그때마다 원달러 환율은 하락했다. 여덟 번 중 여섯 번은 외국인이 순매수 행진을 이어갔다. 그렇다면 외국인은 어떤 종목을 샀을까? 예상대로 삼성전자였다. 여섯 번 중 네 번은 삼성전자가 순매수 1위였다. SK하이닉스, 현대차, 기아차, LG화학, 포스코 등도 단골이었다.

외국인은 또 한국 지수가 오르면 돈을 먹을 수 있는 ETF도 많이 산다. 시가총액 1위인 삼성전자에 돈이 몰릴 수밖에 없다. 여기에 또 한 가지, 경쟁사(애플, TSMC) 주가와 비교해 삼성전자는 너무 싼 주식이라는 평가도 있다.

미국증시, 어떻게 투자해야 하나?

'서학개미'들은 고민이 많을 수밖에 없다. 달러로 투자해 환손실이 발생할 가능성이 크기 때문이다. 이런 투자자들을 위해 삼성증권에 의뢰해 미국 개별업종과 달러화지수의 2년간 상관관계를 조사했다. 달러화지수는 유로와 엔, 파운드 등 6개국 통화를 기준으로 달러가치를 산정한 지수다. 결과는 달러가치가 떨어질 때 유틸리티(전기·수도 등), 산업재, 금융, 원자재 업종에 있는 종목의 주가가 가장 많이 올랐다.

이유는 이렇다. 미국은 수입을 많이 하는 나라다. 달러가 약세면 수입품 가격이 올라간다. 예를 들어 10달러로 살 수 있던 중국산 이어폰은 달러가치가 떨어지면 11달러를 줘야 하는 일이 발생한다. 팔 때도 가격을 올리기 때문에 물가가 올라간다. 전기·수도요금도 올리겠다고 한다. 유틸리티산업 등이 유리해지는 이유다. 또한 물가가 오르면 금리를 올려 물가를 잡으라는 요구가 생기고, 이러면 금리인상 얘기가 나온다. 금리가 오르면 대출을 많이 해주는 은행이 돈을 벌 것이라고 생각한 투자자는 은행주를 산다.

삼성증권이 S&P500지수 내의 시가총액 상위 100개 종목 중 최근 2년간 달러가치가 하락할 때 오른 종목을 찾아봤다. 보잉과 넥스트에라에너지, 듀크에너지, TJX컴퍼니스, 홈디포 등이 있었다. 실제 넥스트에라에너지와 듀크에너지는 달러화지수가 2020년 7월 이후 3.56% 하락하는 동안 주가가 각각 23.26%, 15.45% 올랐다. 반면 서학개미들이 좋아하는 페이스북, 아마존, 애플, 넷플릭스, 구글 등은 달러가치의 영향을 거의 받지 않았다.

📑 밀레니얼을 위한 ONE POINT LESSON

환율이 오르면 수출 기업의 실적이 좋아지지만 주가는 떨어지는 경우가 많다. 환율과 주식시장이 반대로 움직이는 이유는 무엇일까? 첫째, 주식시장의 '큰손'인 외국인투자자는 환율에 민감하다. 달러가 강세일 때 한국에 투자하면 환차손을 입게 된다. 둘째, 원화가 강세라는 건 한국경제가 튼튼하고 한국 기업의 매력도 올라간다는 의미이니, 주가도 상승할 가능성이 높다. 셋째, '큰손'인 외국인들이 한국 주식을 사고팔면서 환율에 영향을 미친다. 외국인이 우리나라 주식에 투자할 때 달러 등 외화를 원화로 바꾸는데, 이 규모가 클수록 환율은 하락한다. 반대로 외국인들이 주식을 팔아치우면 주가는 하락하고, 주식 판 돈을 달러로 바꿔 나가기 때문에 환율은 상승한다.

ELS에 대한 궁금증 5가지
상품구조를 알고 투자하라

> ELS는 '조건부 상품'이다. 만기와 기대 수익률이 처음부터 정해져 있다. 단, 조건을 충족했을 때 수익을 돌려준다. 가장 먼저 확인해야 할 조건은 '하한선을 어떻게 설정했는지'다.

ELS는 고액 자산가들이 선호하는 상품이다. '중위험 중수익'을 보장하는 상품이기 때문이다. 주가지수가 증권사가 설계한 특정 조건 안에서만 움직인다면 안정적인 수익을 거둘 수 있다. 2020년 코로나19 폭락장에서는 목표 수익률이 10%를 넘는 주가연계증권(ELS)이 쏟아졌다. 기초자산으로 활용하는 주요국 증시 낙폭이 커지면서 수익률도 높아졌다고 증권사들은 말한다. 목표 수익률은 솔깃하지만 의문이 든다. '변동성이 큰데 수익률은 왜 높아질까? 수익률이 높은 만큼 원금 손실 위험도 높지 않을까?' 당시 ELS 때문에 증권사가 흑자도산할 뻔했다는 얘기도 신경 쓰인다. ELS의 탄생배경과 상품구조 등을 짚어봤다.

ELS란 무엇인가?

2000년대 초반. 한국인의 재태크 수단은 예금과 주식이 대부분이었다. 예금은 수익이 크지 않은 만큼 리스크도 적었다. 주식은 제대로 종목을 고르면 크게 먹을 수 있지만 위험 부담도 컸다.

예금보다는 높은 수익률을, 주식보다는 덜 위험한 상품을 원하는 투자자들을 겨냥한 상품으로 ELS가 등장했다. '중위험 중수익'이라고 불린 이유다. 각 국가의 주가지수나 개별 종목 가격을 기초자산으로 한다. 개별 종목은 주가 변동성이 크기 때문에 미국 S&P500, 유로스톡스50, 홍콩H지수, 코스피200 등을 기초자산으로 하는 지수형 ELS가 대부분이다.

ELS는 '조건부 상품'이다. 만기와 기대 수익률이 처음부터 정해져 있다. 단 조건을 충족했을 때 수익을 돌려준다. 가장 먼저 확인해야 할

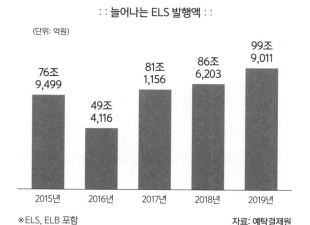

∷ 늘어나는 ELS 발행액 ∷

(단위: 억원)

76조
9,499 (2015년)
49조
4,116 (2016년)
81조
1,156 (2017년)
86조
6,203 (2018년)
99조
9,011 (2019년)

※ELS, ELB 포함

자료: 예탁결제원

조건은 '하한선을 어떻게 설정했는지'다. 약속한 기간에 지수가 하한선 (녹인 배리어, knock-in barrier: 원금 손실이 발생할 수 있는 주가 기준)을 뚫고 내려가지 않으면 수익을 내는 구조다.

예를 들어 코스피200을 기초자산으로 하는 3년 만기 상품의 녹인 배리어가 45%인 경우 3년 내 코스피200지수가 현재의 45% 이하 수준으로 내려갈 가능성이 거의 없다는 확률에 베팅하는 것이다. 그 아래로 내려갔다가 일정 수준을 회복하지 못하면 만기 시 지수 하락폭만큼의 손실을 떠안아야 한다.

DLS와 똑같이 위험한 상품?

2020년 문제가 된 DLS도 ELS와 구조가 비슷하지만 DLS는 위험성이 ELS보다 더 높다. 금리, 원자재, 환율 등을 기초자산으로 하는 데다 레버리지 구조로 만든 상품도 많다. 변동성은 주가지수보다 훨씬 크다.

통계로도 나온다. ELS를 가장 많이 발행한 삼성증권의 지난 10년간 지수형 ELS의 손실 상환 비율은 0.1%다. 1,000개 상품 중 999개는 최소한 원금 보장이 되었다는 의미다. 업계에서는 ELS 시장 전체의 손실 상환 비율이 1%를 넘지 않을 것이라고 보고 있다. 2020년 코로나19로 전 세계 주가지수가 폭락했지만 삼성증권 ELS 중 녹인 구간에 진입한 상품은 한 개도 없었다.

ELS는 언제 위험한가?

ELS도 폭락장을 견딜 수는 없다. 코로나19로 인한 폭락장에서 ELS
가 무더기 손실 위험에 처하기도 했다. 2020년 3월 19일 유로스톡스50
지수가 3월 16일 고점 대비 37% 하락하면서부터다.

비슷한 시기 홍콩H(33%), S&P500(30%), 닛케이225(30%)지수 등이

:: ELS와 DLS 청약 조건 예시 ::

청약기간	상품명	상품 유형	기초 자산	특정조건 충족시	조건 미충족시 최대 손실률	경쟁률
청약마감 오늘(오후1시) 2021.01.28~ 2021.02.04	ELS 제25546회 1년/3개월, 원금 80% 지급, (103,103,103)%, 만기 참여율 100%, 세전 연7.12%(만기까지 순연시 기초자산의 수익률로 상환) □ 중위험 ■ 원금비보장	조기상환 슈팅업	삼성전자	세전 연7.12% (만기까지 순연시 기초자산의 수익률로 상환)	-20.00%	0.0334
청약마감 6일 전 2021.02.04~ 2021.02.10	ELS 제25592회 3년/3개월, 55%~ (95, 95, 95, 90, 90, 90, 85, 85, 85, 80, 80, 75)%, 세전 연 6.16% □ 고위험 □ 원금비보장	스텝다운	S&P500 EUROSTO XX50	세전 연 6.16%	-100.00%	0.0077
청약마감 6일 전 2021.02.04~ 2021.02.10	DLS 제3448회 3년/6개월, (100, 98, 96, 94, 92, 90)%/(100, 100, 100, 100, 100, 100)%, 세전 연 7% □ 중위험 □ 원금비보장	멀티트랙	USD KRW 15:30 환율 KOSPI200	세전 연 7%	-15.00%	0.0000

자료: 삼성증권 홈페이지

급락했다. 예를 들어 하한선이 65%로 상대적으로 높게 설정된 상품의 경우 손실 위험 구간에 진입하게 된 것이다.

하지만 하한선을 뚫고 나갔다고 해서 모두 손실이 확정되는 것은 아니다. 녹인 구간에 진입했다고 하더라도 지수가 반등해 일정 부분을 회복하면 원금과 수익을 돌려받는다. 단, 특정 수준을 회복하지 못하고 만기일이 되면 만기일에 지수가 하락한 만큼 손실을 본다.

증권사는 어떻게 ELS로 수익을 내나?

궁금해진다. '신도 못 맞힌다'는 게 주가인데 증권사는 어떻게 고객에게 원금과 이자 수익을 지급하는 걸까?

ELS는 대부분 주가가 오르거나 보합일 때 수익을 얻도록 설계되어 있다. 구조는 어렵지 않다. 예를 들어 코스피지수에 연동된 상품을 팔았다고 치자.

증권사는 우선 ELS 가입자들이 낸 돈의 70%를 안전한 채권에 투자한다. 나머지 30%는 코스피선물을 산다. 선물을 사면 적은 비용으로 주가지수 움직임을 따라 갈 수 있기 때문이다. 고객들에게 돌려줄 원금은 물론 변동분까지 확보하는 셈이다.

고객들에게 약속한 수익(쿠폰)은 어디서 나올까? 이를 위해 증권사들은 주가지수 풋옵션을 거래한다. 풋옵션은 일정 기간 후 B가 A에 미리 정한 가격으로 주식을 팔 수 있는 계약이다. A(증권사)는 현재 1,000

원인 주식을 6개월 뒤 B(기관)가 990원에 팔겠다면 사줘야 하는 계약을 맺는다. 이 계약은 A에 불리하다. 6개월 뒤 1,000원 이상으로 주가가 오르면 B가 풋옵션을 행사하지 않아 괜찮다.

문제는 지수가 990원 밑으로 떨어졌을 때다. A는 800원으로 떨어진 주식을 B로부터 990원에 사줘야 하는 상황이 발생해 손실이 커지기 때문이다. 그래서 A는 일정 비율, 예를 들면 5%의 수수료(옵션 프리미엄)를 받는다. 이 프리미엄이 사전에 정한 ELS 쿠폰 수익률이 되는 셈이다.

ELS가 증권사 유동성 문제를 초래?

2020년 증권사들이 ELS 때문에 망할 뻔했다는 얘기가 나왔다. 이는 선물옵션거래의 특성 때문이다. 이 거래를 하려면 증거금을 내야 한다. 평소에는 문제가 없었지만 코로나19로 전 세계 지수가 폭락함에 따라 증권사들이 사놓은 지수선물 가치가 동반하락했다. 또한 풋옵션도 매도를 해놨기 때문에 주가가 떨어지면 가치가 떨어졌다.

거래소는 그래서 "거래를 계속하려면 증거금을 더 내라"고 증권사에 통보했다. 이를 '마진콜'이라고 부른다. 증권사들은 이 추가증거금을 증권사 고유계정이 아니라 고객자산(사놓은 채권)을 팔아 마련한다. 증권사들이 "마진콜 사태가 증권사 유동성 문제로 이어지지 않는다"고 주장하는 배경이다. 물론 소형 증권사가 어마어마한 규모로 ELS를 발행한 경우 감당하기 힘든 사례도 있을 수 있다.

　하지만 이번 마진콜 사태의 진짜 문제는 달러부족에서 비롯되었다. 해외주가지수를 기초자산으로 하는 ELS의 경우 증거금을 달러로 환전해야 하는데, 증권사들이 일시적인 달러 부족에 시달렸다.

 밀레니얼을 위한 ONE POINT LESSON

2020년 9월 한 증권사는 애플과 테슬라를 기초자산으로 하는 ELS를 출시했다. 수익률은 25%였다. 구조는 단순했다. 1년 후 애플과 테슬라 종가가 각각 최초 기준가격과 같거나 높으면 25%의 수익을 돌려준다. 반면 1년 후 둘 중 하나라도 최초 기준가격에 미달하면 20% 손실을 보는 구조였다. 상품이 출시되고 얼마 후 '요동치는 테슬라에 떨고 있는 ELS 투자자들'이라는 기사가 나왔다. 2020년 8월 31일 498.32달러였던 테슬라 주가가 2020년 9월 9일 366.28달러까지 급락하면서다. 당시 출시된 ELS 상품의 테슬라 기준가는 407달러였다. 물론 이후 테슬라 주가는 반등에 성공했지만, 당시 ELS 가입자는 가슴을 졸였을 것이다. ELS 상품에 투자할 때는 주가의 변동성이 큰 종목형보다는 한국, 유럽, 미국 등의 주가지수를 묶어 만든 지수형에 투자하는 것이 더 안전하다는 것을 보여주는 사례다.

■ 독자 여러분의 소중한 원고를 기다립니다

메이트북스는 독자 여러분의 소중한 원고를 기다리고 있습니다. 집필을 끝냈거나 집필중인 원고가 있으신 분은 khg0109@hanmail.net으로 원고의 간단한 기획의도와 개요, 연락처 등과 함께 보내주시면 최대한 빨리 검토한 후에 연락드리겠습니다. 머뭇거리지 마시고 언제라도 메이트북스의 문을 두드리시면 반갑게 맞이하겠습니다.

■ 메이트북스 SNS는 보물창고입니다

메이트북스 유튜브 bit.ly/2qXrcUb

활발하게 업로드되는 저자의 인터뷰, 책 소개 동영상을 통해 책에서는 접할 수 없었던 입체적인 정보들을 경험하실 수 있습니다.

메이트북스 블로그 blog.naver.com/1n1media

1분 전문가 칼럼, 화제의 책, 화제의 동영상 등 독자 여러분을 위해 다양한 콘텐츠를 매일 올리고 있습니다.

메이트북스 네이버 포스트 post.naver.com/1n1media

도서 내용을 재구성해 만든 블로그형, 카드뉴스형 포스트를 통해 유익하고 통찰력 있는 정보들을 경험하실 수 있습니다.

STEP 1. 네이버 검색창 옆의 카메라 모양 아이콘을 누르세요.　STEP 2. 스마트렌즈를 통해 각 QR코드를 스캔하시면 됩니다.
STEP 3. 팝업창을 누르시면 메이트북스의 SNS가 나옵니다.